Iniciación a la actividad emprendedora y empresarial

4.º ESO

EDITEX

María Eugenia Caldas Blanco
Alicia Gregorio Arroyo
María Luisa Hidalgo Ortega

Índice

Introducción

La doble página inicial de la unidad presenta una imagen relacionada con la materia que se va a estudiar y un caso (real o imaginario) o un texto vinculado con el contenido de la unidad, que te ayudará a reflexionar e introducirte en el tema. El apartado «¿Qué sabemos de?» plantea una serie de cuestiones sobre las que deberás indagar y que te servirán de guía en el estudio de la unidad.

A lo largo del libro adquirirás las competencias clave.

Competencias: matemática y competencias básicas en ciencia y tecnología Ⓣ, comunicación lingüística Ⓛ, sociales y cívicas Ⓢ, aprender a aprender Ⓐ, digital Ⓓ, sentido de la iniciativa y espíritu emprendedor Ⓔ, conciencia y expresiones culturales Ⓒ.

Desarrollo de contenidos

Los contenidos se exponen con un lenguaje sencillo y preciso, se ordenan en epígrafes y subepígrafes y van acompañados de definiciones destacadas, así como de múltiples tablas, esquemas con colores, fotografías e ilustraciones que refuerzan la explicación.

En los márgenes se incluyen textos que profundizan en los conocimientos expuestos, junto con otros apartados como «Vocabulario» que facilitará la comprensión del lenguaje empresarial, «Consulta en internet», «Anécdotas empresariales» y «Recuerda», los cuales complementan los contenidos de la unidad.

También encontrarás numerosos ejemplos y actividades que aclaran los conceptos, facilitan su asimilación y permiten conocer su aplicación en la vida real.

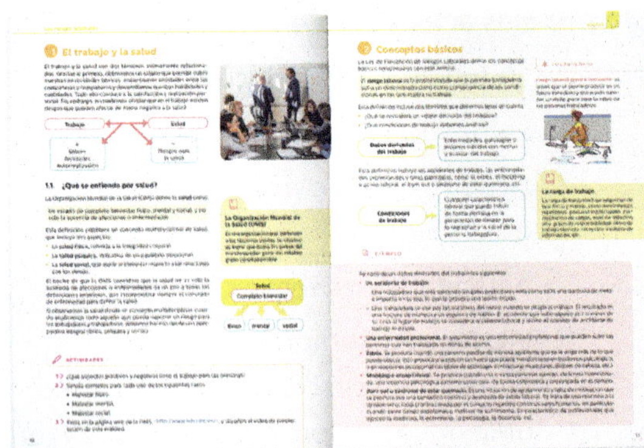

Actividades de recapitulación

Al finalizar la unidad, una gran variedad de actividades de recapitulación te ayudarán a repasar y consolidar los conocimientos, habilidades, destrezas y aptitudes adquiridas.

Tanto en las actividades de este apartado como a lo largo de la unidad, encontrarás diversos iconos relacionados con las competencias clave que se trabajan. La competencia «sentido de la iniciativa y espíritu emprendedor» se aplicará de manera general en numerosas actividades del libro, dado que está estrechamente relacionada con el contenido de este.

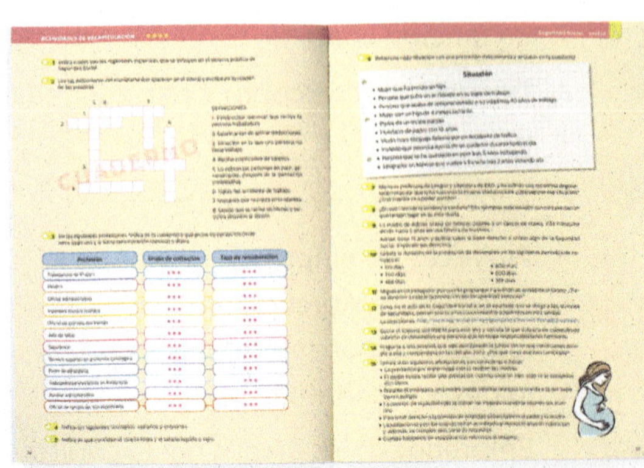

Proyecto profesional y Proyecto de empresa

Esta sección plantea un caso práctico para que apliques a una situación real lo que has aprendido en la unidad.

En el primer bloque, el proyecto estará directamente relacionado con tu proyecto profesional y te enfrentarás a situaciones que puedes vivir en el mundo laboral. En el segundo y tercer bloque podrás empezar a elaborar tu propio plan de empresa, preferiblemente en grupo, para mejorar y poner en práctica las habilidades sociales que has estudiado en las primeras unidades del libro: comunicación, negociación, liderazgo y trabajo en equipo.

También aprenderás a utilizar los programas NOMINASOL y CONTASOL a través de prácticas guiadas, en uno de los entornos informáticos más utilizados en el ámbito profesional. Descarga los programas en la dirección: <www.sdelsol.com/editex/>.

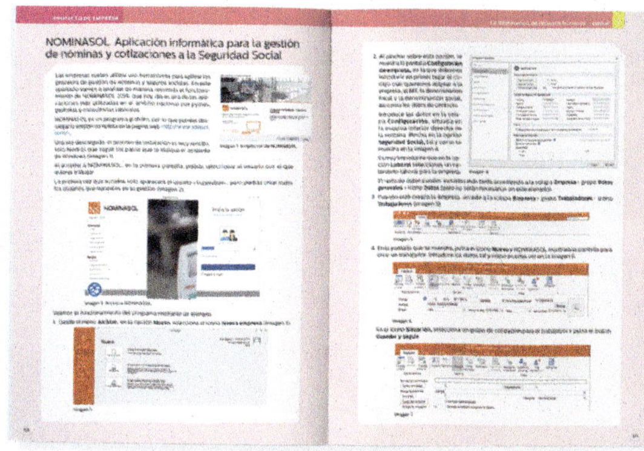

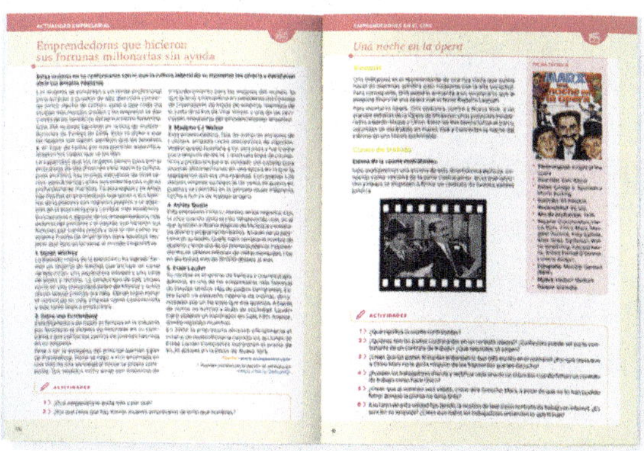

Actualidad empresarial y Emprendedores en el cine

Ambos apartados facilitan el análisis de los contenidos que has aprendido a lo largo de la unidad a través de películas («Emprendedores en el cine») o de artículos de actualidad («Actualidad empresarial»). Al final de estos se proponen una serie de preguntas o una ficha de trabajo.

Organiza las ideas y Test de evaluación

Al final de cada unidad didáctica, en el apartado «Organiza las ideas», encontrarás un esquema que sintetiza los principales conceptos tratados en esta.

Por último, el «Test de evaluación» te permitirá comprobar el grado de asimilación y aprendizaje de los contenidos que has estudiado.

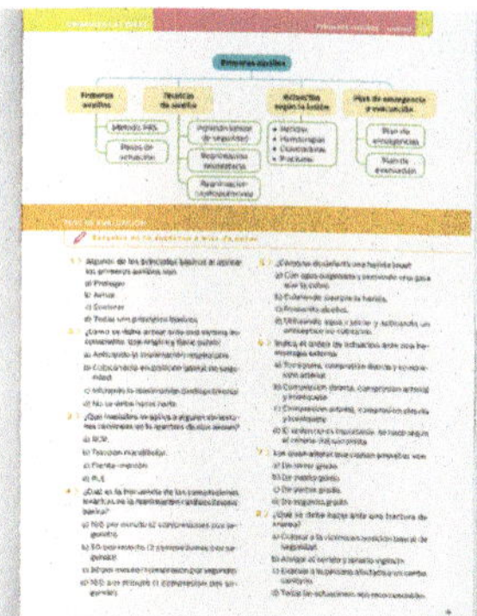

1) El proyecto profesional

Vamos a aprender

1. El proyecto profesional
2. Opciones profesionales
3. El espíritu emprendedor
4. Itinerarios formativos
5. Búsqueda de empleo

¡Descubre tu vocación!

El verano pasado, Fernando entabló amistad con el médico del pueblo donde veraneaba; una persona que, aunque no lo supiera, influiría mucho en su vida y en su forma de pensar. Paseando al atardecer, con el sonido del mar de fondo, el médico le contaba a Fernando cómo descubrió su vocación profesional y lo orgulloso que se sentía de poder salvar vidas.

Fernando se sintió enseguida identificado con el joven médico. Desde que era niño no soportaba ver sufrir de dolor a la gente y empezó a entender la medicina como una forma de ayudar a los demás.

Fernando termina este año 4.º de ESO. Ha llegado el momento de elegir los estudios que cursará el año que viene y se plantea si de verdad tiene potencial para ser médico.

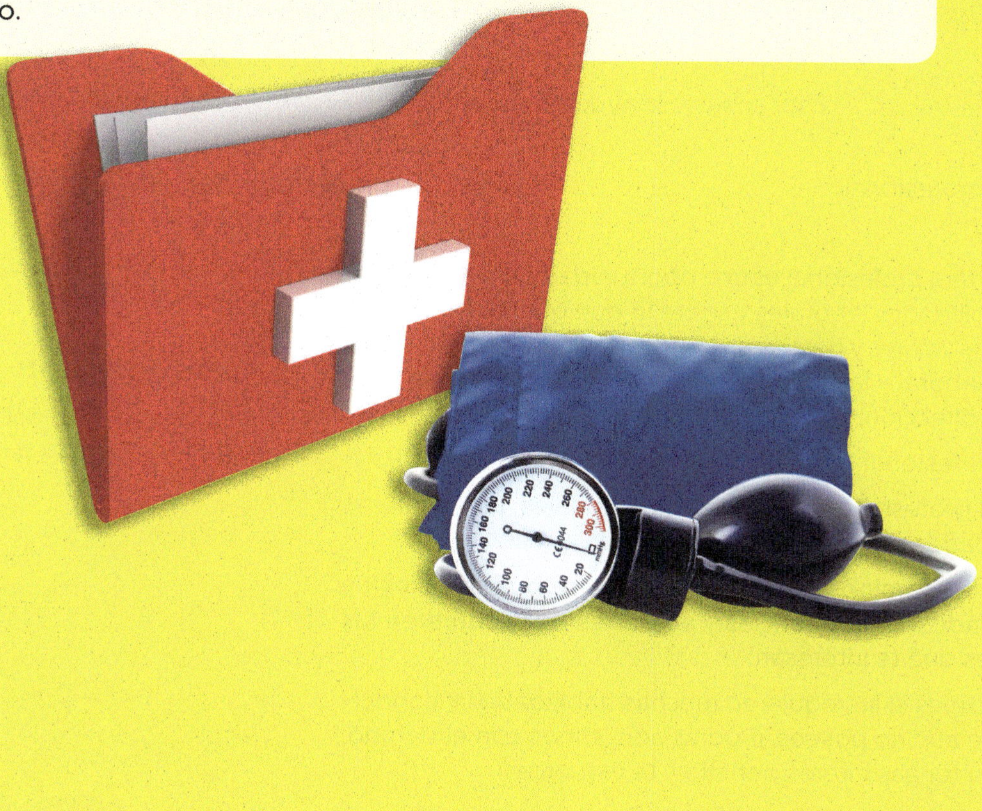

¿QUÉ SABEMOS DE?

1 > ¿Qué habilidades y cualidades se precisan para ser un buen profesional de la medicina? ¿Cuáles son las diferentes maneras de ejercer la medicina?

2 > En un momento de tu vida, tendrás que decidir sobre tu futuro educativo y profesional. Se abrirán varias puertas ante ti y deberás escoger la que consideres más adecuada:

a) ¿Has pensado alguna vez qué te gustaría ser de mayor?, ¿en qué te gustaría trabajar?

b) ¿Sabes qué tienes que estudiar para conseguirlo?

c) ¿Estás dispuesto a estudiar todo lo necesario?

1 El proyecto profesional

La elección de una profesión debe ser una decisión meditada porque marca la vida de una persona y su sentimiento de satisfacción. En general, se dedican muchas horas al día al trabajo, por lo que es imprescindible que este contribuya al desarrollo de los intereses y habilidades personales.

Para tomar una decisión adecuada es conveniente que analices:

- Tus habilidades y cualidades profesionales.
- Tus intereses personales.
- Las profesiones que consideres interesantes y las capacidades, aptitudes y actitudes que requieren.

Los caminos o itinerarios que puedes seguir después de estudiar la ESO son:

- Trabajar
- Estudiar: ¿qué estudiar?

Este análisis te ayudará a definir:

- Tu objetivo profesional
- Tu proyecto profesional

Planificar la carrera profesional es una oportunidad para reflexionar sobre las posibilidades laborales y sobre lo que queremos en función de nuestros valores y deseos en la vida. Hay que tener en cuenta que la vida laboral y la vida personal deben ir en consonancia y en una misma dirección, ya que forman parte de un mismo «yo».

El proyecto profesional conlleva el análisis de:

- El potencial profesional, los intereses personales, las fortalezas y las debilidades propias.
- Los diferentes caminos profesionales que se pueden elegir y las capacidades, competencias y actitudes que requieren las ocupaciones que te interesan.

  No te preocupes si se requieren muchas habilidades y conocimientos que aún no posees. ¡Podrás adquirirlos con el tiempo, siempre que tengas interés por ello y te esfuerces!
- El objetivo profesional y tu posible proyecto profesional.
- El mercado laboral del que vas a formar parte en un futuro.

Una vez que has profundizado en el conocimiento personal, es necesario que conozcas la realidad del mercado laboral y cómo se accede a él. Solo así podrás elaborar un proyecto profesional realista y con posibilidades de éxito.

Por último, se traza un plan de acción en el que se describen los pasos que hay que dar para alcanzar los objetivos marcados.

Autoconocimiento

¡Descubre tu potencial profesional realizando las actividades finales!

Orientación

ACTIVIDADES

1 > ¿Cómo te definirías? ¿Qué cualidades y defectos tienes? ¿Están de acuerdo tus amigas y amigos con la descripción que has hecho? Contrasta la idea que tienes de ti con tus amigos, amigas y familia. ¿Has cambiado de opinión después de hablar con ellos? ¿Has ampliado la descripción?

2 Opciones profesionales

La incorporación al mercado laboral puede realizarse:

- **Trabajando por cuenta ajena.** Consiste en trabajar de forma voluntaria, personal y directa para otra persona, sometiéndose a su poder de organización y dirección, a cambio de un salario. Esta relación laboral se formaliza con la firma de un contrato de trabajo y se regula mediante el Estatuto de los Trabajadores.

  Analizarás esta opción en la unidad 2 del libro.
- **Trabajando por cuenta propia.** Cuando una persona decide trabajar para sí misma, puede hacerlo constituyendo una sociedad (anónima, limitada, etc.) o bien como autónomo.
- **Trabajando para la Administración pública.** Cada Administración (estatal, autonómica o local) puede publicar ofertas de empleo en su boletín oficial (Boletín Oficial del Estado o boletín oficial autonómico), donde figurarán los requisitos de los candidatos, las bases, los plazos, los exámenes, etc.

  Nuestra Constitución señala que el ingreso en la función pública debe basarse en los principios de mérito y capacidad.

  Los funcionarios se rigen por el Estatuto Básico del Empleado Público (EBEP), que clasifica a los funcionarios en grupos y subgrupos, según el título que se exija para su ingreso:

Título exigido para el acceso

Grupo	Subgrupo	Título
Grupo A	A1, A2	Título universitario de Grado, salvo que la ley exija otro título universitario.
Grupo B		Título de Técnico Superior (CF de Grado Superior).
Grupo C	C1	Título de Bachiller o de Técnico (CF de Grado Medio).
	C2	Graduado en ESO.
Grupo E		Agrupaciones profesionales (D.A. 7.ª EBEP). No se exige estar en posesión de ninguna de las titulaciones previstas en el sistema educativo.

La clasificación en subgrupos (A1/A2, C1/C2) se determina en función del nivel de responsabilidad del puesto de trabajo y de las características de las pruebas de acceso.

Los opositores y opositoras deben prepararse concienzudamente, aprovechando al máximo sus posibilidades y organizando su trabajo, modificando y mejorando sus técnicas y hábitos de estudio y, si es necesario, acudiendo a alguna academia o preparador, que les ayude a superar las pruebas a las que se enfrentarán.

Se puede acceder a la función pública pasando por una fase de oposición, por un concurso o bien por la combinación de ambos:

- Una oposición consiste en la celebración de uno o más exámenes para fijar el orden de clasificación de los aspirantes.
- Un concurso consiste en comprobar y calificar los méritos de quienes se presentan como aspirantes dándoles una puntuación. Así, se establece una escala valorativa. Los méritos suelen consistir en cursos, experiencia, idiomas, etc.

ACTIVIDADES

D **2 >** Selecciona dos ofertas de empleo público (procesos en plazo de inscripción) que encuentres en la página web <http://www.administracion.gob.es> y detalla la titulación requerida y el número de plazas convocadas de cada una.

3 El espíritu emprendedor

En cualquiera de las tres opciones profesionales que has visto en el apartado anterior se requiere tener un espíritu emprendedor.

El espíritu emprendedor está estrechamente ligado a la iniciativa y a la acción.

Las personas dotadas de espíritu emprendedor tienen capacidad innovadora y la voluntad de probar cosas nuevas o hacerlas de manera diferente. En general, son personas que rompen con lo establecido para buscar nuevas formas de trabajar, lo cual implica ingenio y creatividad.

El **emprendedor** es la persona que inicia una acción creativa e innovadora, generalmente aceptando un riesgo.

El emprendedor

¡Ve lo que todos los demás no han visto!

¡Piensa lo que nadie más ha pensado!

¡Hace lo que nadie más ha hecho!

3.1. El intraemprendedor

El emprendedor posee un conjunto de habilidades y actitudes que se pueden desarrollar en campos muy diversos. Uno de ellos es el empresarial, pero también encontramos emprendedores en la política, la investigación, la docencia, la Administración pública y en todos los ámbitos de la vida.

El **intraemprendedor** es una persona que, cuando trabaja por cuenta ajena en una empresa, desarrolla y lleva a cabo proyectos de otros con el mismo espíritu de innovación, creatividad y autonomía que si fueran propios, y transforma una idea en un proyecto realizable al trabajar para una empresa que no es la propia.

Algunas empresas tratan de promover la innovación entre sus empleadas y empleados mediante un sistema de trabajo que les proporciona cierta libertad para que desarrollen su creatividad y generen sus propios proyectos.

En ocasiones, las compañías ceden incluso los fondos necesarios para afrontar dichos proyectos.

ANÉCDOTAS EMPRESARIALES

¿Te habías planteado alguna vez que Cristóbal Colón encaja en el perfil de persona emprendedora?

ACTIVIDADES

3 > Se puede ser emprendedor en cualquier profesión. ¿Has visto la película *El club de los poetas muertos*?

Puedes visualizar las escenas que proponemos a continuación, para analizar:

- Qué quería transmitir el profesor Keating en sus clases y cómo lo hacía.
- Qué rasgos encuentras en común con la persona emprendedora.

Escenas:

1. Minuto 09:17 a 13:42. Presentación del nuevo profesor. *Carpe Diem.*
2. Minuto 17:00 a 21:59. Arranquen la introducción. ¿Cuál será tu verso?
3. Minuto 33:56 a 36:40. Buscar otra perspectiva a la vida.
4. Minuto 43:28 a 47:40. Cómo enseñar a ver el poeta que uno lleva dentro.

3.2. Cualidades del emprendedor

Se dice que el emprendedor es una persona con:

Iniciativa	Creatividad	Innovación	Autonomía
Visión de futuro	Tenacidad	Responsabilidad	Sentido crítico
Autodisciplina	Confianza en sí mismo	Motivación de logro	

¿Sabemos qué significan realmente estos conceptos? Comenzaremos el análisis de las cualidades personales del emprendedor a través de la siguiente actividad:

ACTIVIDADES

4 > Relaciona las cualidades del empresario o empresaria que se muestran en la parte izquierda con las definiciones situadas a la derecha:

Iniciativa	Consiste en la facilidad para imaginar ideas y proyectos nuevos.
Autonomía	Supone analizar las situaciones desde una óptica distinta a la habitual y proponer soluciones originales sin miedo al cambio.
Creatividad	Hace referencia a la capacidad para identificar oportunidades de negocio. Un empresario no es una persona que predice el futuro, sino que es sensible al entorno, a las necesidades de la sociedad y a los cambios que se están operando o que se producirán en un futuro.
Innovación	Implica funcionar sin necesidad de una supervisión inmediata, elegir por uno mismo y tomar decisiones personales.
Visión de futuro	Es la acción de dar comienzo a algo, de hablar u obrar por voluntad propia, adelantándose a cualquier motivación externa o ajena a uno mismo.
Confianza en uno mismo	Se basa en el control de la propia conducta, en particular de los impulsos y reacciones inmediatas.
Tenacidad	Supone ser una persona realista y objetiva para valorar los pros y contras de la idea y conocer sus límites.
Responsabilidad	Implica motivación para conseguir las metas profesionales propuestas, no cejar en la búsqueda del éxito del proyecto a pesar de los fracasos y del riesgo que representa.
Autodisciplina	Consiste en percibirse de forma positiva, conocer las aptitudes y capacidades propias y apostar por ellas.
Sentido crítico	Consiste en dar prueba de constancia en aquello que se inicia. Inscribir las propias acciones en la idea de perseverancia y de llegada a término.
Motivación de logro	Es la capacidad para asumir las consecuencias de los actos y decisiones tomadas por uno mismo.

Finalmente, para saber si has comprendido bien el significado, ilustra con un ejemplo cada una de las cualidades, siendo tú o alguien de tu entorno el o la protagonista.

La finalidad de esta actividad es que seas capaz de reconocer cómo actúa una persona que tiene estas cualidades y analizar si dispones de ellas (en mayor o menor grado).

«Emprendedor» y «empresario» no son lo mismo: el empresario es un tipo de emprendedor, pero no el único. Las cualidades del emprendedor, que acabas de analizar, se pueden desarrollar en diversos ámbitos y no solo a través de la creación de una empresa.

Emprendedores

Empresario

Es una clase de emprendedor, pero puede haber emprendedores en otras áreas.

Un **empresario** o **empresaria** es la persona emprendedora que crea y dirige una empresa, con la finalidad de ofrecer un bien o servicio a la sociedad para obtener un beneficio económico.

La **empresaria** o el **empresario** poseen las cualidades de todo emprendedor. Si profundizamos en estas habilidades desde un punto de vista empresarial, podemos añadir que un buen empresario, además, ha de ser:

Flexible	Sabe adaptarse a los cambios y tiene una mentalidad abierta que le permite entender otras formas de pensar y actuar. El empresario trabaja en un entorno cambiante y competitivo, en el que los avances tecnológicos son constantes, y en el que surgen nuevas formas de trabajo, nuevos mercados, etc. El emprendedor debe ser consciente de esta realidad y estar siempre dispuesto y preparado para adaptarse, aprender cosas nuevas y cambiar sus formas y métodos de trabajo.
Curioso	Se interesa por casi todo, las veinticuatro horas del día. En muchos casos, un proyecto surge de observar el entorno y sus necesidades y, para que perdure en el tiempo, es necesario renovarse constantemente.
Proactivo	Toma la iniciativa y asume la responsabilidad de hacer que las cosas sucedan; implica decidir en cada momento lo que se quiere hacer y cómo se va a hacer.
Capaz de asumir riesgos	Tiene predisposición para actuar con decisión ante situaciones que requieren cierto arrojo por la dificultad que entrañan. Las personas con afán de superación, que se marcan metas y objetivos altos, tienen mayor incentivo a la hora de superar el miedo al riesgo. Hay que ser conscientes de que el riesgo es algo inherente a la vida; asumir riesgos es positivo para aprender de los éxitos y de los fracasos a los que nos enfrentamos.
Tolerante a la frustración y la incertidumbre	Es capaz de enfrentarse a problemas, retrasos, dificultades o imprevistos casi a diario. Es normal que no todo salga bien a la primera, pero hay que saber afrontar los obstáculos y perseverar.

EJEMPLO

Con tan solo 13 años, en 2016, Anushka Naiknaware fue la ganadora más joven de la feria de ciencia *online* Google Science Fair; a este le han seguido otros muchos premios. Desde muy pequeña, pasaba horas en el laboratorio de química del Museo de Ciencia e Industria de Oregón (EE. UU.). Solo lo abandonaba tras haber completado todos los experimentos disponibles.

Con Marie Curie como inspiración, Anushka empezó interesándose por la química y las matemáticas, pero enseguida se dio cuenta de que todas las ramas de la ciencia están conectadas. Trabajando en el garaje de su casa diseñó un sensor que supervisa la curación de heridas que no sanan correctamente debido a enfermedades preexistentes, como la diabetes.

Puedes ver el vídeo con su discurso en el sitio web de charlas TED <https://bit.ly/2zixdiS>.

VOCABULARIO

proactividad: una persona proactiva subordina sus impulsos a unos principios o valores. Su conducta no es la consecuencia de las circunstancias, sino el fruto de lo que elige hacer de forma consciente, de acuerdo con sus valores personales.

3.3. Habilidades sociales y de dirección

- **Habilidad comunicativa.** Consiste en hablar y expresarse con corrección y propiedad, utilizando la asertividad en todo momento.
- **Asertividad.** Es la capacidad de expresar los sentimientos, ideas y pensamientos propios sin herir los sentimientos, ideas y pensamientos de los demás.
- **Habilidad negociadora.** Es la capacidad de exponer y defender las ideas propias ante los demás.
- **Espíritu de equipo.** Es la capacidad para trabajar en estrecha colaboración con otras personas, compartir objetivos y métodos de actuación y saber delegar cuando corresponde (normalmente, al crecer la empresa).
- **Liderazgo.** Supone influir y motivar a los demás, así como conseguir implicarlos en la realización de proyectos. Alguien con capacidad de liderazgo conoce las cualidades personales, los conocimientos y las habilidades de las personas que conforman su equipo y cuenta con ellas.
- **Capacidad para entusiasmar.** La empresaria o empresario no solo ha de tener visión de futuro (imaginar y proyectar en el futuro el lugar que ocuparán sus productos, la imagen de su empresa y cómo conseguirlo); también debe saber transmitir esta visión a todas las personas de su entorno (familia, amistades, entidades financieras, clientela potencial y empresas proveedoras), con el objetivo de implicarlos activamente en su proyecto.
- **Capacidad de planificación, gestión y toma de decisiones.**

3.4. El valor social de emprender

Uno de los principales objetivos de la empresa es la obtención de un beneficio económico, pero no hay que olvidar que también desempeña una serie de funciones de utilidad para la sociedad:

Identifica las necesidades de la sociedad y ofrece un bien o servicio que las atiende de forma satisfactoria.

Contribuye al progreso tecnológico. Con la llegada de nueva competencia, las empresas se ven obligadas a mejorar cada vez más el producto que ofrecen. Por eso se dice que contribuyen al bienestar social, porque identifican y cubren las necesidades de la sociedad con productos que van mejorando con el tiempo.

Contrata trabajadores y, por lo tanto, **crea empleo.**

Crea y redistribuye riqueza. Al remunerar al personal contratado, aumenta su poder adquisitivo y permite que puedan consumir más y mejores productos. Así se consigue un aumento de la riqueza colectiva y contribuye al desarrollo del entorno en el que se ubica.

ANÉCDOTAS EMPRESARIALES

Kamila Sidiqi ha demostrado valentía y tesón. Es una empresaria afgana que se atrevió a iniciar un negocio de costura para alimentar a sus hermanos menores en un país donde las oportunidades para las mujeres son escasas.

En la actualidad, su empresa es un referente de la moda de Oriente Medio y dirige una red de *business angels* para apoyar a otras emprendedoras.

La empresa sostenible

La empresa ya no tiene como única referencia la rentabilidad económica y la obtención de beneficio. Cada vez se da más importancia a su comportamiento ético y social. Una empresa con una línea de actuación sostenible es aquella capaz de conseguir:

- Un proceso productivo menos agresivo con el medio ambiente, limpio y ecológico.
- Unas condiciones laborales dignas para su personal.
- Una contribución al desarrollo y al beneficio social del entorno en el que realiza su actividad.

4 Itinerarios formativos

Cuando termines los estudios de Educación Secundaria Obligatoria, puedes seguir estudiando o acceder al mundo laboral. Si decides continuar con tu formación, puedes acceder directamente a Bachillerato o a la Formación Profesional de grado medio.

4.1. El Bachillerato

El Bachillerato consta de dos cursos académicos y forma parte de la educación secundaria posobligatoria, por lo tanto, tiene un carácter voluntario. Quienes lo finalicen con éxito, recibirán el título de Bachiller, que permite acceder a estudios universitarios o a Formación Profesional de grado superior.

El Bachillerato tiene tres modalidades:

- **Ciencias**
- **Humanidades y Ciencias Sociales**
  - Itinerario de Humanidades
  - Itinerario de Ciencias Sociales
- **Artes**

4.2. La Formación Profesional

La Formación Profesional (FP) capacita para el desempeño de una profesión, facilita el acceso al empleo y la participación activa en la vida social, cultural y económica. Su finalidad no es solo preparar para la actividad en un campo profesional, sino también facilitar a los estudiantes su adaptación a los cambios profesionales y sociales que puedan producirse durante su vida, así como contribuir a su desarrollo personal, al ejercicio de una ciudadanía democrática y al aprendizaje a lo largo de la vida.

Las enseñanzas de FP se estructuran en ciclos formativos (CF) de grado medio y de grado superior:

- Los **ciclos formativos de grado medio** permiten obtener el título de Técnico y se integran en la educación secundaria posobligatoria. Hay CF de grado medio de Formación Profesional, de Artes Plásticas y Diseño, y de Enseñanzas Deportivas.
- Los **ciclos formativos de grado superior** proporcionan el título de Técnico Superior y forman parte de la educación superior, junto con las titulaciones universitarias y los ciclos formativos de grado superior de enseñanzas artísticas y deportivas.

Los CF de grado medio y de grado superior se agrupan en **26 familias profesionales,** según el ámbito laboral al que pertenecen. Por ejemplo, el CF de Farmacia pertenece a la familia profesional de Sanidad y el CF de Carrocería a la de Mantenimiento de Vehículos Autopropulsados.

Enseñanzas de FP → **26 Familias profesionales** → **Ciclos formativos**

- Actividades físicas y deportivas
- Administración y gestión
- Agraria
- Artes gráficas
- Artes y artesanías
- Comercio y marketing
- Edificación y obra civil
- Electricidad y electrónica
- Energía y agua
- Fabricación mecánica
- Hostelería y turismo
- Imagen personal
- Imagen y sonido
- Industrias alimentarias
- Industrias extractivas
- Informática y comunicaciones
- Instalación y mantenimiento
- Madera, mueble y corcho
- Marítimo-pesquera
- Sanidad
- Química
- Seguridad y medio ambiente
- Textil, confección y piel
- Vidrio y cerámica
- Servicios socioculturales y a la comunidad
- Transporte y mantenimiento de vehículos

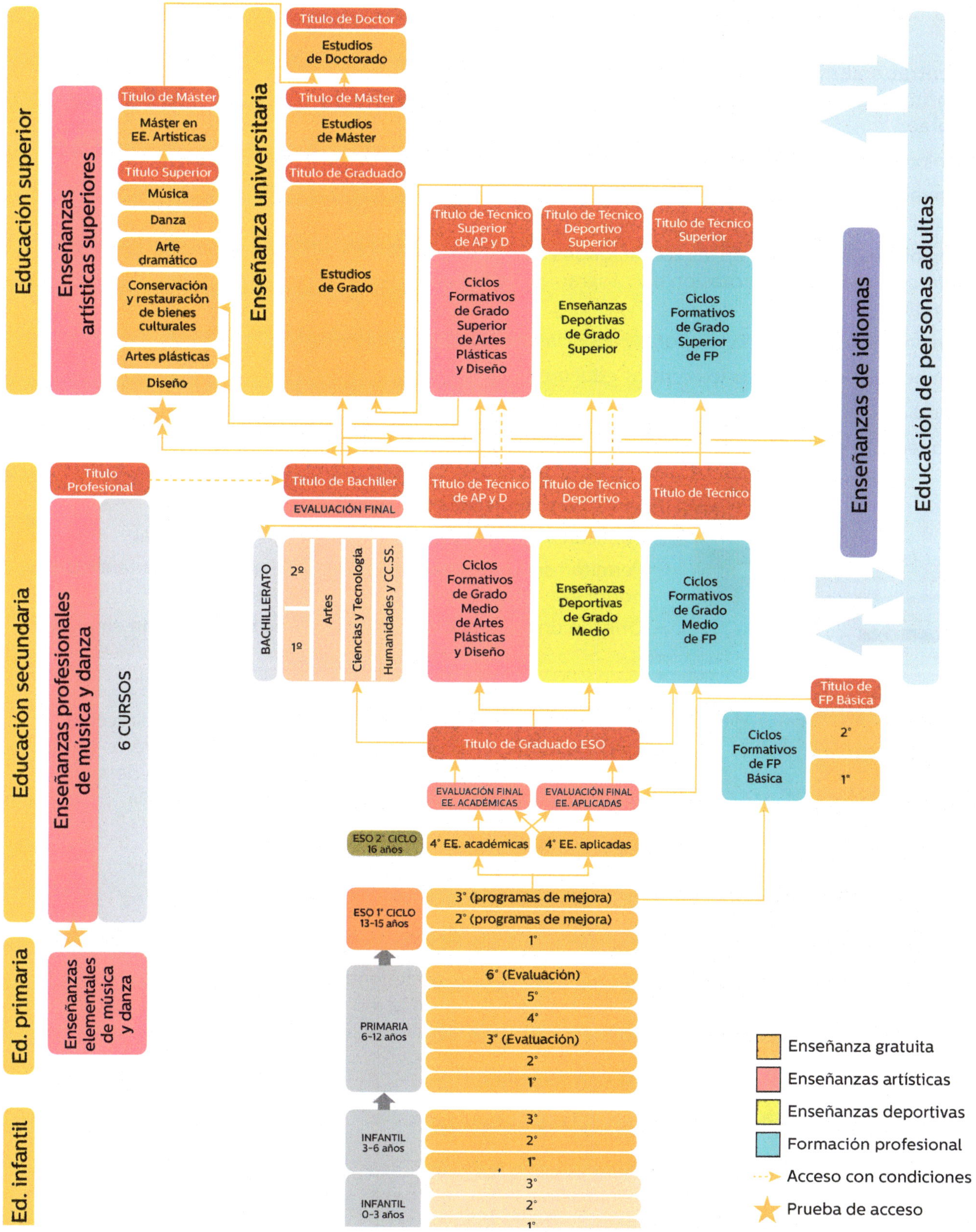

ACTIVIDADES

5 > Como estudiante de 4.º de la ESO, indica tres posibles itinerarios formativos que podrías seguir.

6 > ¿Qué estudios te gustaría realizar cuando termines la ESO? ¿Qué profesiones te interesan? ¿Qué itinerario formativo tienes que seguir para ejercer estas profesiones?

5 Búsqueda de empleo

La entrada al mundo laboral requiere tiempo y dedicación. Lo primero que debes saber es dónde encontrar ofertas de empleo:

- En prensa: revistas especializadas y guías profesionales.
- En radio y televisión.
- En el Servicio Público de Empleo, <www.sepe.es>, y los servicios regionales de empleo de las comunidades autónomas: ambos ofrecen orientación profesional y programas de búsqueda de empleo.
- En empresas de trabajo temporal y agencias de colocación.
- En bolsas de trabajo de los centros educativos.
- Mediante contactos personales.

Búsqueda de empleo a través de **internet** y **redes sociales:**

Páginas web dedicadas a la búsqueda de empleo:

– Publican anuncios de empresas que buscan personal.
– Permiten subir el currículum vitae o rellenar un formulario que podrá ser visto por quienes demanden empleo.
– Ofrecen una suscripción *online* para recibir ofertas de empleo.

Páginas web de las empresas: se puede encontrar la dirección, correo electrónico o teléfono de contacto de las empresas en las que te gustaría trabajar. Suele haber un apartado para dejar el currículum vitae (CV): «¿Quieres trabajar con nosotros?».

Redes sociales profesionales: mantener la privacidad es fundamental, por eso es conveniente elaborar diferentes perfiles, manteniendo el perfil personal cerrado a personas ajenas a nuestro entorno, especialmente en redes genéricas como Facebook. Toda acción en la red tiene consecuencias, puede ser vista por cualquiera y en cualquier momento.

CONSULTA EN INTERNET

Webs dedicadas a búsqueda de empleo
<www.infojobs.net>
<www.trabajos.com>
<www.infoempleo.com>
<www.canaltrabajo.com>
<www.monster.es>
<www.empleo.com>
<www.trabajo.org>
<http://acciontrabajo.com>
<www.oficinaempleo.com>
<www.xing.com>
<www.computrabajo.es>
<www.quieroempleo.com>
<www.trabajojusto.com>
La Red Eures <http://bit.ly/1JWmW u7>

5.1. El CV y la carta de presentación

Currículum vitae (CV) es una expresión latina que significa «carrera de la vida». En este documento se presentan de forma resumida y ordenada todos los datos que puedan resultar de interés para quien realiza una selección de personal.

La **carta de presentación** acompaña al CV y puede ser de dos tipos:

- Carta que responde a una oferta de empleo concreta.
- Carta que se envía para una candidatura espontánea. En este caso, se desconoce si existe un puesto vacante. Se envía el CV con la idea de anticiparse al resto, para cuando la empresa tenga necesidad de contratar personal en el futuro.

CONSULTA EN INTERNET

LinkedIn

Es la red profesional por excelencia. Permite:

- Subir el CV.
- Crear una red de contactos.
- Crear y participar en grupos profesionales en los que se intercambia información.
- Encontrar ofertas de empleo.

Formación académica

Se ha de indicar el título oficial de mayor categoría, la especialidad (si se tiene), centro donde se obtuvo y la fecha de inicio y final. Si se ha tardado más tiempo del normal en terminar los estudios, es mejor indicar solo la fecha final; si bien, hay que tener en cuenta que en la entrevista pueden preguntar el motivo de no haber acabado por curso académico, por lo que habrá que tener una explicación preparada. Solo se mencionan las calificaciones obtenidas si son buenas.

Formación complementaria

Cursos, seminarios, jornadas, etc., que tengan relación con el puesto de trabajo por el que se opta.

Se ha de indicar la fecha de realización y el centro que los impartió. Los cursos de informática pueden incluirse en este apartado, aunque hoy en día se consideran tan importantes los conocimientos en este área que es conveniente resaltarlos en un apartado especial, como se hace con los idiomas.

Idiomas

Se debe especificar el nivel conforme al Marco Común Europeo de Referencia para las Lenguas (MCER). Se hará constar, si se posee, un título oficial (de la Escuela Oficial de Idiomas, de una universidad o de un instituto nacional como The British Council, L'Institut français, Goethe-Institut, Instituto Cervantes, etc.).

Informática

Se mencionarán los conocimientos informáticos relevantes para el puesto.

El **extracto** debe ser atractivo. Puedes resumir tu trayectoria profesional, incluir tus logros, competencias o valores. Las empresas saben que tus principios influirán en tu comportamiento y les ayuda a evaluar tu adecuación a la cultura empresarial. Destaca con ilusión, lo que mejor te defina como profesional o tu forma de trabajar.

Datos personales

CURRICULUM VITAE

Andrea Alles Sánchez

C/ Barquete, 6 - 3.° A 28005 - Madrid

+34 91 5268312; +34 645974784

andrea.alles@gmail.com

es.linkedin.com/in/andrea-alles

Extracto

Durante mi etapa profesional, he aprendido que la base de una buena relación laboral son la profesionalidad, el compromiso y la honestidad. Trabajando así conseguimos incrementar las ventas un 35 % en mi último puesto de trabajo. Me ilusiona un proyecto en el que pueda aportar valor y me permita crecer profesional y personalmente.

Formación académica

2016-2018 **Técnico en Preimpresión digital** (CF de Formación Profesional). I.E.S. Alondra de Madrid.

Formación complementaria

Julio 2017 Curso sobre elaboración y diseño de páginas web impartido por el SEPE (50 horas).

Idiomas

INGLÉS: Nivel B2 del MCER (usuario independiente).

FRANCÉS: Nivel A2 del MCER (usuario básico).

Informática

Manejo de Word, Excel, PowerPoint, internet y redes sociales a nivel de usuario.

Manejo del ERP Logic Print para imprentas y artes gráficas.

Experiencia profesional

Marzo-junio 2018 Realización de **prácticas** en los talleres de impresión Calderón SL de Madrid. Tareas: generar ficheros informáticos y configurar el procesador de imagen mediante el *software* adecuado. Digitalizar, retocar y tratar imágenes. Realizar la imposición digital de páginas, mediante *software*. Aplicar los materiales de preimpresión para la realización de un producto gráfico. Maquetar y compaginar los elementos gráficos.

Julio-sept. 2016 **Comercial** en Mango. Tareas: atención y asesoramiento al cliente en la venta de ropa.

Cualidades personales

- Capacidad para trabajar en equipo.
- Capacidad de comunicación, asertividad.
- Proactividad.
- Creatividad.

Experiencia profesional

Se hará constar la empresa para la que se trabajó, durante cuánto tiempo, el cargo que se ocupaba y las tareas o funciones. En este apartado pueden incluirse las prácticas y la formación en centros de trabajo.

Cualidades personales

Se puede hacer referencia a las cualidades personales que se poseen y se requieren en el mundo laboral (como en el CV Europass).

5.1.1. Modelo y estructura de la carta de presentación

Estrella Labat Polite
C/ Trajano 1 - 5.° C
41002 Sevilla
Teléfono: 600 969 546
elabat@hotmail.com

Sra. Delia Rodríguez
Directora del Departamento de Recursos Humanos
REGASA
C/ Alcalá 239, 7.ª planta
28027 Madrid
Referencia: 50/25

Sevilla, 15 de diciembre de 2019

Estimada Señora Rodríguez:

Le escribo en respuesta a su anuncio, publicado el 14 de diciembre, en el periódico *La Redacción*, por el cual solicitan un puesto de Técnico superior en Administración y Finanzas.

Le adjunto mi currículum vítae, donde podrá comprobar que mis conocimientos y mi experiencia coinciden con los del candidato que buscan, pues he realizado tanto labores de contabilidad, como de marketing, en las dos empresas en que he trabajado hasta el momento, donde he destacado por mi buena disposición para el trabajo en equipo y la captación de clientes.

Por todo ello, agradecería la oportunidad de participar en el proceso de selección que realiza su empresa y quedo a su entera disposición.

Le saluda, atentamente,

Fdo. Estrella Labat Polite

Carta que responde a una oferta de empleo.

Valeria Palmero Sanz
Carrer de Santa Maria 28, 3.° A
08911 Badalona (Barcelona)
Teléfono: 658 563 123
vpalsanz@yahoo.es

Departamento
de Recursos Humanos
Tecnoauto, SA
08033 Barcelona

Badalona, 16 de noviembre de 2019

Estimados señores:

He tenido conocimiento de la actividad que desarrolla su empresa y de su expansión y liderazgo en el mercado europeo. Teniendo en cuenta la relación de su actividad con mi titulación, me he permitido enviarles mi currículum vítae, que será de su interés.

Mi formación como Técnico en Electromecánica de Vehículos Automóviles y mi especialidad en circuitos eléctricos de alta tecnología me avalan como una profesional adecuada para su empresa. Además, soy una persona joven y con gran capacidad de trabajo, aspectos que pueden resultar de gran utilidad para su empresa.

Quedo a su disposición para ampliar cuanta información estimen necesaria.

En espera de su respuesta, le envía un cordial saludo,

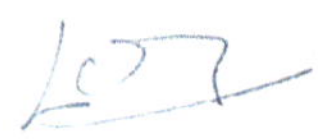

Fdo. Valeria Palmero Sanz

Carta tipo autocandidatura.

Consejos para elaborar un CV y una carta de presentación

Presentación

- Utiliza un papel de calidad, nunca fotocopias ni papel de color llamativo.
- La presentación debe ser impecable: cuida los espacios y los márgenes. Debe estar bien estructurado, claro y limpio.
- Utiliza negrita o subrayado para destacar los datos más importantes que coincidan con el perfil solicitado, pero sin recargar en exceso.

Contenido

- Los datos deben ser veraces. Puedes omitir aquello que te perjudique.
- Redacta un CV y carta para cada puesto de trabajo: sobre la base de un modelo general puedes introducir pequeños cambios.

Redacción

- Ten cuidado de no cometer faltas de ortografía ni incorrecciones gramaticales.
- La redacción debe ser breve pero no telegráfica.

ACTIVIDADES

A L S **7 >** Elabora tu CV y escribe una carta de presentación de una candidatura espontánea.

5.2. La entrevista de trabajo

Las empresas pueden utilizar diversas herramientas para valorar si la candidata o el candidato se ajusta al puesto de trabajo vacante: test psicotécnicos, de personalidad, pruebas profesionales, dinámicas de grupo, etc. Entre todas estas posibilidades, la entrevista de selección es clave.

Es muy importante preparar con antelación la entrevista. Debes reflexionar sobre tus capacidades, defectos e intereses profesionales y tener preparadas y bien analizadas las respuestas a las preguntas que te puedan hacer.

5.2.1. Consejos para superar con éxito una entrevista de selección

Aspecto externo

- Es importante asearse y arreglarse adecuadamente.
- Los hombres deben ir bien afeitados; si llevan barba, ha de estar arreglada.
- Se debe hacer un uso discreto de joyas y maquillaje.
- En cuanto a la indumentaria, hay que vestir con corrección y comodidad (para no añadir un motivo más de nerviosismo a la entrevista). Lo más adecuado es vestir conforme al estilo de la empresa o sector profesional; si este se desconoce, es mejor vestir de forma neutra y arreglada; nunca con aspecto descuidado o desaliñado, ni mostrando la pertenencia a un grupo social determinado.
- No es aconsejable llevar insignias deportivas, políticas, etc.

Momentos previos a la entrevista

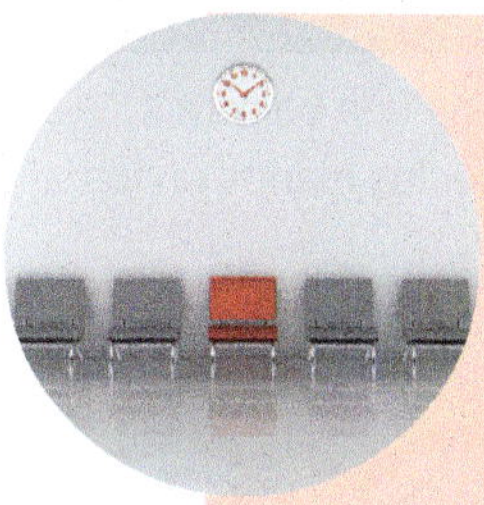

Puntualidad

Es conveniente llegar cinco minutos antes (tampoco más de diez porque puede denotar ansiedad). Esto nos permitirá familiarizarnos con el lugar o tener tiempo para pasar por el aseo (en especial, se aconseja a las personas que les sudan las manos lavárselas nada más llegar a la cita, para causar buena impresión al dar la mano a quien realice la entrevista).

Educación

Hay que mostrarse amable y educado con las personas de recepción, pues podrían preguntarles qué impresión les hemos causado.

VOCABULARIO

elevator pitch: el *elevator pitch* toma su nombre de una supuesta situación: imagina que tienes que despertar el interés de la persona que te escucha en el tiempo que dura un viaje en ascensor ¡2 minutos!

Esta técnica se suele utilizar para presentar un proyecto empresarial ante inversores, posibles clientes o colaboradores. Hay que tener muy claro lo que se quiere decir y cómo se quiere decir para generar interés por el proyecto y lograr una entrevista para más adelante.

Consejos durante la entrevista

Comunicación verbal

- Saluda con un correcto «buenos días» y un apretón de manos firme.
- Trata de usted a la persona que realiza la entrevista (incluso si te tutea) a no ser que te pida lo contrario.
- Utiliza un lenguaje sencillo y claro, evita las palabras rebuscadas, los vulgarismos, tacos, expresiones malsonantes y las muletillas.
- Pronuncia con claridad, utiliza un tono de voz firme y seguro (pero no agresivo). Debes dar la impresión de ser una persona segura; pero cuidado, tampoco dogmatices en tus afirmaciones.
- No hables demasiado bajo ni muy alto.
- Tu voz ha de ser calmada, pero no lenta; imprime un tono expresivo a tu voz.
- No contestes a las preguntas con secos monosílabos, hay que dar respuestas completas.
- Conversaciones que debes evitar:
  - No se debe hablar de política, religión, ni realizar juicios morales.
  - No hables mal de antiguos jefes, compañeros o empresas en las que trabajaste. Alguien que actúa así puede hacer lo mismo respecto a la nueva empresa que le contrate.
  - No muestres dudas sobre tu capacidad profesional, lo que también implica no comentar que se aceptaría cualquier puesto de trabajo y cualquier salario.
  - No se debe preguntar directamente por el salario. Espera al final y pregunta antes sobre otros temas para mostrar que tu interés no es solo económico.
  - No debes mentir ni hablar de temas personales.

Comunicación no verbal

La comunicación no verbal es muy importante. La persona que dirige la entrevista puede obtener más información de los gestos del candidato que de sus explicaciones.

- Es mejor esperar a sentarse, cuando nos lo indique el entrevistador o entrevistadora.
- No hay que sentarse en el borde del asiento, denotando rigidez, ni tampoco con demasiada relajación.
- No hay que apoyarse en la mesa del entrevistador ni colocar ninguna carpeta u objeto sobre ella.
- Mira al entrevistador a la cara; si hay más de uno, mira a todos. Procura no desviar mucho la mirada por la sala y no centrarla en el suelo o en las paredes.
- Mantén firme la mirada, no rehúyas los ojos del entrevistador, pues aunque a veces sea por timidez también indica falta de franqueza.
- No gesticules en exceso.
- Evita tics nerviosos, hacer muecas, tocarte la cara, retorcerte las manos, rascarte compulsivamente, jugar con los anillos o los pendientes, morderte las uñas, balancear los pies o las piernas, etc.

- Es mejor no cruzar los brazos (interpone una barrera psicológica con el interlocutor) ni meter las manos en los bolsillos.

Otros aspectos que se deben tener en cuenta

- No se debe fumar durante la entrevista.
- No se deben comer caramelos, chicles, ni cualquier otra cosa.
- Si nos ofrecen algún tipo de bebida no se debe pedir una alcohólica y hay que tener en cuenta que es preferible no pedir una bebida excitante (con cafeína o teína).
- Recuerda que, en ocasiones, uno se nota muy nervioso, pero esto no tiene por qué ser evidente para nuestro entrevistador. No te preocupes por estar nervioso.

Después de la entrevista

Es conveniente repasar nuestra actuación, anotar las preguntas que nos han formulado y estudiar si la respuesta fue la adecuada o es mejorable.

Preguntas más frecuentes y sugerencias de respuestas

Formación

Repasa bien tu CV (incluidos los centros y los años de finalización de los estudios).

- «¿Por qué realizó estos estudios?»
- «¿Qué asignaturas le gustaban más y cuáles menos?»
- «¿Piensa proseguir o ampliar sus estudios?»
- «¿Cuál es la experiencia más gratificante de su vida de estudiante?»
- «¿Por qué abandonó sus estudios?» (en el caso de que así fuera). Se puede alegar inmadurez propia de la adolescencia, pero resaltando que esa etapa pasó y que se ha cambiado, como demuestra el hecho de haber retomado los estudios.
- «¿Cómo podría suplir su falta de experiencia?» Por ejemplo, se puede responder: «Con motivación, ilusión, capacidad para aprender rápidamente y mucha dedicación al trabajo»
- «¿No cree que está poco/demasiado cualificado para este puesto?»

Personalidad

- «Hábleme de usted»
- «Dígame tres virtudes y tres defectos suyos»
- «Defínase con cinco adjetivos y justifíquelos» (indica una situación en la que se demuestre).
- «Cuénteme una anécdota en la que resolviera una situación con éxito»
- «¿Cuál es la decisión más difícil que ha tomado?»
- «¿Qué puede usted aportar a esta empresa?»
- «¿Prefiere trabajar de forma individual o en equipo?» (es adecuado contestar que nos gusta trabajar de ambas formas, según la ocasión).
- «¿Qué personas le sacan de quicio?» (debes contestar que nadie, siempre hay que tratar de empatizar).
- «¿Pierde los nervios con facilidad?»
- «¿Qué hace en su tiempo libre?»

Empleos anteriores, trabajo actual y futuro

- «¿Qué tareas realizaba en sus anteriores trabajos?»
- «¿Cómo se llevaba con sus jefes y compañeros?» No hables nunca mal de antiguos jefes o compañeros.
- «¿Por qué dejó su anterior puesto de trabajo?» Por ejemplo, se puede responder «Por falta de posibilidades de desarrollo profesional y personal»
- «¿Por qué desea trabajar para nosotros?» La respuesta implica aludir a las características de la empresa, por lo que es conveniente haberse informado con antelación sobre esta y destacar la correspondencia entre las cualidades propias y aquello que necesita la empresa.
- «¿En qué tipo de empresa le gustaría trabajar?»
- «¿Tiene alguna preferencia geográfica?» (es preferible no rechazar ninguna localidad).

Otras

En las entrevistas consideradas como «duras», pueden hacer preguntas o comentarios que no tienen nada que ver con el puesto solicitado y que, en realidad, pretenden medir el grado de autocontrol y de resistencia al estrés de la persona que opta al puesto.

En estos casos, nunca hay que perder la calma ni enfadarse, tan solo hay que contestar con tranquilidad que eso no tiene relación con el puesto vacante o respondiendo con otra pregunta, pero sin polemizar.

Por ejemplo, si a una mujer le preguntan si quiere tener hijos o si piensa que son compatibles con el trabajo, una forma de responder sin comprometerse, pero dejando claras sus ideas puede ser: «Desde pequeña he visto a mi madre compatibilizar su trabajo con nosotros, ¿por qué no podría hacerlo yo algún día?».

También pueden preguntar sobre temas de actualidad.

Preguntas que puede hacer el candidato al entrevistador

Preguntas que puede hacer el candidato al entrevistador

- «¿Qué espera la empresa de mí?»
- «¿Qué tareas se realizan a diario en este puesto?»
- «¿Qué posibilidades de promoción tendría?»
- «¿Cuál es la ubicación de este puesto en el organigrama de la empresa?»
- «¿Se trata de un puesto de nueva creación o existía ya?» Si ya existía, se puede preguntar por qué se fue el trabajador o trabajadora anterior.
- «¿Cuenta la empresa con un plan de formación?»
- «¿Qué edad, formación y años de experiencia tienen los compañeros y compañeras?»

ACTIVIDADES

8 > En parejas, responded por escrito a las preguntas anteriores.

A C 9 > Cambiad de pareja y simulad una entrevista de trabajo; utilizad tanto las preguntas resueltas de la actividad 8 como el CV de la 7.

El proyecto profesional

Objetivos

- Conocerte mejor, así como tus cualidades y debilidades.
- Analizar las profesiones de tu interés.
- Identificar las características clave de una profesión.
- Evaluar los rasgos personales propios relacionados con la profesión elegida.
- Conocer el grado de adquisición personal de las competencias y actitudes que demanda el mercado laboral actual.
- Reflexionar y elaborar un proyecto profesional.

Desarrollo

1 El conocimiento personal

- El primer paso para realizar un estudio personal y profesional consiste en profundizar en el autoconocimiento: descubrir las capacidades, debilidades y actitudes propias frente a la vida.

  Copia en tu cuaderno las dos tablas que proponemos a continuación. En ambas hay una columna denominada «Análisis personal», en la que tienes que describir el grado de consecución personal de cada una de las capacidades y actitudes señaladas, graduándolas en una escala con tres niveles: malo, bueno o muy bueno.

Características		Análisis personal		
		Malo	Bueno	Muy bueno
Intelectuales	Utilización del lenguaje escrito			
	Utilización del lenguaje oral			
	Cálculo numérico			
	Análisis y resolución de problemas			
	Capacidad de concentración			
	Capacidad de análisis			
	Capacidad de síntesis			
	Capacidad de observación			
Motrices	Destreza manual y digital			
	Manejo de equipos y herramientas			
	Coordinación y equilibrio			
Sociales	Habilidades comunicativas (interpersonales)			
	Habilidades comunicativas (grupales)			
	Empatía (ponerse en el lugar de otras personas)			
	Capacidad de adaptación			
	Capacidad para trabajar en equipo			
	Liderazgo (capacidad para motivar y dirigir grupos)			
Artísticas	Creatividad			
	Intuición			

CUADERNO

Haz lo mismo con la tabla sobre las actitudes que se requieren en el mundo laboral. De este modo descubrirás si tienes que cambiar o trabajar más ciertas actitudes para entrar en el mundo profesional:

Actitudes requeridas en el mundo laboral	Análisis personal		
	Malo	Bueno	Muy bueno
Disciplina			
Tolerancia			
Constancia y tenacidad			
Trabajo en equipo			
Pulcritud			
Responsabilidad			
Puntualidad			
Capacidad de organización			
Sentido crítico			
Sentido autocrítico			
Iniciativa			
Autonomía			
Innovación			
Capacidad para asumir riesgos			
Interés por aprender			
Sociabilidad			

- También es interesante contar con la opinión de tus familiares, compañeros y amigos, ya que pueden ver características tuyas que incluso tú no percibes.

  Pregúntales si has respondido de forma adecuada las tablas anteriores. ¿Coinciden contigo? Indica si discrepan en algo y por qué. ¿Has cambiado de idea?

2 Análisis de las profesiones

- Elige las dos o tres profesiones que te parezcan más interesantes. Analiza los puntos siguientes para cada una de ellas:

Profesión elegida

- Estudios que se requieren para ejercer esta profesión (itinerario formativo).
- Ámbito y sector profesional: ¿se puede trabajar en la empresa privada, en la Administración pública y por cuenta propia?
- Competencias profesionales requeridas.
- Posibles puestos de trabajo.
- Estudios posteriores a los que da acceso.

Podrás encontrar información en la página web del Ministerio de Educación, <http://www.educacionyfp.gob.es/portada.html>, en la web de la Consejería de Educación de tu comunidad autónoma o, si se trata de una carrera universitaria, en la página web de las universidades en las que se imparten dichos estudios. Para los estudios de Formación Profesional te servirá de gran ayuda el portal de FP del Ministerio de Educación, <http://www.todofp.es/todofp>.

(4)

A continuación presentamos un ejemplo en el que se analiza la profesión de Técnico en Farmacia y Parafarmacia:

Estudios requeridos (itinerario formativo)

Estudiar y superar un ciclo formativo de Formación Profesional de grado medio denominado Técnico en Farmacia y Parafarmacia.

Itinerario formativo:

Para acceder a estos estudios se requiere el título de Graduado en Educación Secundaria Obligatoria o de un nivel académico superior.

También se puede acceder mediante prueba, en caso de no tener el título de la ESO.

Ámbito y sector profesional

- Ámbito público: en todos los niveles del sistema nacional y regional de salud y en los establecimientos y servicios farmacéuticos.
- Ámbito privado: actúa sobre todo en oficinas de farmacia, servicios de farmacia de hospitales y establecimientos de parafarmacia, y en almacenes de distribución de medicamentos e industria farmacéutica.

El trabajo que realizará será principalmente por cuenta ajena; por cuenta propia puede montar, por ejemplo, una parafarmacia, nunca una farmacia, ya que esta posibilidad está reservada a las personas que poseen el título universitario de Grado en Farmacia.

Competencias profesionales

Ayudar a dispensar y elaborar productos farmacéuticos y afines, y vender productos parafarmacéuticos, fomentando la promoción de la salud y ejecutando tareas administrativas y de control de almacén, cumpliendo con las especificaciones de calidad, seguridad y protección ambiental.

Además, será capaz de:

- Asistir en la dispensación de productos farmacéuticos e informar de sus características a la clientela.
- Asistir en la elaboración de productos farmacéuticos y parafarmacéuticos.
- Preparar los productos farmacéuticos para su distribución a las distintas unidades hospitalarias, bajo supervisión del facultativo o facultativa.
- Obtener valores de parámetros somatométricos de constantes vitales de las usuarias y usuarios.
- Efectuar controles analíticos.
- Mantener el material, el instrumental, los equipos y la zona de trabajo en óptimas condiciones para su utilización.
- Fomentar hábitos de vida saludables para mantener o mejorar la salud y evitar la enfermedad.
- Tramitar la facturación de recetas mediante el manejo de aplicaciones informáticas.

Posibles puestos de trabajo

En establecimientos de venta de productos farmacéuticos, parafarmacéuticos y, en general, en centros de venta de productos relacionados con la salud humana o animal, así como con la cosmética, la fitoterapia y otros.

En pequeños laboratorios de elaboración de productos farmacéuticos y afines.

Estudios posteriores a los que da acceso

Al finalizar estos estudios, se puede continuar estudiando:

- Cursos de especialización profesional.
- La preparación para realizar la prueba de acceso a ciclos de grado superior, cuando sea necesaria.
- Otro ciclo de FP de grado medio con la posibilidad de establecer convalidaciones de módulos profesionales de acuerdo con la normativa vigente.
- El Bachillerato en cualquiera de sus modalidades.

- Elige los puestos de trabajo que más te interesen y realiza un análisis de estos, desarrollando los puntos que se indican a continuación. Para ello, puedes preguntar a tus profesores y buscar datos en los portales de información y orientación profesional del Ministerio de Educación y de tu comunidad autónoma:

Puestos de trabajo

- Medio de trabajo: espacios cerrados, al aire libre, en el mar, etc.
- Horario: libre, fijo, partido, etc.
- Salario (ver convenio colectivo).
- ¿Trabajo rutinario o creativo?
- Instrumentos que se utilizan.
- ¿Se trabaja aislado o con gente? ¿Con qué tipo de personas se relaciona en el trabajo?
- ¿Se requiere algún tipo de formación complementaria para el ejercicio de la profesión?
- Actitudes para desarrollar este trabajo.
- Ventajas e inconvenientes de esta profesión.
- Datos o información sobre el grado de inserción laboral de los profesionales de este sector (consulta <www.sepe.es>, busca la sección «Observatorio de las ocupaciones»).

¡OJO!

Los datos que obtengas ahora pueden cambiar en unos años. El mercado laboral evoluciona con rapidez, surgen profesiones nuevas y otras quedan obsoletas; debes tener en cuenta las perspectivas futuras y contar con cierto grado de incertidumbre.

- El siguiente paso consistirá en estudiar los rasgos personales que has analizado al principio de este proyecto, en relación con las profesiones que te interesan. Retoma las tablas del punto 1 sobre capacidades y actitudes requeridas en el mundo laboral y comprueba si tus cualidades personales coinciden con las que se piden para tu profesión. Si observas que careces de alguna de ellas, no te desanimes, muchas se pueden adquirir trabajándolas de forma concienzuda; hazlo a partir de ahora.
  - Capacidades y actitudes que se requieren en mi profesión.
  - Capacidades y actitudes que yo poseo.

3 El objetivo profesional

- Ahora ya puedes enunciar tu objetivo profesional y elaborar un plan de acción. Te ayudará seguir estos puntos y reflexionar sobre ello:
  - **Enuncia tu objetivo profesional y escríbelo.** Para ello, pregúntate: ¿qué quiero llegar a ser? ¿En qué quiero trabajar? ¿Cómo me veo dentro de 15 o 20 años?
  - **Itinerario educativo:** ¿qué tengo que estudiar para conseguir mi objetivo?
  - **Áreas de mejora:** ¿qué capacidades y actitudes has descubierto que son necesarias para la profesión elegida y de las cuales tú careces? ¿Cómo puedes conseguirlas? ¿Crees que puedes luchar por ello, cueste lo que cueste?
  - **Otras actividades:** ¿cómo puedes desarrollar cada una de las capacidades y aptitudes que se piden para realizar la profesión elegida? Cursos de formación, idiomas, informática, etc.

Billy Elliot

Sinopsis

En 1984, durante una huelga de mineros en el norte de Inglaterra, los enfrentamientos entre piquetes y policía están a la orden del día. Entre los que protestan con más vehemencia, se encuentra un padre empeñado en que su hijo pequeño, Billy, reciba clases de boxeo, pero él carece de pegada.

En el gimnasio, Billy se fija en una clase de danza; le llama la atención y la prueba. Cuando su padre se entera de que practica una actividad tan poco varonil, le obliga a abandonar las clases. Pero el chico tiene un gran talento para bailar y quiere dedicarse a ello.

Claves de trabajo

Esta película narra el proceso de desarrollo de los intereses y habilidades de Billy, cuando decide que lo que le gusta hacer es aprender a bailar, a pesar de la oposición de su familia y de los condicionantes sociales a los que se enfrenta.

El apoyo de su profesora de danza, su fortaleza para afrontar los conflictos que surgen, la fe en sí mismo y en sus capacidades son fundamentales para conseguir lo que quiere.

FICHA TÉCNICA

- **Dirección:** Stephen Daldry.
- **Guion:** Lee Hall.
- **Duración:** 111 minutos.
- **Nacionalidad:** Reino Unido.
- **Año de producción:** 2000.
- **Reparto:** Jamie Bell, Julie Walters, Gary Lewis, Jamie Draven, Adam Cooper, Jean Heywood, Stuart Wells, Nicola Blackwell.
- **Fotografía:** Brian Tufano.
- **Música:** Stephen Warbeck.
- **Género:** comedia, drama, musical.

ACTIVIDADES

1 > Señala las habilidades y valores que se asocian al *ballet* y al boxeo, respectivamente.

2 > Identifica a qué dificultades se tiene que enfrentar Billy para dedicarse a la profesión que le gusta.

3 > ¿Cómo explicas el cambio de actitud del padre respecto a Billy, que empieza oponiéndose a su opción y, finalmente, lo apoya, con lo que ello implica como trabajador en huelga? ¿Por qué no lo respalda antes?

4 > ¿Cómo imaginas la vida de Billy si hubiera cumplido con las expectativas que tenían de él? En tu opinión, ¿en qué medida habría sido feliz?

5 > Reflexiona ahora sobre tu iniciativa y tu espíritu emprendedor. En el punto 4 de esta unidad, has elegido las profesiones que te parecen más interesantes y has descrito el itinerario formativo que debes seguir para ejercer estas profesiones. ¿Qué esfuerzo supone para ti seguir este itinerario?, ¿tanto como para Billy? Hay personas que deben sacrificar mucho para poder estudiar o conseguir la profesión de sus sueños. Esto hace que valoren mucho la educación y su formación. Reflexiona sobre tus prioridades en la vida y señala en qué escalón jerárquico situarías los estudios que estás cursando.

TEST DE EVALUACIÓN

Resuelve en tu cuaderno o bloc de notas

1 > El proyecto profesional conlleva el análisis de:

a) Uno mismo y de los caminos profesionales que se pueden elegir.

b) El objetivo profesional y el posible proyecto profesional.

c) El mercado laboral.

d) Todas son correctas.

2 > Señala la respuesta correcta:

a) Se puede trabajar por cuenta propia, por cuenta ajena o para la Administración pública.

b) Para ser un funcionario del grupo C1 se exige el título de Técnico Superior (CF de grado superior).

c) Los funcionarios se rigen por el Estatuto de los Trabajadores.

d) Un funcionario trabaja por cuenta propia.

3 > El intraemprendedor:

a) Trabaja por cuenta propia.

b) Trabaja en una empresa desarrollando proyectos ajenos con espíritu creativo e innovador.

c) Transforma una idea en un proyecto que él mismo lanza al mercado.

d) Ninguna es correcta.

4 > La facilidad para imaginar ideas y proyectos nuevos se denomina:

a) Iniciativa.

b) Innovación.

c) Creatividad.

d) Visión de futuro.

5 > Tomar la iniciativa y asumir la responsabilidad de hacer que las cosas sucedan es:

a) Proactividad.

b) Autodisciplina.

c) Sentido crítico.

d) Motivación de logro.

6 > La empresa tiene como valor social:

a) Identificar las necesidades de la sociedad.

b) Contribuir al progreso tecnológico.

c) Crear empleo y redistribuir riqueza.

d) Todas son correctas.

7 > Señala la respuesta correcta:

a) El Bachillerato consta de dos cursos académicos y tiene cinco modalidades.

b) Después de estudiar la ESO se puede acceder directamente a un CF de grado medio.

c) Después de estudiar la ESO se puede acceder directamente a un CF de grado superior.

d) Solo se accede a la universidad después de haber estudiado Bachillerato.

8 > Señala la respuesta correcta:

a) Se debe escribir una carta de presentación para cada oferta de empleo.

b) Los datos del CV deben ser veraces.

c) Un CV no puede tener faltas de ortografía.

d) Todas son correctas.

2) La relación laboral

Vamos a aprender

1. La relación laboral
2. Derechos y deberes del trabajador
3. El contrato de trabajo
4. La negociación colectiva

Mi primer trabajo

Laura se encuentra en el despacho de la directora de recursos humanos, leyendo el contrato de trabajo que va a firmar. Está algo cohibida, es la primera vez que va a trabajar y que se sienta frente a una ¡directora! No es la directora de la empresa, sino del departamento de recursos humanos pero, aun así, le impresiona.

Tras leer el contrato le surgen varias dudas, se arma de valor y decide preguntar.

Cuando sale del despacho, Laura está contenta, le han explicado todo correctamente y lo ha entendido. Además, la directora de recursos humanos parece una persona dialogante. ¡Todo parece indicar que va a estar muy a gusto en su primer trabajo!

¿QUÉ SABEMOS DE?

1 ¿Qué aparece escrito en un contrato de trabajo?

2 ¿Qué hubiera ocurrido si Laura firma el contrato sin leer o si no se hubiera atrevido a preguntar sus dudas a la directora de recursos humanos?

1 La relación laboral

Cuando termines tus estudios y hayas aprendido un oficio, podrás incorporarte al mundo laboral:

- Trabajando para otros (trabajo por cuenta ajena) o
- Montando tu propia empresa (trabajo por cuenta propia).

Si decides trabajar para otras personas, lo más probable es que inicies una relación laboral.

La relación laboral se regula mediante el Derecho del Trabajo.

La norma básica del Derecho Laboral es el **Estatuto de los Trabajadores (ET),** que **regula las condiciones laborales de las personas trabajadoras** y define la relación laboral.

La **relación laboral** es aquella que existe entre un trabajador y un empresario. En esta, el primero se compromete a prestar sus servicios profesionales (de forma personal y voluntaria) al segundo, el cual dirige el trabajo, se apropia de sus resultados y, a cambio, abona un salario al trabajador.

Estatuto de los Trabajadores

El Estatuto de los Trabajadores es una norma con rango de ley que regula las relaciones laborales.

Por lo tanto, la relación laboral reúne las siguientes características:

Voluntaria	El trabajador firma un contrato libremente.
Por cuenta ajena	Los frutos directos del trabajo no son propiedad del trabajador sino que, desde el instante en que se producen, pertenecen a una persona distinta de la que ejecuta el trabajo: al empresario o empresaria.
Remunerada	El trabajador presta unos servicios, es decir, trabaja a cambio de una compensación económica, el salario, que recibe independientemente de la buena marcha de la empresa.
Personalísima	El trabajo debe ser realizado personalmente por el trabajador y no por otra persona en su nombre.
Dependiente	El empresario es quien organiza y dirige la actividad laboral y el trabajador está sometido a sus órdenes. Si este desobedeciera, el empleador tiene poder para sancionarle.

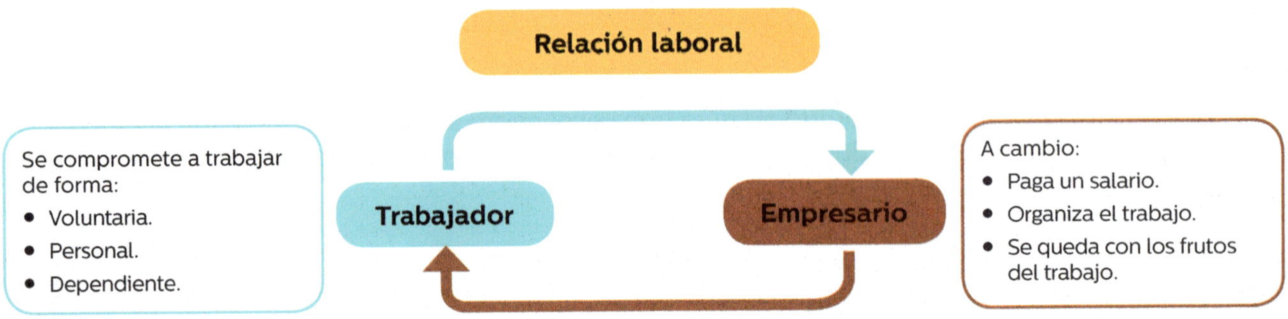

El Estatuto de los Trabajadores considera que hay:

- **Relaciones laborales:** son aquellas que reúnen las cinco características descritas.
- **Relaciones laborales especiales:** son aquellas que, aun reuniendo todas las características de las relaciones laborales, tienen unas peculiaridades. Cada una de ellas se regula por su propia norma y solo se aplica el Estatuto de los Trabajadores para aquellos aspectos no contemplados en su normativa específica.

EJEMPLO

- Personal de alta dirección.
- Trabajadores al servicio del hogar familiar (personal de limpieza, cuidado de niños, labores de jardinería, etc.).
- Deportistas profesionales.
- Artistas en espectáculos públicos.
- Quienes intervengan en operaciones mercantiles por cuenta de uno o más empresarios sin asumir el riesgo de aquellas.
- Trabajadores discapacitados que presten servicios en centros especiales de empleo.
- Menores sometidos a medidas de internamiento.
- La residencia para la formación de especialistas en Ciencias de la Salud (MIR).
- Los abogados que prestan servicios en despachos de abogados.
- Presos o penados en instituciones penitenciarias.
- Cualquier otro trabajo expresamente declarado como relación laboral de carácter especial por una ley.

- **Otras profesiones:** estas no se consideran laborales porque normalmente falta alguna de las cinco características propias de la relación laboral (autónomos, funcionarios, etc.).

EJEMPLO

- El funcionariado. Este se rige por el Estatuto de la Función Pública.
- Los trabajos familiares.
- Los trabajos a título de amistad o buena vecindad.
- El trabajo de los autónomos y los autónomos económicamente dependientes. Se rigen por el Estatuto de los Autónomos.
- Prestaciones personales obligatorias.
- Consejeros o miembros del consejo de administración.
- Representantes de comercio.
- Transportistas.

ACTIVIDADES

1 > Busca en el artículo 1.3 y 2 del Estatuto de los Trabajadores, el listado completo de las relaciones laborales excluidas y las relaciones laborales especiales.

2 > Busca en la sopa de letras las cinco características de la relación laboral y escribe las palabras en tu cuaderno.

3 > Justifica si el trabajo de tus padres es una relación laboral. ¿Cumplen las cinco características? ¿Son relaciones laborales especiales?

V	R	E	M	U	N	E	R	A	D	A
T	O	S	P	Z	A	R	O	I	N	X
I	T	L	R	E	M	U	P	E	L	D
L	A	N	U	P	R	J	J	R	A	S
E	D	D	T	N	I	A	S	R	E	P
O	P	S	A	J	T	L	Q	U	Y	N
I	A	S	G	N	F	A	E	C	V	B
R	Z	C	E	V	A	K	R	B	F	S
S	O	U	A	P	Ñ	T	R	I	D	F
P	C	O	P	E	R	S	O	N	A	L
E	T	N	E	I	D	N	E	P	E	D

2 Derechos y deberes del trabajador

Todos los trabajadores tienen unos derechos y obligaciones.

Recuerda

Todo aquel que tiene un derecho, también le corresponde un deber.

2.1. Derechos generales

Derecho al trabajo y a elegir libremente **una profesión u oficio.**

Derecho fundamental a la libre sindicación. Implica:

- Que todo ciudadano es libre de afiliarse o no a un sindicato.
- Que se puede elegir el sindicato al cual afiliarse.
- Que se pueden fundar sindicatos.

Derecho fundamental a la huelga.

Derecho a la negociación colectiva (en Derecho Laboral los dos grandes colectivos son los empresarios y los trabajadores) y a adoptar medidas de conflicto colectivo.

Derecho fundamental de reunión.

Derecho a la **participación** en la empresa **a través de** sus **representantes**.

Derecho fundamental a la **igualdad.**

Derechos fundamentales

Los derechos fundamentales están especialmente protegidos. Se defienden ante los tribunales mediante un juicio rápido, al que se da preferencia.

2.2. Derechos derivados de la relación laboral

Derechos derivados de la relación laboral	
Ocupación efectiva	Derecho a la ocupación efectiva, es decir, a tener unas tareas y funciones específicas en el puesto de trabajo y los medios necesarios para conseguirlas.
Promoción y formación	Derecho a la promoción y formación profesional.
No discriminación	Derecho a no sufrir discriminación, directa o indirecta, al acceder a un empleo ni cuando se ha accedido, por razones de sexo, estado civil, edad, raza, condición social, ideas religiosas o políticas, afiliación o no a un sindicato ni por razón de lengua o por discapacidades físicas, psíquicas o sensoriales.
Integridad	Derecho a la integridad física y a una adecuada política de seguridad e higiene.
Intimidad y dignidad	Derecho a la intimidad y respeto a la dignidad, incluida la protección frente a ofensas verbales o frente al acoso sexual o acoso por razón de sexo.
Salario	Derecho a la percepción puntual del salario.
Otros derechos	Derecho al ejercicio individual de las acciones que se derivan del contrato de trabajo y a cuantos otros derechos se deriven específicamente de este.

2.3. Deberes de los trabajadores

Quien goza de una serie de derechos ha de cumplir con sus deberes correspondientes:

- Cumplir con las obligaciones de su puesto de trabajo con diligencia y buena fe.
- Respetar las medidas de seguridad e higiene.
- Cumplir las órdenes e instrucciones del empresario o empresaria, siempre y cuando estas se refieran a la actividad laboral, no supongan un riesgo para la salud o la integridad física del trabajador y sean legales.
- No competir con el empresario para el que trabaja.
- Contribuir a la mejora de la productividad y cuantos otros deberes se deriven del contrato.

2.4. Los poderes del empresario

Los poderes que detenta el empresario son:

- **Organizar la empresa.**
- **Dictar órdenes e instrucciones** en el ámbito laboral.
- **Controlar** que se están cumpliendo sus órdenes e instrucciones.

Potestades del empresario

- **Poder disciplinario**: Puede sancionar al trabajador por hechos previamente recogidos por escrito y con la sanción descrita para tales casos. Normalmente, los convenios colectivos incluyen un capítulo dedicado a las faltas y sanciones, dividiéndolas en leves, graves y muy graves. Las sanciones nunca podrán consistir en suprimir el sueldo, ni los periodos de descanso, aunque sí se permite la suspensión conjunta de empleo y sueldo.
- **Vigilar al trabajador** para controlar y verificar que cumple con sus obligaciones y deberes laborales.
- **Dictar órdenes e instrucciones** para la prestación de servicios.
- **Controlar** que se están cumpliendo sus órdenes e instrucciones.
- **Organizar y dirigir** la empresa.

ACTIVIDADES

A S **4** Indica qué derechos se han vulnerado en los siguientes casos:

- Una persona no es contratada por tener una discapacidad que no afecta al puesto de trabajo.
- El personal de una empresa no ha cobrado su salario desde hace cuatro meses.
- Una trabajadora que debe manipular productos químicos tóxicos no recibe las mascarillas que la protegen de ellos.

Inspección de trabajo

La Inspección de Trabajo y Seguridad Social es un órgano del Estado.

Su misión es controlar y vigilar que se cumpla la normativa laboral de seguridad social y de prevención de riesgos laborales.

Puedes encontrar más información en la página web del Ministerio de Trabajo, Migraciones y Seguridad Social.

3 El contrato de trabajo

Antes de iniciar una relación laboral se debe formalizar el contrato de trabajo.

El **contrato de trabajo** es un acuerdo entre el empresario y el trabajador mediante el cual el trabajador se compromete, voluntariamente, a trabajar bajo el poder de organización y dirección del empresario, a cambio de una remuneración.

3.1. ¿Quién puede firmar un contrato de trabajo?

El trabajador y el empresario **firman el contrato.** Para poder firmar, el trabajador debe:

- Ser mayor de edad (tener 18 años cumplidos) o
- Contar con la autorización de los padres si tiene 16 o 17 años.

3.2. ¿Qué forma tiene el contrato de trabajo?

En la actualidad, **la mayoría de los contratos laborales deben realizarse por escrito conforme a un modelo oficial.**

Copias del contrato

El empresario tiene la obligación de:

- Entregar una copia del contrato al trabajador.
- Entregar una copia básica a los representantes de los trabajadores.
- Comunicar y entregar una copia del contrato en la oficina de empleo, en el plazo de 10 días hábiles desde su celebración.

Menores de 16 años

Excepcionalmente, los menores de 16 años podrán trabajar en espectáculos públicos (teatro, televisión, circo, etc.).

Deben tener el permiso de la autoridad laboral y no ha de suponer un peligro para su salud física ni para su formación profesional y humana.

3.3. Tipos de contratos laborales

a) Los contratos de trabajo pueden ser indefinidos o temporales.

Indefinidos

Los trabajadores se incorporan a la empresa **sin límite de tiempo** (son «fijos»).

Temporales

La **duración** del contrato es **limitada,** terminará en un momento dado.

Podemos clasificar los contratos temporales en:

- Contratos formativos.
- Contratos por el tipo de trabajo que se va a realizar.

b) También podemos encontrar contratos a tiempo parcial, que pueden ser indefinidos o temporales:

A tiempo parcial

Es aquel que se concierta para trabajar durante un número de horas al día, a la semana, al mes o al año, y que es inferior a la jornada de trabajo a tiempo completo.

Contratos temporales

Los contratos temporales ya no pueden encadenarse sin límite. El contrato temporal debe pasar a ser indefinido cuando, en un periodo de 30 meses, una persona hubiera estado contratada:

- Para el mismo o diferente puesto de trabajo.
- Con la misma empresa.
- Durante un plazo superior a 24 meses (independientemente de que sean seguidos).
- Mediante dos o más contratos temporales, de iguales o diferentes modalidades.
- Directamente por la empresa o a través de una empresa de trabajo temporal.

Este es el modelo oficial del contrato de trabajo en prácticas. Puedes encontrarlo en la página web del Servicio Público de Empleo Estatal.

Las partes que celebran el contrato:
- Empresa
- Trabajador

MINISTERIO
DE TRABAJO, MIGRACIONES
Y SEGURIDAD SOCIAL

SERVICIO PÚBLICO
DE EMPLEO ESTATAL

FONDO SOCIAL EUROPEO
El FSE invierte en tu futuro

CONTRATO DE TRABAJO EN PRÁCTICAS

DATOS DE LA EMPRESA

CIF/NIF/NIE

D./DÑA.	NIF/NIE	EN CONCEPTO (1)
NOMBRE O RAZÓN SOCIAL DE LA EMPRESA	DOMICILIO SOCIAL	
PAIS	MUNICIPIO	C. POSTAL

DATOS DE LA CUENTA DE COTIZACIÓN

RÉGIMEN	COD. PROV.	NÚMERO	DIG. CONTR.	ACTIVIDAD ECONÓMICA

DATOS DEL CENTRO DE TRABAJO

PAIS	MUNICIPIO

DATOS DEL/DE LA TRABAJADOR/A

D./DÑA.	NIF/NIE	FECHA DE NACIMIENTO
Nº AFILIACIÓN S.S.	NIVEL FORMATIVO	NACIONALIDAD
MUNICIPIO DEL DOMICILIO	PAIS DOMICILIO	

Con la asistencia legal, en su caso, de D./Dña. ....
con N.I.F./ N.I.E. ...., en calidad de (2) ....

DECLARAN

a) Que el/la trabajador/a está en posesión del título o certificado de profesionalidad de (3) ...., o en condiciones de obtenerlo por haber terminado con fecha ...., los estudios correspondientes al mismo que le capacitan para la práctica profesional objeto de este contrato (4).

b) Que no han transcurrido cinco años, o siete en el caso de personas con discapacidad, desde la terminación o convalidación de los estudios o del certificado de profesionalidad, salvo en el supuesto que el trabajador sea menor de 30 años o menor de 35 con un grado de discapacidad reconocido igual o superior al 33%, en cuyo caso no se exige periodo de finalización de estudios.

c) Que el/la trabajador/a tiene reconocida la condición de persona con discapacidad, como se acredita con la certificación expedida por ....(5).

d) Que el/la trabajador/a no ha estado contratado en prácticas en ésta u otra empresa por tiempo superior a dos años.

En caso de primer contrato en prácticas :Señalese con una X, lo que corresponda:

- ☐ Que el trabajador/a desempleado/a es menor de 30 años.
- ☐ Que el trabajador/a desmpleado/a es menor de 35 años y con un grado de discapacidad reconocido igual o superior al 33%.
- ☐ Que el trabajador/a desempleado/a es menor de 30 años y realiza prácticas no laborales acogidas al R.D. 1543/2011 en la empresa.

e) ☐ Que el trabajador con un grado de discapacidad reconocido igual o superior al 33% se acoge a la Disposición Adicional 20ª del Estatuto de los Trabajadores.

http://www.sepe.es

1

La categoría o grupo profesional del puesto de trabajo que va a ocupar el trabajador o una descripción del contenido específico del trabajo que se va a realizar.

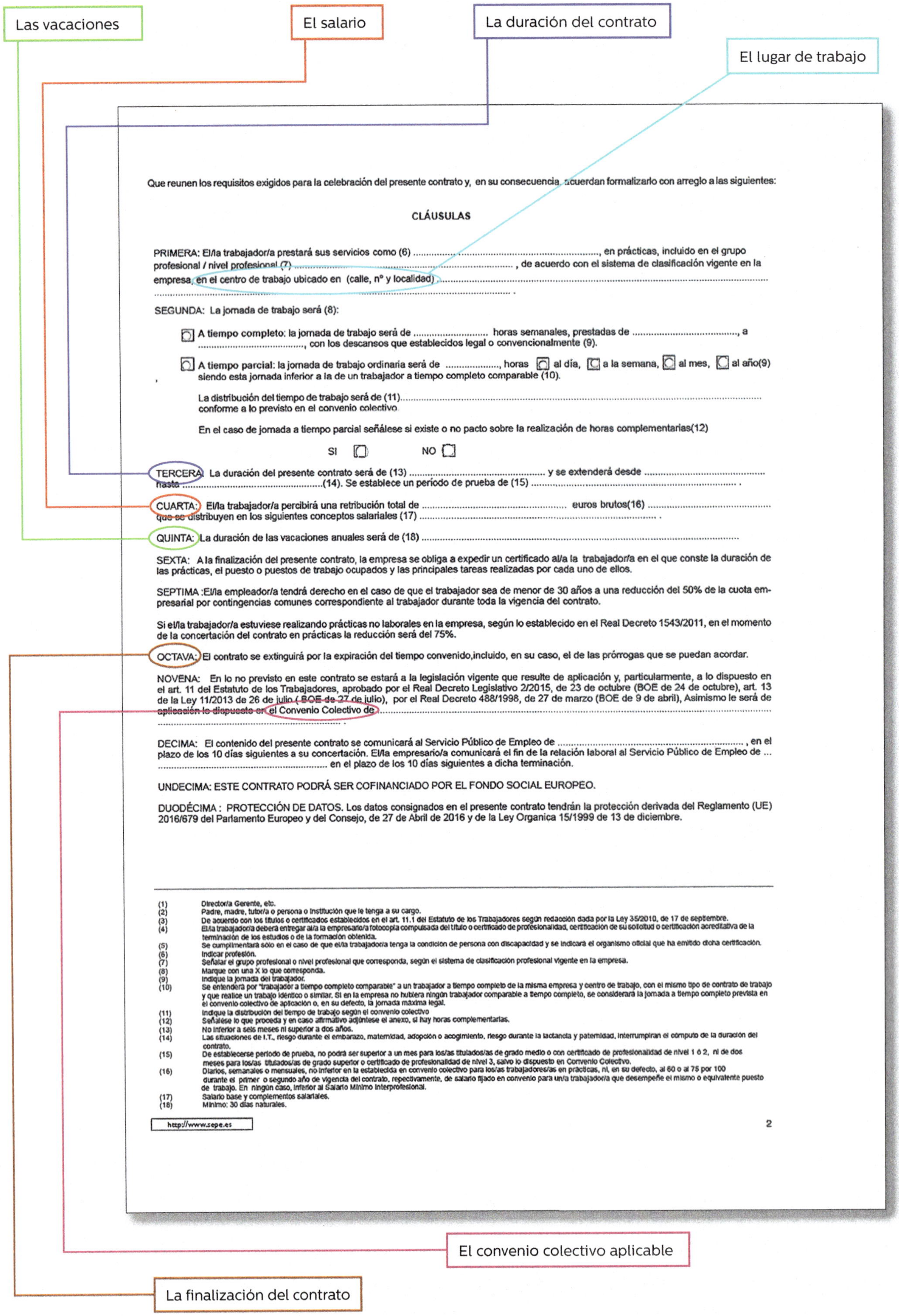

Que reunen los requisitos exigidos para la celebración del presente contrato y, en su consecuencia, acuerdan formalizarlo con arreglo a las siguientes:

CLÁUSULAS

PRIMERA: El/la trabajador/a prestará sus servicios como (6) ...., en prácticas, incluido en el grupo profesional / nivel profesional (7) ...., de acuerdo con el sistema de clasificación vigente en la empresa, en el centro de trabajo ubicado en (calle, nº y localidad) ....

SEGUNDA: La jornada de trabajo será (8):

☐ A tiempo completo: la jornada de trabajo será de .... horas semanales, prestadas de ...., a ...., con los descansos que establecidos legal o convencionalmente (9).

☐ A tiempo parcial: la jornada de trabajo ordinaria será de ...., horas ☐ al día, ☐ a la semana, ☐ al mes, ☐ al año(9) siendo esta jornada inferior a la de un trabajador a tiempo completo comparable (10).

La distribución del tiempo de trabajo será de (11).. conforme a lo previsto en el convenio colectivo.

En el caso de jornada a tiempo parcial señálese si existe o no pacto sobre la realización de horas complementarias(12)

SI ☐ NO ☐

TERCERA: La duración del presente contrato será de (13) .... y se extenderá desde .... hasta ....(14). Se establece un período de prueba de (15) ....

CUARTA: El/la trabajador/a percibirá una retribución total de .... euros brutos(16) .... que se distribuyen en los siguientes conceptos salariales (17) ....

QUINTA: La duración de las vacaciones anuales será de (18) ....

SEXTA: A la finalización del presente contrato, la empresa se obliga a expedir un certificado al/a la trabajador/a en el que conste la duración de las prácticas, el puesto o puestos de trabajo ocupados y las principales tareas realizadas por cada uno de ellos.

SEPTIMA :El/la empleador/a tendrá derecho en el caso de que el trabajador sea de menor de 30 años a una reducción del 50% de la cuota empresarial por contingencias comunes correspondiente al trabajador durante toda la vigencia del contrato.

Si el/la trabajador/a estuviese realizando prácticas no laborales en la empresa, según lo establecido en el Real Decreto 1543/2011, en el momento de la concertación del contrato en prácticas la reducción será del 75%.

OCTAVA: El contrato se extinguirá por la expiración del tiempo convenido,incluido, en su caso, el de las prórrogas que se puedan acordar.

NOVENA: En lo no previsto en este contrato se estará a la legislación vigente que resulte de aplicación y, particularmente, a lo dispuesto en el art. 11 del Estatuto de los Trabajadores, aprobado por el Real Decreto Legislativo 2/2015, de 23 de octubre (BOE de 24 de octubre), art. 13 de la Ley 11/2013 de 26 de julio (BOE de 27 de julio), por el Real Decreto 488/1998, de 27 de marzo (BOE de 9 de abril), Asimismo le será de aplicación lo dispuesto en el Convenio Colectivo de... .

DECIMA: El contenido del presente contrato se comunicará al Servicio Público de Empleo de .... , en el plazo de los 10 días siguientes a su concertación. El/la empresario/a comunicará el fin de la relación laboral al Servicio Público de Empleo de ... . en el plazo de los 10 días siguientes a dicha terminación.

UNDECIMA: ESTE CONTRATO PODRÁ SER COFINANCIADO POR EL FONDO SOCIAL EUROPEO.

DUODÉCIMA : PROTECCIÓN DE DATOS. Los datos consignados en el presente contrato tendrán la protección derivada del Reglamento (UE) 2016/679 del Parlamento Europeo y del Consejo, de 27 de Abril de 2016 y de la Ley Organica 15/1999 de 13 de diciembre.

(1) Director/a Gerente, etc.
(2) Padre, madre, tutor/a o persona o institución que le tenga a su cargo.
(3) De acuerdo con los títulos o certificados establecidos en el art. 11.1 del Estatuto de los Trabajadores según redacción dada por la Ley 35/2010, de 17 de septiembre.
(4) El/la trabajador/a deberá entregar al/a la empresario/a fotocopia compulsada del título o certificado de profesionalidad, certificación de su solicitud o certificación acreditativa de la terminación de los estudios o de la formación obtenida.
(5) Se cumplimentará sólo en el caso de que el/la trabajador/a tenga la condición de persona con discapacidad y se indicará el organismo oficial que ha emitido dicha certificación.
(6) Indicar profesión.
(7) Señalar el grupo profesional o nivel profesional que corresponda, según el sistema de clasificación profesional vigente en la empresa.
(8) Marque con una X lo que corresponda.
(9) Indique la jornada del trabajador.
(10) Se entenderá por "trabajador a tiempo completo comparable" a un trabajador a tiempo completo de la misma empresa y centro de trabajo, con el mismo tipo de contrato de trabajo y que realice un trabajo idéntico o similar. Si en la empresa no hubiera ningún trabajador comparable a tiempo completo, se considerará la jornada a tiempo completo prevista en el convenio colectivo de aplicación o, en su defecto, la jornada máxima legal.
(11) Indique la distribución del tiempo de trabajo según el convenio colectivo
(12) Señálese lo que proceda y en caso afirmativo adjúntese el anexo, si hay horas complementarias.
(13) No inferior a seis meses ni superior a dos años.
(14) Las situaciones de I.T., riesgo durante el embarazo, maternidad, adopción o acogimiento, riesgo durante la lactancia y paternidad, interrumpirán el cómputo de la duración del contrato.
(15) De establecerse período de prueba, no podrá ser superior a un mes para los/as titulados/as de grado medio o con certificado de profesionalidad de nivel 1 ó 2, ni de dos meses para los/as titulados/as de grado superior o certificado de profesionalidad de nivel 3, salvo lo dispuesto en Convenio Colectivo.
(16) Diarios, semanales o mensuales, no inferior en la establecida en convenio colectivo para los/as trabajadores/as en prácticas, ni, en su defecto, al 60 o al 75 por 100 durante el primer o segundo año de vigencia del contrato, repectivamente, de salario fijado en convenio para un/a trabajador/a que desempeñe el mismo o equivalente puesto de trabajo. En ningún caso, inferior al Salario Mínimo Interprofesional.
(17) Salario base y complementos salariales.
(18) Mínimo: 30 días naturales.

http://www.sepe.es 2

4 La negociación colectiva

Los trabajadores y trabajadoras pueden actuar juntos, como un colectivo, a través de unos representantes que eligen. Estos representantes pueden negociar con la empresa sus condiciones de trabajo.

La **negociación colectiva** es un diálogo entre los representantes de los trabajadores y los empresarios, cuya finalidad es conseguir acuerdos para mejorar las condiciones laborales.

Uno de los frutos de las negociaciones colectivas entre los representantes de los trabajadores y los empresarios son los convenios colectivos, que negocian y firman.

El **convenio colectivo** es un pacto escrito y negociado entre los representantes de los trabajadores y los empresarios, para regular las **condiciones de trabajo de un sector profesional concreto.**

Tiene **fuerza normativa,** lo que significa que obliga a todos los empresarios y trabajadores afectados, durante toda su vigencia.

El convenio colectivo debe respetar los derechos que se establecen en el Estatuto de los Trabajadores, norma en la que se regulan las condiciones laborales, como los días de vacaciones, el derecho al descanso semanal, los permisos, etc.

El convenio colectivo puede mejorar las condiciones laborales que se establecen en el Estatuto de los Trabajadores, pero nunca podrá empeorarlas.

EJEMPLO

El Estatuto de los Trabajadores establece que los trabajadores disfrutarán de 30 días naturales de vacaciones al año; pero el convenio colectivo de un sector profesional puede permitir a su personal disponer de 32 días naturales de vacaciones anuales.

En el contrato de trabajo debe aparecer el convenio colectivo aplicable a la relación laboral que regula. De este modo, **el trabajador no solo debe tener en cuenta el Estatuto de los Trabajadores para conocer sus condiciones laborales, sino también lo establecido en el convenio colectivo** aplicable a su relación laboral.

La duración o vigencia del convenio colectivo la establecen las partes negociadoras y se incluye en el propio convenio. Normalmente, se prorrogan de año en año, salvo que se solicite lo contrario.

La huelga

Cuando los empresarios y los trabajadores no llegan a un acuerdo, se puede recurrir a la huelga.

La huelga es una medida de presión y de defensa de los intereses de los trabajadores. Se produce cuando una colectividad de trabajadores de una o varias empresas acuerdan dejar de trabajar temporalmente y abandonar el centro de trabajo con motivo de un conflicto laboral.

ACTIVIDADES

5 > Busca en internet un convenio colectivo de un sector profesional que te resulte interesante.

Pueden servirte de guía la página web de tu comunidad autónoma, de algún sindicato o la del Ministerio de Trabajo, Migraciones y Seguridad Social.

Cuando hayas localizado un convenio colectivo concreto, busca a quién se aplica, el ámbito geográfico, su duración y los permisos que concede.

1 ¿Cuáles son las cinco características propias de toda relación laboral?

2 Laura es voluntaria en la ONG Médicos Sin Fronteras. ¿Se trata de una relación laboral? ¿En un voluntariado se reúnen las cinco características de toda relación laboral?

3 Lucía se encuentra en el departamento de recursos humanos firmando su primer contrato de trabajo. Como su hermano está desempleado, pide al jefe de personal que ocupe su puesto durante los fines de semana. ¿Es esto posible? ¿Qué característica de la relación laboral se incumpliría?

4 El Estatuto de los Trabajadores concede 15 días de permiso remunerado a todos los trabajadores y trabajadoras en caso de matrimonio.

Según el contrato que ha firmado Luis Blanco, el convenio colectivo que se debe aplicar a su relación laboral amplía dicho plazo a 20 días.

¿Qué norma debe aplicarse en este caso? ¿Podría el convenio colectivo reducir el permiso de matrimonio a 10 días? Justifica tus respuestas.

5 Raúl está muy desmotivado en el trabajo. Su antiguo jefe se ha jubilado y han ascendido a Pedro, su compañero, en lugar de a él. Raúl no se da cuenta de lo responsable, puntual y trabajador que ha sido siempre Pedro, solo piensa que ha sido una injusticia que no le hayan ascendido a él porque entró en la empresa unos meses antes que su actual jefe.

Por este motivo, ha dejado de trabajar al ritmo que lo hacía antes, su producción ha bajado de forma notable y es sensiblemente inferior a la del resto de los trabajadores. Además, no sigue las directrices de Pedro y le lleva la contraria con frecuencia, incluso delante de los clientes.

El conflicto estalla definitivamente cuando Raúl se niega a utilizar la pantalla protectora que usan para soldar y Pedro le recrimina su actitud.

¿Qué deberes propios de todo trabajador está incumpliendo Raúl?

6 Busca en esta sopa de letras diez derechos de los trabajadores y escribe las palabras en tu cuaderno.

I	N	T	E	G	R	I	D	A	D	F	I	S	I	C	A	F	R	A
O	N	E	G	O	C	I	A	C	I	O	N	F	R	A	B	P	E	R
A	R	T	E	S	A	F	O	R	M	A	C	I	O	N	A	R	D	E
H	E	L	I	B	R	E	S	I	N	D	I	C	A	C	I	O	N	U
U	R	B	A	M	I	L	I	S	T	A	S	A	T	I	O	M	O	N
E	I	R	T	R	I	G	U	A	L	D	A	D	Y	O	V	O	R	I
L	A	R	O	L	U	D	Q	U	I	E	N	A	A	N	A	C	L	O
G	L	A	V	S	I	P	A	R	T	I	C	I	P	A	C	I	O	N
A	S	T	I	B	O	R	P	D	O	L	A	P	R	T	L	O	C	A
R	O	E	L	E	G	I	R	O	F	I	C	I	O	A	A	N	N	S

7 Busca en la Constitución española de 1978 el derecho a la educación, la huelga y la libertad sindical. Todos ellos son derechos fundamentales. ¿Qué significa esto?

8 Javier tiene 15 años y quiere firmar un contrato para trabajar como peón de albañil. ¿Es posible? ¿Cuál es la edad mínima para trabajar en España?

9 Carmen tiene 15 años y quiere firmar un contrato para rodar un anuncio de televisión. ¿Es posible? Justifica tu respuesta.

10 Nuria es una karateca profesional que ha firmado un contrato con una importante compañía. ¿Se considera relación laboral?

11 Completa en tu cuaderno el siguiente esquema, en el que se recogen los derechos y deberes de los trabajadores, que has analizado en esta unidad:

Derechos y deberes de los trabajadores

- **Derechos generales**
  - Derecho al trabajo y a elegir libremente ●.
  - Derecho fundamental a la libre ●.
  - Derecho fundamental a la huelga.
  - Derecho a la negociación ●.
  - Derecho fundamental de ●.
  - Derecho a la ● en la empresa a través de sus representantes.
  - Derecho fundamental a la ●.
- **Derechos derivados de la relación laboral**
  - Derecho a la ●, es decir, a tener unas tareas y funciones específicas en el puesto de trabajo y los medios necesarios para conseguirlas.
  - Derecho a la promoción y formación profesional.
  - Derecho a no ● directa o indirecta, al acceder a un empleo ni cuando se ha accedido, por razones de sexo, estado civil, edad, raza, condición social, ideas religiosas o políticas, afiliación o no a un sindicato ni por razón de lengua o por discapacidades físicas, psíquicas o sensoriales.
  - Derecho a la integridad física y a una ●.
  - Derecho a la ● incluida la protección frente a ofensas verbales o frente al acoso sexual o acoso por razón de sexo.
  - Derecho a la percepción ●.
  - Derecho al ejercicio individual de las acciones que se derivan del ● y a cuantos otros derechos se deriven específicamente de este.
- **Deberes de los trabajadores**
  - Cumplir con las ● de su puesto de trabajo con ● y buena fe.
  - Observar las medidas de ●.
  - Cumplir con ● siempre y cuando estas se refieran a la actividad laboral, no supongan un riesgo para la salud o la integridad física del trabajador y sean legales.
  - No ● con el empresario para el que trabaja.
  - Contribuir a la mejora de la ● y cuantos otros deberes se deriven del contrato.

12 ¿Sabes por qué el 1 de mayo es el día del trabajador? Busca información en internet y escribe entre 5 y 10 líneas con las ideas principales.

El contrato de trabajo

Objetivos

- Aprender a leer e interpretar un contrato de trabajo.
- Identificar los elementos básicos del contrato.
- Distinguir las principales modalidades contractuales.
- Saber localizar en páginas web oficiales información veraz y actualizada sobre contratos y relaciones laborales.

Desarrollo

Elena Rodríguez Valverde va a firmar este contrato para la formación y el aprendizaje que le proporcionará formación teórica y práctica como técnico electricista. Por las mañanas acudirá a un centro de formación y por las tardes a la empresa.

MINISTERIO DE TRABAJO, MIGRACIONES Y SEGURIDAD SOCIAL

SERVICIO PÚBLICO DE EMPLEO ESTATAL

FONDO SOCIAL EUROPEO

CONTRATO DE TRABAJO PARA LA FORMACIÓN Y EL APRENDIZAJE

DATOS DE LA EMPRESA

CIF/NIF/NIE: xxxxxxx

D./DÑA.	NIF/NIE	EN CONCEPTO (1)
María José Ramírez López	11568369 A	Directora de RRHH

NOMBRE O RAZÓN SOCIAL DE LA EMPRESA	DOMICILIO SOCIAL
Electricidad y electrotecnología a su alcance, S.L.	xxxxxxxxxxxxxxxxxxxxxxxxxxxxxxx

PAIS	MUNICIPIO	C. POSTAL
España	xxxxxxxxxxxxxxxxxxxxxxxxxxxxxx	

DATOS DE LA CUENTA DE COTIZACIÓN

RÉGIMEN	COD. PROV.	NÚMERO	DIG. CONTR.	ACTIVIDAD ECONÓMICA
				Electricidad y electrotecnología

DATOS DEL CENTRO DE TRABAJO

PAIS	MUNICIPIO
España	Madrid

DATOS DEL/DE LA TRABAJADOR/A

D./DÑA.	NIF/NIE	FECHA DE NACIMIENTO
Elena Rodríguez Valverde	2569487 R	

Nº AFILIACIÓN S.S.	NIVEL FORMATIVO	NACIONALIDAD
	ESO	

MUNICIPIO DEL DOMICILIO	PAIS DOMICILIO

Con la asistencia legal, en su caso, de D./Dña. Raúl Rodríguez
con N.I.F./N.I.E 589-265-R, en calidad de (2) padre.

DECLARAN

PRIMERA: Que el presente contrato, se acoge a la reducción de cuotas a la Seguridad Social contemplada en el art.3 de la Ley 3/2012, de 6 de julio (BOE 7 de julio)

SI ☐ NO ☒

SEGUNDA: Que el/la trabajador/a no tiene cualificación profesional, reconocida por el sistema de formación profesional para el empleo o del sistema educativo, requerida para concertar un contrato en prácticas (Título universitario o de formación profesional de grado medio o superior del sistema educativo o certificado de profesionalidad) para el puesto de trabajo u ocupación objeto de este contrato.

TERCERA: Que el/la trabajdor/a es:

- ☒ Mayor de 16 y menor de 30 años
- ☐ Trabajador /a con discapacidad (sin límite de edad) (3)
- ☐ Alumnos/as participantes en un proyecto de empleo y formación al amparo de lo previsto en el artículo 10.4 b) del texto refundido de la Ley de Empleo aprobado por Real Decreto Legislativo 3/2015, de 23 de noviembre
- ☐ Trabajador/a en situación de exclusión social (Sin límite de edad)
- ☐ Trabajadores del Sistema Nacional de Garantía Juvenil solicitantes de la ayuda de acompañamiento(Ley 6/2018 de 3 de julio).

CUARTA:Que el/la trabajador/a no ha estado vinculado a ésta o distinta empresa, para la misma cualificación profesional,con otro contrato para la formación y el aprendizaje que haya agotado su duración.

QUINTA:Que el/la trabajador/a no ha desempeñado el puesto de trabajo correspondiente a este contrato en esta empresa por tiempo superior a 12 meses

SEXTA: Que el contrato se celebra a jornada completa. Que reunen los requisitos exigidos para la celebración del presente contrato y en consecuencia acuerdan formalizarlo con arreglo a las siguientes :

CLÁUSULAS

PRIMERA: El contrato tiene por objeto la cualificación profesional en régimen de alternancia de:

a) Actividad laboral (5) técnico en electricidad CNO: 3123
incluido en el grupo profesional (6) técnico auxiliar de acuerdo con el sistema de cualificación vigente en la empresa.
En el centro de trabajo ubicado en (calle,nº y localidad) C/ Cervantes, 4 28014 Madrid
Siendo el/la tutor/a encargado/a de la actividad formativa D/Dña(7) Rafael Jiménez Blanco
cuya cualificación profesional es (8) : ingeniero industrial

b) Actividad formativa en los términos recogidos en el Anexo I a este contrato. Dicho Anexo deberá suscribirse simultáneamente a este contrato y cuenta con la autorización previa de inicio de la formación por el Servicio Público de Empleo competente, que será de la Comunidad Autónoma donde está ubicado el centro de trabajo.

http://www.sepe.es

SEGUNDA : La jornada total será de 40 horas (9). De ellas el número de horas las dedicadas à la actividad formativa será de 20 horas;que representan un 50 por ciento de la jornada máxima prevista en el convenio colectivo de ...

El tiempo de trabajo efectivo se prestará en el horario (10) de 16.00 a 20.30 de lunes a viernes

La actividad formativa se impartirá de acuerdo al siguiente calendario de 09.00 a 13.30 de lunes a viernes ..., reflejado en el Anexo I .

TERCERA : La duración del presente contrato será (11) de dos años y se extenderá desde 15/09/2019 hasta 15/09/2021
Se establece un periodo de prueba de (12)... En caso de que el Convenio Colectivo permita una duración distinta a la establecida por la Ley, señalese con una X. ☐

CUARTA: El/la trabajador/a percibirá por la prestación de sus servicios una retribución de (13) 600 euros brutos (14) mensuales

QUINTA: La duración de las vacaciones anuales será (15) de 30 días

SEXTA:La empresa se obliga a proporcionar trabajo efectivo relacionado con las actividades formativas y a facilitar la asistencia a las mismas.El/la trabajador/a se compromete a prestar el trabajo efectivo y recibir la formación relacionada.

SÉPTIMA: La actividad formativa vinculada al contrato será la especificada en el acuerdo para la actividad formativa , según ANEXO I

OCTAVA:El presente contrato, dará derecho a una reducción del 100%, en su caso del 75% en empresas de plantilla igual o superior a 250 trabajadores, durante toda la vigencia del contrato incluidas sus prórrogas (16), en las cuotas empresariales de la Seguridad Social, incluidas las de accidente de trabajo y enfermedades profesionales y las aportaciones empresariales de las cuotas de recaudación conjunta, siempre que se cumplan los requisitos previstos en el Art.3. de la Ley 3/2012..En el supuesto de trabajadores inscritos en el Sistema Nacional de Garantia Juvenil, este incentivo en los mismos porcentajes, consiistirá en una bonificación (R.D. Ley 6 / 2016)
Asimismo se reducirán el 100% de las cuotas del trabajador a la Seguridad Social durante toda la vigencia del contrato, incluidas sus prorrogas.

NOVENA : A la finalización del presente contrato, la cualificación o competencia profesional adquirida será objeto de acreditación en los términos previstos en el artículo 11.2.e) del Estatuto de los Trabajadores, aprobado por el R. D. Legislativo 2/2015, de 23 de octubre (BOE de 24 de octubre), .

DECIMA : El presente contrato se extinguirá por la expiración del tiempo convenido, en su caso, las prórrogas que se puedan acordar

UNDÉCIMA: En lo no previsto en este contrato se estará a la legislación vigente que resulte de aplicación y, particularmente, a lo dispuesto en el art. 11.2 del Texto Refundido de la Ley del Estatuto de los Trabajadores, aprobado por el R. D. Legislativo 2/2015, de 23 de octubre (BOE de 24 de octubre), R.D.1529/2012, de 8 de noviembre (BOE de 9 de noviembre) y Orden ESS 2518/2013 de 26 de diciembre ,modificada por la Orden ESS/41/2015, de 12 de enero,. Asimismo le será de aplicación lo dispuesto en el Convenio Colectivo de Siderometalurgia e instalaciones eléctricas

DUODÉCIMA :El contenido del presente contrato se comunicará al Servicio Público de Empleo de xxxxxx , en el plazo de los 10 días siguientes a su concertación. El/la empresario/a comunicará el fin de la relación laboral al Servicio Público de Empleo de xxxxx ... en el plazo de 10 días siguientes a su terminación.

DÉCIMO TERCERA: ESTE CONTRATO PODRÁ SER COFINANCIADO POR EL FONDO SOCIAL EUROPEO.

DÉCIMO CUARTA: PROTECCIÓN DE DATOS.Los datos consignados en el presente modelo tendrán la protección derivada del Reglamento (UE) 2016/679 del Parlamento Europeo y del Consejo, de 27 de Abril de 2016 y de la Ley Organica 15/1999 de 13 de diciembre (BOE de 14 de diciembre).

(1) Directoria, Gerente, etc.
(2) Padre, madre, tutor/a o persona o institución que le tenga a su cargo.
(3) Se aportará la certificación que acredite al trabajador la condición de personas con discapacidad expedido por el Organismo Oficial correspondiente.
(4) En estos proyectos se incluyen las Escuelas Taller, Casas de Oficios, Talleres de Empleo así como los proyectos de empleo y formación de las CCAA.
(5) Indicar el puesto de trabajo y ocupación según Clasificación Nacional de Ocupaciones vinculados a la formación.Las funciones pueden ser todas las del grupo profesional o solamente alguna de ellas.
(6) Señalar el grupo profesional / nivel profesional que corresponda, según el sistema de clasificación profesional vigente en las empresas.
(7) Nombre y apellidos del tutor.
(8) Señalar el nivel profesional del tutor , según el sistema de clasificación profesional vigente en la empresa.
(9) La jornada y el total de horas de trabajo efectivo, se puede expresar en horas al día, semana, mes o año, siempre que en ambos casos se utilice la misma referencia.Máximo 75% de la jornada prevista en el convenio o, en su defecto de la jornada máxima legal, en el primer año de contrato y el 85% en el segundo y tercer año.
(10) Indicar los días de trabajo efectivo y el horario.
(11) Mínimo un año, máximo tres años en caso de personas con discapacidad 4 años.Por convenio colectivo, la duración no podrá ser inferior a 6 meses.Salvo los participantes en el Sistema Nacional de Garantía Juvenil, que tendrán una duración máxima de 18 meses.
(12) De establecerse periodo de prueba se estará a lo dispuesto en convenio colectivo, en ningún caso, podrá exceder de dos meses.
(13) La fijada en convenio colectivo, sin que, en su defecto, pueda ser inferior al Salario Mínimo Interprofesional (SMI), en proporción al tiempo de trabajo efectivo.
(14) Semanales, mensuales o anuales.
(15) Mínimo: 30 días naturales.
(16) Se pueden celebrar hasta 2 prórrogas sin que la duración de las mismas sea inferior a 6 meses y la duración total del contrato no pueda exceder de 3 años y 4 años en caso de personas con discapacidad.

http://www.sepe.es

ACTIVIDADES

1 > Lee despacio este contrato de trabajo para la formación y el aprendizaje y contesta a las siguientes preguntas:

- ¿Cómo se llama la empresa para la que trabajará Elena?
- ¿Crees que Elena es mayor de edad? ¿Qué relación tiene Raúl Rodríguez con ella?
- ¿Cuánto durará el contrato de Elena?
- ¿Cuántos días de vacaciones tendrá?
- ¿Qué convenio colectivo debe consultar Elena para conocer sus condiciones laborales?

2 > Localiza en la página web del Servicio Público de Empleo Estatal (SEPE) las modalidades contractuales y, en concreto, el contrato para la formación y el aprendizaje.

Una noche en la ópera

Sinopsis

Otis Driftwood es el representante de una rica viuda que quiere hacer de mecenas artística para codearse con la alta sociedad. Para conseguirlo, Driftwood le presenta a un empresario que le propone financiar una ópera con el tenor Rodolfo Lasparri.

Para montar la ópera, Otis embarca, rumbo a Nueva York, a las grandes estrellas de la Ópera de Milán con unos polizones inesperados a bordo: Harpo y Chico. Entre los tres revolucionan el barco, organizan un escándalo en Nueva York y convierten la noche del estreno en una locura inolvidable.

Claves de trabajo

Escena de la «parte contratante».

Solo analizaremos una escena de esta divertidísima película, conocida como «escena de la parte contratante», en la que Groucho y Harpo se disponen a firmar un contrato de dudosa validez jurídica.

FICHA TÉCNICA

- **Título original:** *A night at the opera.*
- **Dirección:** Sam Wood.
- **Guion:** George S. Kaurman y Morrie Rysking.
- **Duración:** 94 minutos.
- **Nacionalidad:** EE. UU.
- **Año de producción:** 1935.
- **Reparto:** Groucho Marx, Harpo Marx, Chico Marx, Margaret Dumont, Kitty Carlisle, Allan Jones, Sig Ruman, Walter Woolf King, Edward Keane, Robert Emmet O'Connor, Lorraine Bridges.
- **Fotografía:** Merrit B. Gerstad (B&W).
- **Música:** Herbert Stothart.
- **Género:** comedia.

ACTIVIDADES

1 > ¿Qué significa la «parte contratante»?

2 > ¿Quiénes son las partes contratantes en un contrato laboral? ¿Cualquiera puede ser parte contratante de un contrato de trabajo? ¿Qué requisitos se exigen?

3 > ¿Crees que las partes firmantes entienden lo que está escrito en el contrato? ¿Por qué crees que a Chico Marx no le gusta ninguno de los fragmentos que lee Groucho?

4 > ¿Pueden los trabajadores discutir y rectificar cada una de las cláusulas cuando firman un contrato de trabajo como hace Chico?

5 > ¿Crees que el contrato será válido, como dice Groucho Marx, a pesar de que no lo han podido firmar porque la pluma no tenía tinta?

6 > A lo largo de esta unidad has tenido la ocasión de leer algún contrato de trabajo en internet. ¿Es sencillo su lenguaje? ¿Crees que todos los trabajadores entienden lo que firman?

La relación laboral

- **¿Qué es la relación laboral?**
  - Características:
    - Voluntaria
    - Por cuenta ajena
    - Remunerada
    - Personalísima
    - Dependiente
- **Derechos y deberes del trabajador**
- **El contrato de trabajo**
  - Indefinido
  - Temporal:
    - Formativos
    - Por el tipo de trabajo que se va a realizar
  - A tiempo parcial
- **La negociación colectiva**
  - El convenio colectivo
  - La huelga

TEST DE EVALUACIÓN

Resuelve en tu cuaderno o bloc de notas

1 > Se trata de una relación laboral:

a) El trabajador por cuenta propia.

b) El trabajador por cuenta ajena.

c) El empresario.

d) El trabajador autónomo.

2 > Señala la respuesta correcta:

a) Los trabajadores deben cumplir con las obligaciones de su puesto de trabajo con diligencia y buena fe.

b) Los trabajos familiares y el servicio del hogar familiar son relaciones laborales excluidas.

c) Las relaciones laborales especiales son aquellas a las que les falta alguna de las cinco características de la relación laboral.

d) Todas son correctas.

3 > Señala la respuesta correcta:

a) El derecho a la libre sindicación y a la huelga son derechos fundamentales.

b) El derecho a la igualdad y al trabajo son derechos fundamentales.

c) El derecho a la ocupación efectiva significa que los trabajadores tienen derecho a promocionar en el trabajo.

d) Ninguna es correcta.

4 > En relación con el contrato de trabajo:

a) Para firmarlo es necesario tener 18 años.

b) Para poder trabajar con 16 o 17 años es necesaria la autorización de los padres.

c) La mayoría de los contratos se deben realizar por escrito.

d) Todas son correctas.

5 > Señala la respuesta correcta:

a) El contrato temporal se concierta para trabajar un número de horas al día, a la semana, al mes o al año inferior a la jornada a tiempo completo.

b) El contrato a tiempo parcial tiene una duración limitada en el tiempo.

c) El contrato a tiempo parcial puede ser indefinido o temporal.

d) Todas son correctas.

6 > El convenio colectivo:

a) Tiene fuerza normativa.

b) Se negocia para evitar una huelga ya convocada.

c) Es un pacto escrito y negociado entre el Gobierno y los sindicatos.

d) Puede empeorar las condiciones establecidas en el Estatuto de los Trabajadores.

3) Seguridad Social

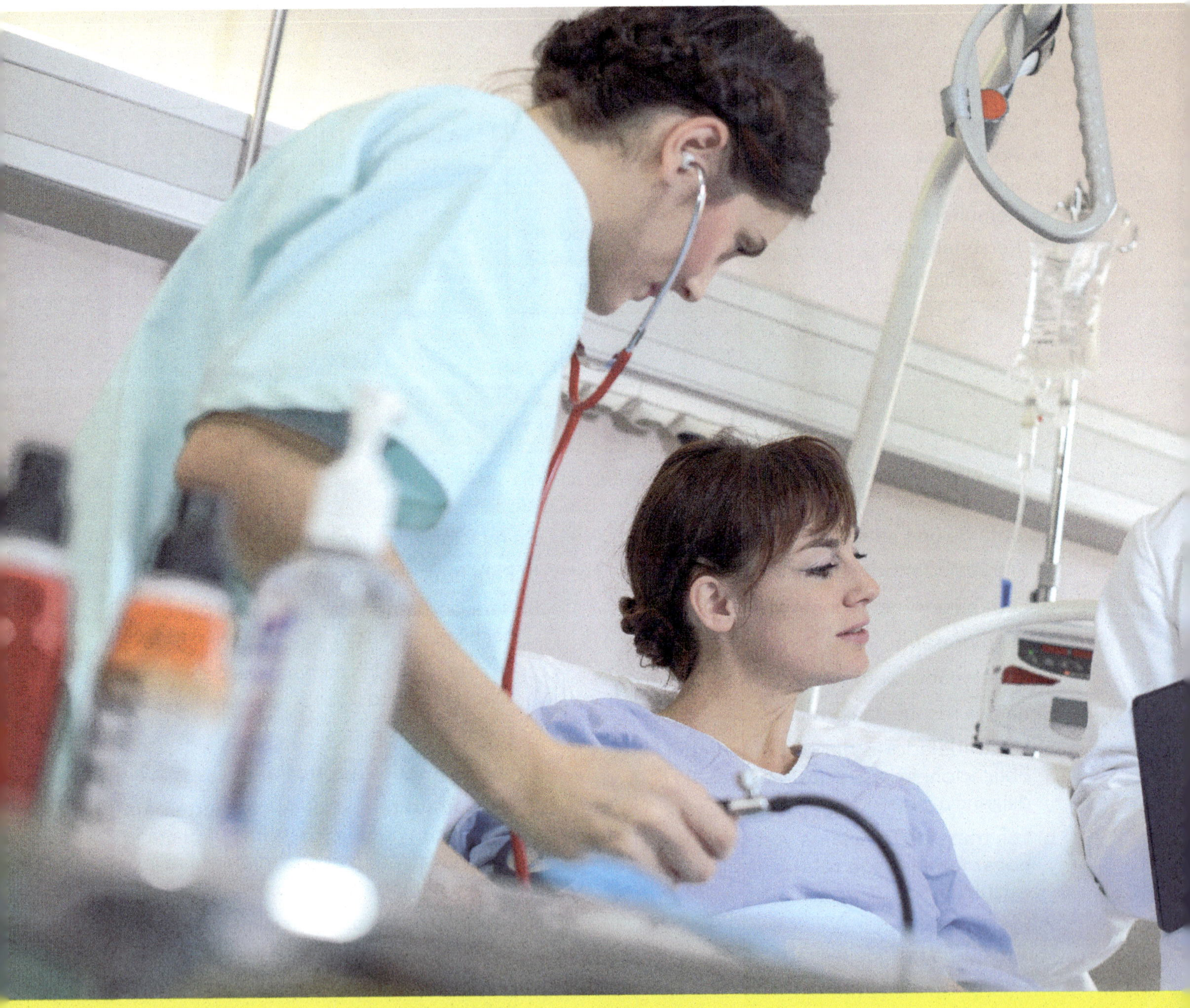

Vamos a aprender

1. El salario
2. Seguridad Social
3. Sistemas de protección
4. Desempleo
5. Autónomos

La Seguridad Social

La Constitución española (art. 41) obliga a los poderes públicos a mantener un régimen de Seguridad Social para toda la ciudadanía, que garantice la asistencia y prestaciones sociales ante situaciones de necesidad, en especial en caso de desempleo.

En los países occidentales, el sistema de Seguridad Social tiene una importancia decisiva y es el fundamento de los denominados «Estados de bienestar».

Las primeras normas de la Seguridad Social surgieron para proteger a los trabajadores y las trabajadoras de las consecuencias derivadas de los accidentes de trabajo. Y, aunque esta protección se mantiene en la actualidad, los sistemas de Seguridad Social han evolucionado, de manera que no solo dan cobertura a la población trabajadora por los riesgos derivados de su trabajo, sino que se han universalizado para dar protección a toda la sociedad.

En España, desde finales del siglo XIX hasta mediados del XX, se adoptaron medidas como la creación de la Comisión de Reformas Sociales, la aparición de diversos seguros sociales (vejez, invalidez, maternidad, paro forzoso, mutualidades laborales...) o la creación del Instituto Nacional de Previsión, que contribuyeron a la mejora y bienestar de la clase obrera.

En 1967 se creó un verdadero sistema público de Seguridad Social, que se ha ido adaptando a los cambios sociales, políticos y económicos que se han producido y que se están produciendo en nuestro país.

¿QUÉ SABEMOS DE?

1 > ¿Cuáles son las obligaciones de los poderes públicos recogidas en el artículo 41 de la Constitución española?

2 > Explica qué se entiende por «Estado del bienestar».

3 > Indica cuáles son las prestaciones de la Seguridad Social que conoces.

1 El salario

La empresa y la trabajadora o el trabajador deben negociar el salario que se cobrará por el trabajo y que será al menos igual o superior al salario mínimo interprofesional o al que se fije en el convenio colectivo.

El **salario mínimo interprofesional** es la cantidad mínima que debe percibir una persona por su trabajo y lo fija cada año el Gobierno según la situación económica nacional.

El salario se puede pagar en dinero o en especie y se hará efectivo en la fecha que se acuerde.

No podrá transcurrir más de un mes entre el abono de un salario y el siguiente.

1.1. Percepciones salariales

El **salario** se compone de las siguientes percepciones:

Salario base es la retribución fijada por unidad de tiempo o de obra para cada categoría y grupo profesional o nivel retributivo.

Horas extraordinarias compensadas económicamente y **horas complementarias** de los contratos a tiempo parcial.

Complementos salariales son las cantidades que se pagan por las siguientes circunstancias:

- **Personales:** se cobran por situaciones propias de la persona, si no se han tenido en cuenta en su salario base, como la antigüedad, los idiomas que habla, los títulos o conocimientos especiales que posee, etc.
- **Del puesto de trabajo:** por el tipo de actividad que se realiza (turnos, nocturnidad, residencia, toxicidad, responsabilidad...) o por la cantidad o calidad del trabajo (asistencia, puntualidad, incentivos, horas extraordinarias, comisiones...).
- **Por la situación o resultados de la empresa** como la participación en beneficios, bonos, etc.

Gratificaciones extraordinarias: se reciben dos pagas extraordinarias al año, una en Navidad y otra en el mes que se acuerde.

También se pueden prorratear, es decir, cobrar una parte proporcional de ambas cada mes.

Salario en especie son bienes o servicios distintos al dinero (vivienda, vehículo, préstamos, becas, seguros, viajes o planes de pensiones) que tienen que ser valorados económicamente siguiendo los criterios de Hacienda.

ACTIVIDADES

1 > Busca en la siguiente página <https://datosmacro.expansion.com/smi> el importe del salario mínimo interprofesional vigente en España para este año. Compáralo con el de Italia, Francia, Portugal y Alemania.

2 > Clasifica las siguientes percepciones salariales según el tipo de complemento: beneficios, plus por idioma, horas extraordinarias, nocturnidad, puntualidad, residencia y antigüedad.

1.2. Percepciones no salariales

El trabajador puede recibir cantidades que no son consideradas salario: se llaman **percepciones no salariales.**

1 Indemnizaciones o suplidos

No cotizan ni tributan

- **Gastos de locomoción** en desplazamientos por trabajo. Deben justificarse con una factura si se utiliza un medio de transporte público. Con un vehículo propio están exentos hasta 0,19 euros/km recorrido.
- **Dietas** por dormir o comer fuera del domicilio. Los gastos de estancia o manutención deben estar justificados con factura. No deben superar en España los 53,34 euros si se duerme fuera y los 26,67 euros si no se duerme fuera.

Cotizan y tributan en su totalidad

- **Quebranto de moneda,** que cubre los desajustes en el saldo de caja.
- **Desgaste de útiles o herramientas** y prendas de trabajo propiedad del empleado.
- **Plus de distancia** que compensa los gastos en lugares de trabajo lejanos al casco urbano.
- **Plus de transporte** urbano para cubrir los gastos de desplazamiento al trabajo.

2 Prestaciones de la Seguridad Social

Incluyen el subsidio de incapacidad temporal o desempleo parcial, que son abonados por la empresa mediante pago delegado.

3 Indemnizaciones por traslado, suspensión y despido

Dinero recibido por traslados o suspensiones, fallecimiento, despido o fin del contrato. No cotizan y tributan si no superan los límites legales.

4 Otras percepciones no salariales

- Primas de seguro.
- Ayudas por hijos o por matrimonio, asignaciones asistenciales (comedores, servicios culturales y sociales...) y productos en especie que la empresa concede voluntariamente.
- Mejoras en las prestaciones de la Seguridad Social.
- Entrega de acciones o participaciones de la empresa.

Todas ellas cotizan a la Seguridad Social.

La suma de las percepciones salariales y no salariales es el **salario bruto o total devengado.** De esta cantidad hay que deducir las aportaciones del trabajador a las cotizaciones a la Seguridad Social y el pago del impuesto sobre la renta de las personas físicas. De esta manera se obtiene el salario **neto o líquido.**

Al trabajador hay que entregarle un recibo justificativo del pago del salario que se conoce como **nómina.**

ACTIVIDADES

3 > De las siguientes percepciones no salariales, indica cuáles cotizan y cuáles no: quebranto de moneda; cesta de Navidad que regala la empresa; dietas de 100 euros por dos días de alojamiento para trabajar fuera del lugar habitual; plus de transporte urbano; ayudas para pagar la comida en el comedor; ayuda por matrimonio; y gastos de peaje en un viaje por trabajo.

2 Seguridad Social

La **Seguridad Social** es un sistema público con pluralidad de regímenes y carácter universal que se extiende a toda la población y que garantiza la asistencia y las prestaciones suficientes en situaciones de necesidad.

Sistemas de la Seguridad Social

- **Régimen general:** incluye a las trabajadoras y los trabajadores por cuenta ajena de las empresas, y al funcionariado y personal laboral o civil no funcionario de la Administración pública.
- **Regímenes especiales:** actividades que, por sus características, tienen una norma y acción protectora propia (trabajadores del mar, por cuenta propia, minería del carbón y estudiantes).

Las cuotas de trabajadores y empresarios, que se calculan sobre las **bases de cotización a las que se aplica un tipo de cotización,** son la principal fuente de financiación junto con las aportaciones del Estado.

2.1. Base de cotización de contingencias comunes (BCCC)

La base de cotización de contingencias comunes se calcula sumando las percepciones mensuales de la persona trabajadora que cotice sin las horas extras, más la prorrata de las pagas extraordinarias.

La **prorrata** es el importe anual de las pagas extraordinarias dividido entre 12 (grupos del 1 al 7), o bien entre 365 o 366 (grupos del 8 al 11). En este último caso, se multiplica por el número de días del mes.

2.2. Base de cotización de contingencias profesionales (BCCP)

La base de cotización por contingencias profesionales y formación profesional, desempleo y FOGASA es:

Base de cotización de contingencias comunes
+
Horas extraordinarias

2.3. Base de cotización por horas extraordinarias

La base de cotización adicional por horas extraordinarias está formada por el importe total que se ha percibido por este concepto.

Contingencias	Trabj.	Empresa
Comunes	4,70 %	23,60 %
Formación Profesional	0,10 %	0,60 %
Fondo de Garantía Salarial	--	0,20 %
Desempleo para contratos indefinidos, prácticas, relevo, interinidad y discapacitados	1,55 %	5,50 %
Desempleo para contratos temporales	1,60 %	6,70 %
Horas extra por fuerza mayor	2,00 %	12,00 %
Horas extra por fuerza no mayor	4,70 %	23,60 %

Por accidente de trabajo y enfermedades profesionales se aplican unas primas según la actividad. Lo paga solo la empresa.

ACTIVIDADES

D A 4 > Busca en la página web de la Seguridad Social los grupos de cotización, el tipo de remuneración que tienen (mensual o diaria) y sus bases de cotización máximas y mínimas. Explica para qué se utilizan. ¿Qué concepto incluyen?

3 Sistemas de protección

La Seguridad Social tiene una acción protectora que ayuda a las personas trabajadoras en determinadas situaciones, compensándolas por la pérdida de ingresos o por un exceso de gastos, con medidas económicas y no económicas llamadas **«prestaciones».**

3.1. Asistencia sanitaria

La **asistencia sanitaria** incluye un conjunto de **servicios médicos y farmacéuticos** necesarios para conservar o restablecer la salud de sus beneficiarios, así como su aptitud para el trabajo.

3.2. Incapacidad temporal

Un trabajador puede cobrar un subsidio diario durante la baja temporal por enfermedad o accidente. Se llama **«incapacidad temporal».**

3.2.1. Por contingencias comunes: enfermedad común y accidente no laboral

Ante una enfermedad o accidente no relacionados con el trabajo, se tiene derecho a la incapacidad temporal por contingencias comunes.

Si es por enfermedad, la persona trabajadora tiene que haber cotizado al menos 180 días en los 5 años inmediatamente anteriores.

Para hallar el subsidio (dinero percibido) se calcula la base reguladora.

Base reguladora en contingencias comunes

$$\frac{\text{BCCC mes anterior a la baja}}{\text{número de días cotizados (30, 31 o 28, 29)}}$$

Cuantía en contingencias comunes	
Del 1.er al 3.er día	No se cobra nada
Del 4.º al 20.º día inclusive	60 % de la base reguladora
Del 21.º día en adelante	75 % de la base reguladora

La prestación por incapacidad temporal (IT) corre a cargo de la entidad gestora.

3.2.2. Por contingencias profesionales: accidente de trabajo o enfermedad profesional

Si la trabajadora o el trabajador tiene un accidente laboral o padece una enfermedad profesional no es necesario un tiempo mínimo de cotización. El subsidio se calcula de la siguiente manera:

Base reguladora en contingencias profesionales

$$\frac{\text{BCCP mes anterior a la baja sin horas extraordinarias}}{\text{número de días cotizados}} + \frac{\text{Horas extraordinarias del año natural anterior}}{\text{365 o 360}}$$

La obligación de pago corresponde a la entidad gestora o la MATEP.

Cuantía en contingencias profesionales	
Día de baja	Salario íntegro pagado por la empresa
Desde el día siguiente de la baja	75 % de la base reguladora

3.3. Prestación por motivos familiares

La prestación por **riesgo durante el embarazo o por lactancia natural de un menor de 9 meses** se produce cuando no hay posibilidad de cambiar a la trabajadora a un puesto de trabajo o actividad compatible con su estado. Es un subsidio del 100 % de la base reguladora derivada de contingencias profesionales.

La **prestación por cuidado de hijo enfermo** es una reducción de la jornada y se da, como máximo, hasta que el menor cumpla 18 años.

La **prestación por maternidad** se percibe durante 16 semanas, de las cuales las 6 primeras semanas es descanso obligatorio.

La **prestación por paternidad** se cobra durante 16 semanas y es obligatorio un descanso tras el parto de 6 semanas a partir de 2021.

En ambas prestaciones, el descanso obligatorio se disfruta ininterrumpidamente tras el parto. El tiempo restante se puede distribuir a voluntad de los progenitores, en períodos semanales a disfrutar de forma acumulada o interrumpida, hasta que el recién nacido cumpla 12 meses.

En la prestación por nacimiento y cuidado de menor se percibe el 100 % de la base reguladora de contingencias comunes.

3.4. Incapacidad permanente

La **incapacidad permanente** es aquella situación en la que la persona trabajadora presenta reducciones anatómicas o funcionales graves, tras haberse sometido a un tratamiento y el posterior alta médica. Y además se considera que estas son definitivas y que reducen o anulan su capacidad laboral.

Grados	Características	Cuantía
Parcial	Disminución no inferior al 33 % en el rendimiento normal para la profesión habitual que permite realizar las tareas fundamentales de esta.	Indemnización de 24 mensualidades de la misma base reguladora que la incapacidad temporal.
Total	Inhabilita para las tareas fundamentales de la profesión habitual, pero se puede realizar otra.	• 55 % de la base reguladora. • Para los mayores de 55 años que no trabajan se incrementa en un 20 %. • Los menores de 60 años pueden sustituirla por una indemnización si están trabajando.
Absoluta	Imposibilidad de trabajar en cualquier profesión.	100 % de la base reguladora.
Gran invalidez	Situación en la que, por pérdidas anatómicas y funcionales graves, se necesita a otra persona para los actos esenciales de la vida.	100 % de la base reguladora más un complemento de al menos el 45 % de la pensión sin complemento.

3.5. Jubilación

La **jubilación** consiste en una pensión vitalicia que se reconoce a la persona beneficiaria al alcanzar la edad establecida.

Los requisitos y la cuantía son los siguientes:

- Tener 15 años de cotización, 2 de los cuales deben haber tenido lugar en los 15 años anteriores al hecho causante.
- A partir de 2027 se pide haber acumulado al menos 38 años y 6 meses cotizados y tener 67 años de edad. En cotizaciones iguales o superiores a las indicadas, la edad exigida será de 65 años.
- La base reguladora a partir del 1 de enero de 2022 es:

$$\frac{\sum \text{bases de cotización de los 300 meses anteriores (25 años)}}{350}$$

Según los años de cotización, a la base reguladora se le aplica el 50 % a los 15 años de cotización; porcentaje que va aumentando cada año de cotización hasta un 100 % en el momento en que se hayan cotizado al menos 35 años y medio.

3.6. Prestaciones por muerte y supervivencia

Las prestaciones por muerte y supervivencia se dirigen a familiares de quienes conviven y dependen económicamente de la persona trabajadora o del pensionista.

Auxilio → El **auxilio por defunción** es una cantidad a tanto alzado para ayudar en los gastos del sepelio.

Viudedad → La prestación por **viudedad** es una pensión vitalicia o temporal para el cónyuge o pareja de hecho superviviente al fallecer el causante.

En muertes por enfermedad común hay que tener cotizados 500 días en los últimos 5 años, y el cónyuge superviviente deberá tener hijos comunes o haber celebrado el matrimonio un año antes del fallecimiento, salvo que acrediten más de 2 años de convivencia. Si no se cumplen estos requisitos, se tiene derecho a la prestación temporal de viudedad, que supone la misma cuantía y que tiene una duración máxima de 2 años.

La cuantía es el 52 % de la base reguladora. Excepcionalmente, puede ser el 60 o 70 %.

Orfandad → La **orfandad** es una pensión para los hijos del causante y los del cónyuge sobreviviente aportados al matrimonio, celebrado al menos 2 años antes, que hayan convivido a sus expensas y no tengan derecho a otra pensión por ser menores de 21 años o mayores incapacitados. La edad puede ampliarse hasta los 25 años si el beneficiario no trabaja o sus ingresos anuales son inferiores al 100 % del SMI anual.

La cuantía de la orfandad se calcula aplicando un 20 % a la misma base reguladora de viudedad.

ACTIVIDADES

5 > Juan ha empezado a trabajar hace tres semanas. Se ha puesto enfermo con gripe y no puede acudir al trabajo durante una semana. ¿Tiene derecho a cobrar alguna prestación?

6 > Laura y Carmen son dos hermanas de 23 años que se han quedado huérfanas de padre y madre. Laura está estudiando en la universidad y Carmen trabaja como administrativa con un sueldo de 1100 euros al mes. ¿Pueden cobrar la prestación por orfandad?

4 Desempleo

La persona en situación legal de desempleo que, pudiendo y queriendo trabajar, pierda su empleo o reduzca su jornada laboral en, al menos, una tercera parte, puede recibir la prestación o el subsidio de desempleo.

4.1. Prestación contributiva por desempleo

La **prestación por desempleo** la recibe quien esté en situación legal de desempleo, esté buscando trabajo de manera activa, suscriba un compromiso de actividad y tenga cotizados, al menos, 360 días en los 6 años anteriores.

Base reguladora

$$\frac{\sum \text{BCCP últimos 180 días sin horas extraordinarias}}{180}$$

Cuantía

- Hasta el día 180: 70 % de la base reguladora.
- A partir del día 181: 50 % de la base reguladora.

No será inferior al 80 o al 107 % del IPREM más 1/6, se tengan hijos o no o, al menos, con un hijo a cargo, respectivamente.

No será superior al 175, 200 o 225 % del IPREM más 1/6, sin hijos, con un hijo o con dos hijos o más, respectivamente.

Duración de la prestación

La duración de la prestación depende del tiempo cotizado en los últimos 6 años.

- Por los primeros 360 días se cobran 120 días.
- A partir de ahí, por cada 180 días más cotizados, se reciben 60 días más de prestación.

Lo máximo que se puede percibir son 720 días, es decir, 2 años.

4.2. Subsidio por desempleo

El **subsidio por desempleo** es una prestación para desempleados demandantes de trabajo que no rechacen una oferta laboral ni acciones formativas adecuadas, y que no tengan rentas mensuales superiores al 75 % del SMI.

La cuantía es del 80 % del IPREM mensual, aunque se incrementa a un 107 % con dos familiares y a un 133 % con tres familiares o más.

VOCABULARIO

IPREM: el **indicador público de renta de efectos múltiples** es un índice de referencia para determinar la cuantía de algunas prestaciones o para acceder a determinadas prestaciones, beneficios o servicios públicos.

ACTIVIDADES

7 > Busca el IPREM para este año, para calcular las cantidades mínimas y máximas que se pueden percibir tanto en la prestación por desempleo como en el subsidio por desempleo.

5 Autónomos

Las prestaciones para los autónomos serán las mismas que en el régimen general, salvo en los aspectos que se explican a continuación.

La cotización por contingencias profesionales de accidente de trabajo y enfermedades profesionales es obligatoria para los autónomos.

Se incluyen los mismos supuestos de cobertura que para los trabajadores que cotizan en el régimen general.

5.1. Incapacidad temporal

En la incapacidad temporal, los requisitos para determinar la cuantía del subsidio y acceder a la prestación son los mismos que para los trabajadores y las trabajadoras por cuenta ajena; salvo para la enfermedad común, para la que hay que estar al corriente de las cuotas.

Además, en los accidentes de trabajo no se considerarán:

- Aquellos que se hayan debido a fuerza mayor extraña al trabajo.
- Los provocados por imprudencia temeraria de la persona trabajadora.

5.2. Incapacidad permanente

La incapacidad permanente parcial se protege si se deriva de contingencias profesionales, pero no si se deriva de contingencias comunes.

5.3. Desempleo

Por cese de actividad empresarial

Los requisitos son similares a los anteriores, salvo que se tomara lo cotizado dentro de los 48 meses anteriores al cese.

Deberá estar al corriente del pago de las cuotas de la Seguridad Social.

El **motivo justificado** será económico, técnico, productivo u organizativo:

- pérdida de licencia administrativa.
- fuerza mayor.
- violencia de género.
- divorcio o separación.

Capitalización de la prestación

Los jóvenes menores de 30 años podrán destinar la capitalización de la prestación por desempleo a:

- La **aportación al capital social** de una entidad mercantil de nueva creación.
- Los **gastos de constitución** y puesta en funcionamiento de una empresa.
- El **pago de** las **tasas** y el precio de **servicios específicos** de asesoramiento, formación e información relacionados con la actividad que se va a emprender.

1 Indica cuáles son los regímenes especiales que se incluyen en el sistema público de Seguridad Social.

2 Lee las definiciones del crucigrama que aparecen en el lateral y escribe en tu cuaderno las palabras.

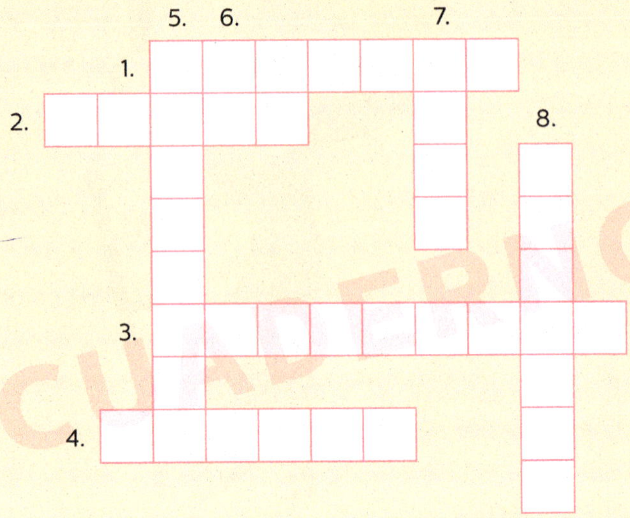

DEFINICIONES:

1. Retribución mensual que recibe la persona trabajadora.
2. Salario antes de aplicar deducciones.
3. Situación en la que una persona no tiene trabajo.
4. Recibo justificativo de salarios.
5. Lo cobran las personas en paro, generalmente, después de la prestación contributiva.
6. Siglas del accidente de trabajo.
7. Impuesto que se cobra en la nómina.
8. Salario que se recibe en bienes o servicios distintos al dinero.

3 De las siguientes profesiones, indica en tu cuaderno a qué grupo de cotización pertenece cada una y si tiene remuneración mensual o diaria:

Profesión	Grupo de cotización	Tipo de remuneración
Trabajadora de 17 años		
Médico		
Oficial administrativo		
Ingeniera técnica química		
Oficial de primera electricista		
Jefa de taller		
Subalterno		
Técnico superior en anatomía patológica		
Peón de albañilería		
Trabajadora especialista en fontanería		
Auxiliar administrativo		
Oficial de tercera en una ebanistería		

4 Define los siguientes conceptos: «salario» y «nómina».

5 Indica en qué consisten el salario bruto y el salario líquido o neto.

6 Relaciona cada situación con una prestación determinada y anótalas en tu cuaderno:

Situación

- Mujer que ha tenido un hijo.
- Persona que sufre un accidente en su lugar de trabajo.
- Persona que acaba de retirarse debido a su edad tras 40 años de trabajo.
- Mujer con un hijo de 4 meses lactante.
- Padre de un recién nacido.
- Huérfano de padre con 10 años.
- Viudo cuyo cónyuge falleció por un accidente de tráfico.
- Inválido que necesita ayuda de un cuidador durante todo el día.
- Persona que se ha quedado en paro tras 5 años trabajando.
- Emigrante en México que vuelve a España tras 2 años viviendo allí.

7 Marta es profesora de Lengua y Literatura de ESO, y ha sufrido una repentina degeneración macular que le ha supuesto la incapacidad absoluta. ¿Qué supone esa situación? ¿Qué cuantía va a poder percibir?

8 ¿En qué consiste la asistencia sanitaria? Cita ejemplos relacionados con esta prestación que tengan lugar en tu vida diaria.

9 La madre de Adrián acaba de fallecer debido a un cáncer de mama. Ella trabajaba desde hacía 5 años en una fábrica de muebles.

Adrián tiene 15 años y quiere saber si tiene derecho a cobrar algo de la Seguridad Social. Explícale sus derechos.

10 Señala la duración de la prestación de desempleo en los siguientes periodos de cotización:

- 120 días.
- 360 días.
- 468 días.
- 800 días.
- 600 días.
- 359 días.

11 Miguel es un trabajador por cuenta propia que ha sufrido un accidente *in itinere*. ¿Tiene derecho a cobrar la prestación por incapacidad temporal?

12 Entra en el aula de la Seguridad Social y, en el apartado que se dirige a los alumnos de secundaria, pon en práctica los conocimientos adquiridos en esta unidad.

La dirección es <http://www.seg-social.es/wps/portal/wss/internet/PortalEducativo/>.

13 Busca el importe del IPREM para este año y calcula lo que cobraría en concepto de subsidio de desempleo una persona que no tenga responsabilidades familiares.

14 Pregunta a una persona que esté percibiendo la jubilación en qué condiciones accedió a ella y compáralas con las del año 2022. ¿Por qué crees que han cambiado?

15 Señala si las siguientes afirmaciones son verdaderas o falsas:

- La prestación por maternidad solo la reciben las madres.
- El padre nunca recibe una prestación cuando nace un hijo, solo se le conceden días libres.
- Durante el embarazo, una madre puede solicitar una baja si su vida o la del bebé corren peligro.
- La pensión de viudedad solo la cobran las mujeres cuando se mueren sus maridos.
- Para tener derecho a la pensión de orfandad deben fallecer el padre y la madre.
- La jubilación se percibe cuando se han acreditado al menos 15 años de cotización y, además, se cumplen otra serie de requisitos.
- Cuando hablamos de «sepelio» nos referimos al entierro.

Cálculo del salario, de las bases de cotización y de las cuotas de la Seguridad Social de un trabajador

Objetivos

- Calcular las bases de cotización.
- Identificar todos los conceptos salariales.

Desarrollo

Talleres Dirub SL tiene empleados en su centro de trabajo de Torrelavega (Cantabria) a un mecánico, una jefa de taller y un recepcionista. Los datos de sus salarios son los siguientes:

Asier Urbelz Aparicio				
Grupo profesional	**Grupo de cotización**	**Tipo de contrato**	**IRPF**	**AT/EP**
Auxiliar administrativo	7	Indefinido ordinario	12 %	1,5 %
Retribuciones				
Salario base		1050 euros/mes		
Horas extraordinarias (no fuerza mayor)		56 euros/mes		
Plus de puntualidad		25 euros/mes		
Dos pagas extraordinarias de salario base		Junio y diciembre		

Pablo Sanz Romero				
Grupo profesional	**Grupo de cotización**	**Tipo de contrato**	**IRPF**	**AT/EP**
Oficial de primera mecánico	8	Indefinido ordinario	15 %	3,85 %
Retribuciones				
Salario base		1160 euros/mes		
Plus de peligrosidad		130 euros/mes		
Gastos de transporte		60 euros/mes		
Dos pagas extraordinarias de salario base		Junio y diciembre		

Ariadna Fernández Fontenla				
Grupo profesional	**Grupo de cotización**	**Tipo de contrato**	**IRPF**	**AT/EP**
Jefa de taller	3	Indefinido ordinario	18 %	4,45 %
Retribuciones				
Salario base		1250 euros/mes		
Antigüedad		125 euros/mes		
Plus de responsabilidad		200 euros/mes		
Dietas		50 euros (un día, por comer fuera del trabajo)		
Dos pagas extraordinarias de salario base más antigüedad		Junio y diciembre		

ACTIVIDADES

1 > Clasifica las retribuciones en prestaciones salariales y no salariales.

2 > Calcula las bases de cotización y las cuotas que deben abonar trabajador y empresa.

Pedro está enfermo. ¿Qué tiene que cobrar?

Objetivos

- Calcular lo que se cobra con el subsidio por incapacidad temporal.
- Saber cuál es el periodo de cotización mínimo para acceder a determinadas prestaciones.
- Conocer los derechos que tiene una persona trabajadora en relación con las prestaciones más habituales de la Seguridad Social.

Desarrollo

Pedro Santamaría Rodríguez lleva trabajando 5 años en Almacenes La Sabrosa, como oficial administrativo (grupo 5 de cotización).

A Pedro le encanta el deporte, así que siempre que puede juega al fútbol. En sus vacaciones de verano, en la playa, se torció el tobillo al chutar la pelota y desde entonces no puede caminar bien.

Hace 3 semanas su médico le dijo que se debía operar y que tendría que estar al menos 2 meses en reposo absoluto.

La operación fue el día 3 de enero y le dieron el alta el 30 de marzo.

Recuerda

Nunca hay que olvidar que cuando los trabajadores sufren una enfermedad común tienen derecho a cobrar el subsidio. ¿Recuerdas cuáles eran las condiciones que se pedían?

Sus retribuciones son:

- Salario base ....1900 euros/mes
- Antigüedad ....190 euros/mes
- Incentivos........................140 euros/mes

Además, tiene derecho a tres pagas extraordinarias de salario base más antigüedad.

La BCCC y la BCCP de diciembre es de 2752,50 euros.

El año anterior no realizó horas extras.

ACTIVIDADES

1 > Indica si Pedro tiene derecho a cobrar el subsidio por incapacidad temporal y explica por qué.

2 > En caso de que tenga derecho a la incapacidad temporal, calcula el importe del subsidio de incapacidad temporal.

John Q.

Sinopsis

John Q. Archibald es un hombre corriente que trabaja en una fábrica y se ocupa de su familia. Su mujer y su hijo son todo su mundo. Pero cuando su hijo cae gravemente enfermo y necesita someterse con urgencia a un trasplante de corazón, que no pueden pagar y que no está cubierto por su seguro médico, John Q. decide hacer todo lo posible para salvar la vida de su hijo.

Cuando ve que se le acaba el tiempo, desesperado, decide secuestrar a los ocupantes de la sala de urgencias.

John Q. tiene que enfrentarse a un policía experto en la negociación de secuestros y a un jefe de policía que pretende resolver con rapidez la situación.

Claves de trabajo

Escena: problemas con el seguro médico.

John va a consultar a su seguro médico para que le reconozcan los gastos del trasplante, pero le comunican que este había sido cambiado por uno más barato para reducir costos, y que el nuevo tenía menor cobertura, pues la empresa en la que trabajaba cambió la duración de su jornada, de tiempo completo a parcial.

Tras varios intentos de recolectar la mayor cantidad de dinero posible, la familia empieza a desesperarse. La mujer le pide a John que haga lo que sea para salvar a su hijo.

FICHA TÉCNICA

- **Dirección:** Nick Cassavetes.
- **Guion:** James Kearns.
- **Duración:** 118 minutos.
- **Nacionalidad:** EE. UU.
- **Año de producción:** 2002.
- **Reparto:** Denzel Washington, Robert Duvall, James Woods, Anne Heche, Eddie Griffin, Kimberly Elise, Shawn Hatosy, Ray Liotta, Daniel E. Smith, Ethan Suplee.
- **Fotografía:** Rogier Stoffers.
- **Música:** Aaron Zigman.
- **Género:** drama.

ACTIVIDADES

1 > Explica el tipo de cobertura médica que tiene John Q. Archibald. ¿Se podría dar esta situación en España?

2 > ¿Pueden en España reducir la cobertura del seguro médico de un trabajador de forma unilateral?

3 > ¿Tienen en nuestro país la misma protección sanitaria alguien que trabaja a tiempo completo y alguien que lo hace a tiempo parcial?

TEST DE EVALUACIÓN

Resuelve en tu cuaderno o bloc de notas

1 > ¿Cómo se denomina la cantidad mínima que ha de percibir una persona por su trabajo y que es fijada cada año por el Gobierno según la situación económica nacional?

a) Salario mínimo convencional.

b) IPREM.

c) Salario mínimo interprofesional.

d) Salario básico gubernamental.

2 > ¿Qué consideración tienen las horas extraordinarias?

a) Es un concepto extrasalarial.

b) Son un complemento salarial por la cantidad y la calidad del trabajo.

c) Es un complemento salarial de carácter personal.

d) Es parte del salario base.

3 > Indica cuál de las siguientes no es percepción no salarial:

a) Pagas extraordinarias.

b) Plus de ropa de trabajo.

c) Quebranto de moneda.

d) Dietas.

4 > La base de cotización de contingencias comunes:

a) Incluye la prorrata de pagas extraordinarias.

b) No tiene en cuenta en su cálculo las horas extraordinarias.

c) Debe estar entre la base mínima y máxima de su grupo de cotización.

d) Todas son correctas.

5 > ¿Cuál de las siguientes se considera contingencia profesional?

a) La enfermedad común.

b) El accidente no laboral.

c) La maternidad.

d) El accidente de trabajo.

6 > En relación con la orfandad:

a) Se puede llegar a cobrar hasta los 25 años.

b) Lo cobra la viuda.

c) Tiene un importe del 30 % de la base reguladora.

d) Solo se percibe si hay muerte en el trabajo.

4) Los riesgos laborales

Vamos a aprender

La importancia de prevenir los riesgos laborales

Mario ha estudiado un CF de Formación Profesional de Estética integral y bienestar. En la actualidad trabaja en una peluquería y está muy satisfecho con su trabajo.

Allí ha hecho muy buenos amigos y amigas y ha desarrollado muchas habilidades, algunas de las cuales incluso no sabía que tenía, como sus dotes para la comunicación y la empatía, que le han convertido en un asesor de imagen de confianza. Pero también ha descubierto que debe tener mucho cuidado, pues en el trabajo existen algunos factores que pueden ser dañinos para la salud.

Durante su primer día de trabajo, la empresa le informó acerca de todos los riesgos presentes en el centro laboral y cómo evitarlos. Algunos ya los conocía, pero otros los descubrió en ese momento y más tarde puedo constatar en persona que existían. Nunca había pensado que una mala organización del trabajo o adoptar una postura inadecuada pudiera resultar tan perjudicial como le contaron.

Mario se ha dado cuenta de que la prevención de riesgos laborales ¡es muy importante!

¿QUÉ SABEMOS DE?

1 > ¿Qué aporta el trabajo a las personas? ¿Beneficia o perjudica su salud?

2 > ¿Qué crees que hubiera ocurrido si nadie hubiera informado a Mario de los riesgos que hay en su centro de trabajo?

3 > ¿Qué riesgos laborales hay presentes en una peluquería como la de la imagen?

1 El trabajo y la salud

El trabajo y la salud son dos términos íntimamente relacionados. Gracias al primero, obtenemos un salario que permite cubrir nuestras necesidades básicas, encontramos amistades entre las compañeras y compañeros y desarrollamos nuestras habilidades y cualidades. Todo ello conduce a la satisfacción y realización personal. Sin embargo, no podemos olvidar que en el trabajo existen riesgos que pueden afectar de forma negativa a la salud.

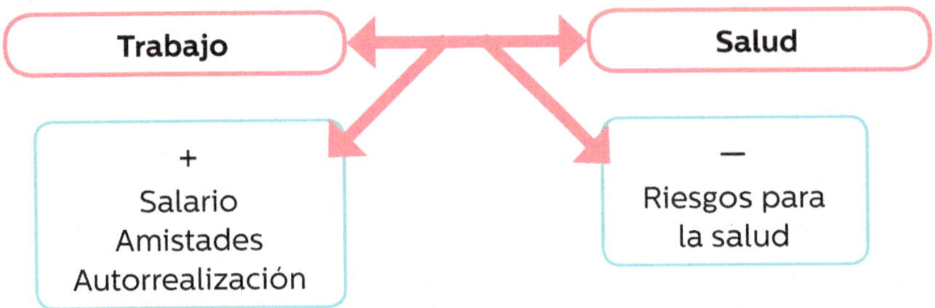

1.1. ¿Qué se entiende por salud?

La Organización Mundial de la Salud (OMS) define la **salud** como:

Un estado de completo bienestar físico, mental y social, y no solo la ausencia de afecciones o enfermedades.

Esta definición establece un concepto multidisciplinar de salud, que incluye tres aspectos:

- La **salud física,** referida a la integridad corporal.
- La **salud psíquica,** indicativa de un equilibrio emocional.
- La **salud social,** que alude al bienestar respecto a las relaciones con los demás.

El hecho de que la OMS considere que la salud no es solo la ausencia de afecciones o enfermedades da un giro a todas las definiciones anteriores, que incorporaban siempre el concepto de enfermedad para definir la salud.

Si observamos la salud desde un concepto multidisciplinar, cuando analicemos todo aquello que pueda suponer un riesgo para los trabajadores y trabajadoras, debemos hacerlo desde una perspectiva integral (física, psíquica y social).

La Organización Mundial de la Salud (OMS)

Es una organización que pertenece a las Naciones Unidas. Su objetivo es lograr que todos los países del mundo puedan gozar del máximo grado de salud posible.

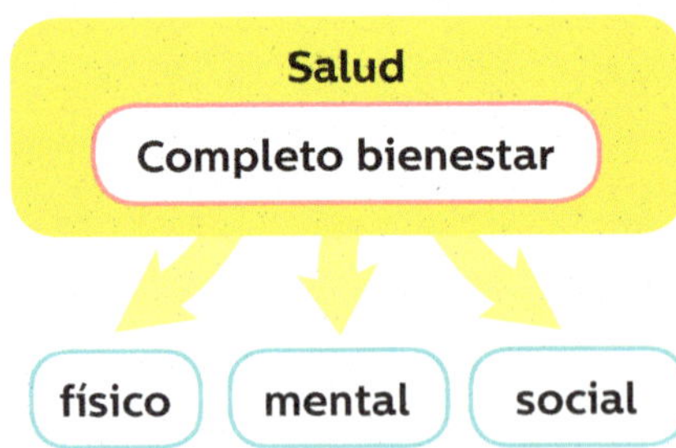

ACTIVIDADES

1 ¿Qué aspectos positivos y negativos tiene el trabajo para las personas?

2 Señala ejemplos para cada uno de los siguientes casos:

- Malestar físico.
- Malestar mental.
- Malestar social.

3 Entra en la página web de la OMS, <http://www.who.int/es/>, y visualiza el vídeo de presentación de esta entidad.

2 Conceptos básicos

La Ley de Prevención de Riesgos Laborales define los conceptos básicos relacionados con este ámbito.

El **riesgo laboral** es la posibilidad de que la persona trabajadora sufra un determinado daño como consecuencia de las condiciones en las que realiza su trabajo.

Esta definición incluye dos términos que debemos tener en cuenta:

- ¿Qué se considera un «daño derivado del trabajo»?
- ¿Qué condiciones de trabajo debemos analizar?

Daños derivados del trabajo → Enfermedades, patologías o lesiones sufridas con motivo u ocasión del trabajo.

Esta definición incluye los accidentes de trabajo, las enfermedades profesionales y otras patologías, como el estrés, el *mobbing* o acoso laboral, el *burn out* o síndrome de estar quemado, etc.

Condiciones de trabajo → Cualquier característica laboral que pueda influir de forma decisiva en la generación de riesgos para la seguridad y la salud de la persona trabajadora.

VOCABULARIO

riesgo laboral grave e inminente: es aquel que se puede producir en un futuro inmediato y que puede suponer un daño grave para la salud de las personas trabajadoras.

La carga de trabajo

La carga de trabajo incluye exigencias de tipo físico y mental, como movimientos repetitivos, posturas inadecuadas, manipulación de cargas, nivel de atención alto, grado de responsabilidad, ritmo de trabajo elevado, recepción excesiva de información, etc.

EJEMPLO

Se consideran daños derivados del trabajo los siguientes:

- **Un accidente de trabajo:**
  - Una trabajadora que está soldando sin gafas protectoras nota cómo salta una partícula de metal e impacta en su ojo, lo que le provoca una lesión ocular.
  - Una trabajadora se cae por las escaleras del metro cuando se dirigía al trabajo. El resultado es una fractura de muñeca y un esguince de tobillo. El accidente que sufre alguien al ir o volver de su casa al lugar de trabajo se considera accidente laboral y recibe el nombre de accidente de trabajo *in itinere*.
- **Una enfermedad profesional.** El saturnismo es una enfermedad profesional que pueden sufrir las personas que han trabajado en minas de plomo.
- **Estrés.** Se produce cuando una persona percibe de manera agobiante que se le exige más de lo que puede ofrecer. Esto provoca una tensión tan fuerte que puede transformarse en trastornos psicológicos o en reacciones psicosomáticas (dolor de estómago, contracturas musculares, dolores de cabeza, etc.).
- ***Mobbing* o acoso laboral.** Se produce cuando una o varias personas ejercen, de forma intencionada, una violencia psicológica extrema sobre otra, de forma sistemática y prolongada en el tiempo.
- ***Burn out* o síndrome de estar quemado.** Es una situación de agotamiento y falta de motivación que se produce por una sensación continua y avanzada de estrés laboral. Se trata de una reacción a la tensión emocional crónica creada por el contacto repetido con otros seres humanos, en particular cuando estos tienen problemas o motivos de sufrimiento. Es característico de profesionales que ejercen la medicina, la enfermería, la psicología, la docencia, etc.

Cuando se analizan y revisan las condiciones laborales, se tienen en cuenta las siguientes características laborales:

Las **características** generales **de los locales e instalaciones.**

Ejemplos:

- Según la normativa de prevención, la altura de los techos debe ser como mínimo de 3 metros, salvo en las oficinas y despachos, que puede ser de 2,5 metros.
- Las escaleras deben tener una barandilla.
- Debe haber orden y limpieza y evitar que haya material por el suelo.

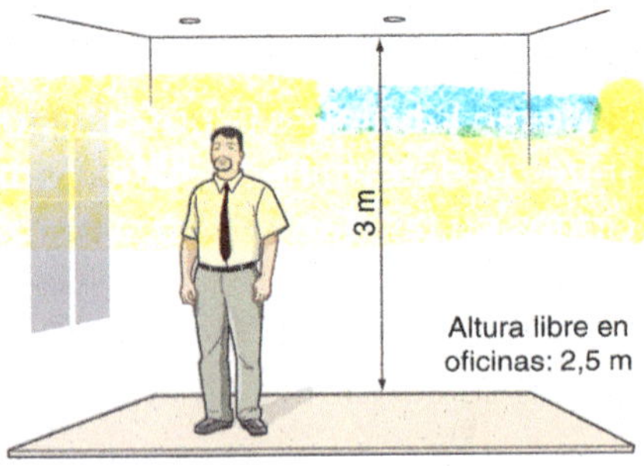

Los **equipos de trabajo:** la maquinaria, herramientas, productos y útiles del centro de trabajo.

Ejemplos: herramientas cortantes, combustible, vehículos que se utilizan en el interior de una nave, etc.

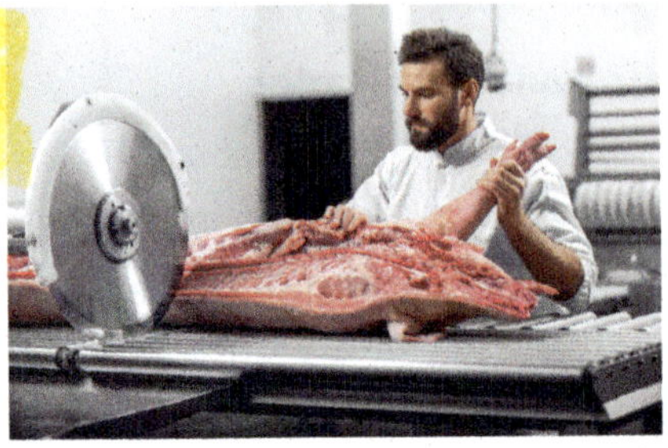

Los **agentes físicos:** ruido, vibraciones, radiaciones, temperatura, nivel de iluminación, etc.

Los **agentes químicos:** sustancias tóxicas, polvo en suspensión, gases, etc.

Los **agentes biológicos:** virus, bacterias, hongos y protozoos.

Los procedimientos para utilizar y manipular dichos agentes.

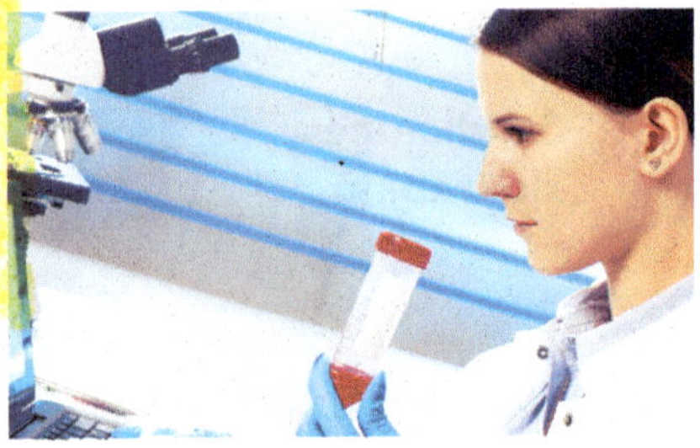

La **organización** y ordenación **del trabajo.**

Ejemplos: distribución de tareas, reparto de funciones y responsabilidades, distribución horaria, etc.

Cualquier otra característica del trabajo que genere riesgos.

ACTIVIDADES

4 > Indica ejemplos de trabajos en los que puedan existir riesgos químicos y biológicos.

5 > La hipoacusia (sordera) es una enfermedad profesional provocada por trabajar en lugares con un alto nivel de ruido. ¿En qué trabajos hay un nivel de ruido tan elevado que puede ser dañino para la salud?

3 Derechos y deberes en materia de prevención de riesgos laborales

Para evitar, en la medida de lo posible, que el personal sufra daños en el trabajo, todas las personas implicadas en la relación laboral tienen una serie de derechos y obligaciones en materia de prevención.

3.1. Deberes de la empresa

Deberes generales

- Garantizar la seguridad y la salud de sus trabajadores y trabajadoras.
- Integrar la actividad preventiva en todas las fases de la actividad de la empresa.
- Cumplir con la normativa de prevención de riesgos laborales.
- Asumir el coste de las medidas de seguridad y salud, sin cargarlas sobre el personal.

Los deberes de la empresa respecto a trabajadoras y trabajadores son:

Informar y formar

Informar y formar al personal sobre:

- Los riesgos existentes en todo el centro de trabajo y, en concreto, en su puesto de trabajo.
- Las medidas de prevención y protección aplicadas en la empresa a dichos riesgos: cómo actuar en situaciones de emergencia, cómo utilizar los equipos de protección individual...
- El manejo adecuado de las máquinas, herramientas y dispositivos de seguridad.

Se proporcionará formación e información a las trabajadoras y trabajadores cada vez que utilicen equipos de trabajo nuevos, cuando les cambien de puesto o de funciones, o cuando se introduzcan nuevas tecnologías. La **formación será teórica y práctica.**

Paralizar la actividad

Paralizar la actividad de la empresa en caso de riesgo grave e inminente. El empresario o la empresaria tomará las medidas oportunas y suministrará las instrucciones precisas. Si no lo hiciera así, el órgano de representación de los trabajadores podrá acordar, por mayoría, paralizar la actividad.

Vigilar la salud

Vigilar de forma periódica la salud de las personas trabajadoras con su consentimiento, aunque no será necesario su permiso si existe riesgo para su salud, para la del resto de la plantilla o para terceras personas.

Permitir la participación

Consultar y permitir al personal su participación en materia de prevención a través de sus representantes.

Facilitar equipos y medidas de protección

Facilitar a los trabajadores y trabajadoras los equipos y medidas de protección adecuados.

Proporcionar protección especial

Proporcionar **protección especial a colectivos en situación particular de riesgo:** embarazadas, menores de edad, trabajadores temporales y de empresas de trabajo temporal (ETT).

Deberes con respecto al centro de trabajo

- **Elaborar un plan de prevención** propio que comprenda la identificación, evaluación y control de riesgos de la empresa y una estricta planificación de la actividad de prevención y protección.
- **Organizar los recursos** para la actividad preventiva.
- Adoptar **medidas** para situaciones **de emergencia.**
- Elaborar y conservar la **documentación específica.**
- **Coordinarse** en materia de prevención cuando existan varias empresas en un mismo centro o en caso de contratas y subcontratas.

Toda empresa debe contar con un plan de prevención de riesgos laborales.

3.2. Deberes de los trabajadores

Todo derecho supone la existencia correlativa de un deber; por tanto, a los trabajadores les corresponden los siguientes derechos y deberes:

Derechos	Deberes
Información	**Respetar las normas de prevención,** que debe conocer.
Formación	**Utilizar correctamente las máquinas y herramientas** de trabajo y **los equipos de seguridad y protección.**
Paralización de la actividad en caso de riesgo grave e inminente	**Informar** de inmediato al superior jerárquico de cualquier situación que, a su juicio, entrañe un riesgo para su salud.
Vigilancia periódica de la salud	**Velar por la seguridad y salud** propia, de los compañeros y de terceras personas que pudieran verse afectadas.
Consulta y participación	**Cooperar con el empresario o empresaria** para que pueda garantizar la prevención y protección adecuadas.

ACTIVIDADES

6 > Francisco se ha comprado unas gafas de seguridad porque su jefa le advirtió que era obligatorio llevarlas puestas en el laboratorio y que él mismo debía conseguirlas. ¿Es correcta la indicación de su jefa? Razona la respuesta.

7 > Un auxiliar de enfermería se niega a que la empresa le haga unos análisis para comprobar que no ha contraído una enfermedad contagiosa. ¿Puede negarse el trabajador a este reconocimiento médico? Justifica la respuesta.

4 Normativa y organismos públicos

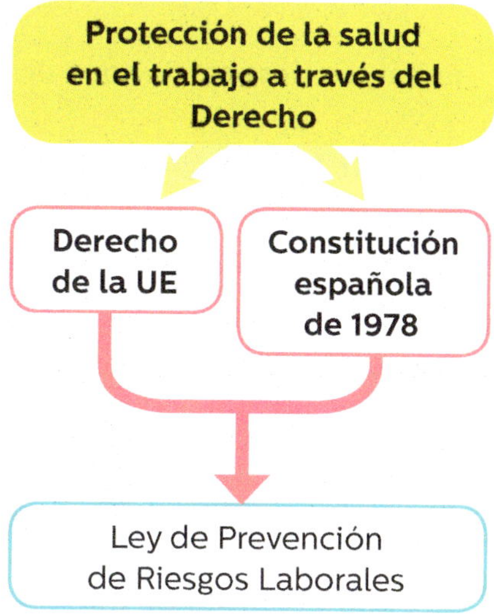

La normativa española en materia de prevención de riesgos laborales tiene su origen en el Derecho de la Unión Europea y en la Constitución española de 1978.

Nuestra Constitución, en su artículo 40.2, establece que **los poderes públicos tienen la obligación de velar por la seguridad e higiene en el trabajo.**

La Unión Europea ha dictado diversas normas para conseguir que las condiciones de seguridad y salud en los centros de trabajo de todos los países miembros sean similares. Para dar cumplimiento a esta normativa, España promulgó la **Ley 31/1995, de 8 de noviembre, de Prevención de Riesgos Laborales (LPRL),** que sienta las bases de la seguridad y la salud de los trabajadores en nuestro país y que ha sido desarrollada por numerosas normas.

La LPRL establece un nuevo enfoque en materia de seguridad y salud en el trabajo, al introducir el **concepto de prevención.** Es una ley de carácter activo que persigue **actuar sobre los riesgos laborales antes de que estos se materialicen.**

4.1. Organismos públicos nacionales

4.1.1. Instituto Nacional de Seguridad y Salud en el Trabajo

El **INSST** es un órgano del Estado especializado en analizar y estudiar las condiciones de seguridad y salud en el trabajo con el objeto de mejorarlas.

Sus **funciones** principales son:

- Proporcionar ayuda y asistencia técnica.
- Elaborar unas guías técnicas muy útiles para implantar y desarrollar la actividad preventiva en las empresas.
- Asesorar en la elaboración de normativa.
- Realizar actividades de formación e investigación.

Las comunidades autónomas pueden crear su propio Instituto.

Guía técnica para la evaluación y prevención de los riesgos relativos a la utilización de lugares de trabajo publicada por el INSST.

4.1.2. Inspección de Trabajo y Seguridad Social

Su objetivo principal es vigilar y controlar que se cumpla la normativa laboral y de prevención de riesgos laborales. Para alcanzar esta finalidad:

- Realiza visitas a las empresas para comprobar que cumplen con la normativa vigente. Si aprecia la existencia de un riesgo grave e inminente para la seguridad y salud del personal, puede ordenar la paralización inmediata de la actividad laboral.
- Asesora e informa a empresas y personas trabajadoras en materia laboral y de prevención de riesgos laborales.

ACTIVIDADES

8 > Busca en internet la Constitución española, lee el artículo 40.2 y fíjate en qué capítulo está.

9 > Entra en la página web del INSST, <www.insht.es>. ¿A qué ministerio pertenece?

5 Principios de prevención

Los principios generales de la acción preventiva se regulan en el artículo 15 de la Ley de Prevención de Riesgos Laborales:

Evitar los riesgos. Hay que eliminar todos los riesgos posibles, sin importar el coste.

Evaluar los riesgos que no se puedan evitar. Aquellos riesgos que no se puedan eliminar serán evaluados para conocer su gravedad y la probabilidad de que se produzcan. Por ejemplo, se detectará la presencia de radiaciones dañinas para el organismo, su concentración y el tiempo mínimo de exposición que resulta perjudicial.

Combatir los riesgos preferiblemente en su origen y no en el lugar de transmisión o recepción.

Por ejemplo, si una máquina produce un nivel de ruido excesivo, se combatirá insonorizando la máquina (en el origen del riesgo), antes que repartiendo protectores auditivos al personal (una forma de combatir el riesgo donde se produce el daño).

Adaptar el puesto de trabajo a la persona, los equipos, los métodos de trabajo y de producción. El objetivo es atenuar el trabajo monótono y repetitivo y reducir los daños para la salud.

Tener en cuenta la evolución de la técnica. Hay que estudiar los posibles riesgos que pueden generar las innovaciones técnicas y, por otro lado, tener en cuenta que los avances tecnológicos también permiten evitar riesgos que antes no se podían eliminar o reducir.

Por ejemplo, gracias a la aparición del material ignífugo se puede retrasar (o incluso detener en algunos casos) la propagación del fuego.

Sustituir lo peligroso por lo que entrañe poco o ningún peligro. Si en el proceso de producción se utiliza una sustancia tóxica y esta puede ser sustituida por otra inocua debe hacerse, aunque resulte más cara.

Planificar la prevención creando un conjunto coherente.

Adoptar medidas que antepongan la protección colectiva a la individual. Será preferible insonorizar por completo una máquina muy ruidosa (y, de este modo, proteger a todos los trabajadores presentes), antes que repartir protectores auditivos, que solo protegen a quienes los utilizan.

Dar las debidas instrucciones a trabajadoras y trabajadores respecto a los peligros en el centro de trabajo y los riesgos en su puesto, así como en el manejo de las máquinas, herramientas y equipos de protección.

Postura de trabajo

De pie:

- Alternar la postura con otras.
- Adaptar la altura del puesto de trabajo.
- Repartir el peso del cuerpo cambiando la posición de los pies.

De pie sentado:

- Utilizar una silla regulable y ajustarla por debajo de la superficie de trabajo.
- Usar un reposapiés adecuado.

6 Medidas de protección

Las **medidas de protección** son aquellas que, si bien no eliminan el riesgo, evitan o reducen sus consecuencias actuando sobre el trabajador.

Existen dos tipos de medidas de protección:

- **Medidas de protección colectiva.** Son aquellas que **protegen** simultáneamente **a todas las personas expuestas** a un determinado riesgo.

EJEMPLO

- La insonorización, el aislamiento o el encapsulamiento de una máquina que emite ruido o vibraciones dañinas.
- Las redes de seguridad o las cuerdas perimetrales que protegen frente a caídas de altura.
- Las barandillas que se utilizan para proteger de aberturas en el suelo, zanjas, fosos de reparación de coches o desniveles en general, que puedan suponer un riesgo de caída.
- Los extractores de humos, reguladores térmicos, etc.

- **Medidas de protección individual.** Son aquellas que se encargan de **proteger** al trabajador **de un riesgo específico** de su medio laboral.

Las medidas de protección colectiva **tienen prioridad** sobre las medidas de protección individual, que solo se utilizarán cuando las primeras sean ineficaces, cuando no sea posible utilizar las medidas de protección colectiva o como complemento de estas.

Protección colectiva

Métodos de reducción del ruido:

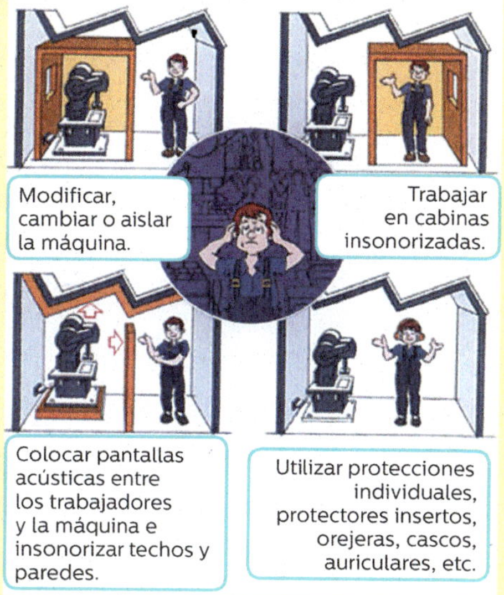

6.1. Los equipos de protección individual (EPI)

Los equipos de protección individual sirven para proteger a los trabajadores de los riesgos que puedan amenazar su seguridad o su salud; también se considera como tal cualquier complemento o accesorio que tenga la misma finalidad.

Obligaciones con respecto a los EPI	
Para los empresarios	**Para los trabajadores**
• **Proporcionar** gratis **los EPI** adecuados a los trabajadores. • **Velar por su uso efectivo.** • **Informar a los trabajadores,** previamente al uso de los equipos, de los riesgos frente a los que protegen y de las ocasiones en que deben utilizarse. • **Proporcionar instrucciones,** preferentemente por escrito, sobre la forma correcta de utilizar y mantener los EPI. • **Enseñar** a los trabajadores **a utilizar los EPI,** incluso con entrenamiento práctico, cuando se requiera el uso simultáneo de varios equipos o cuando, por su especial complejidad, sea necesario.	• **Utilizar y cuidar** correctamente **los EPI.** • **Colocar el equipo en el lugar indicado** después de su utilización. • **Informar** de inmediato a un superior de cualquier defecto o daño que se aprecie en el equipo y que, a su juicio, pueda entrañar una pérdida de su eficacia protectora.

EPI

Protectores para la cabeza

Protectores de manos y brazos

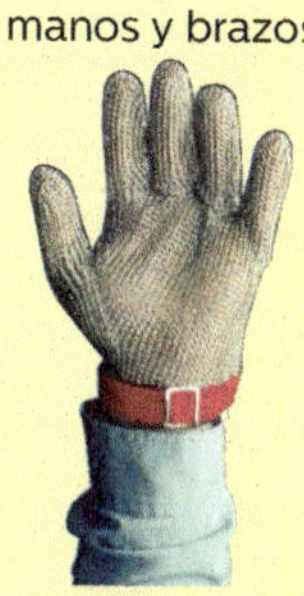

Protectores para los oídos

Protectores de pies y piernas

1 Escribe en tu cuaderno los números de las acciones incorrectas que identifiques y explica cómo deberían rectificarse:

2 Copia los daños derivados del trabajo y las definiciones en tu cuaderno y relaciónalos:

- Daños derivados del trabajo
- *Mobbing* o acoso laboral
- *Burn out* o síndrome de estar quemado
- Estrés

- Se produce cuando una o varias personas ejercen, de forma intencionada, una violencia psicológica extrema sobre otra, de forma sistemática y prolongada en el tiempo.
- Se produce cuando una persona percibe de manera agobiante que se le exige más de lo que puede ofrecer. Esto provoca una tensión tan fuerte que puede transformarse en trastornos psicológicos o en reacciones psicosomáticas (dolor de estómago, contracturas musculares, dolores de cabeza, etc.).
- Es la situación de agotamiento y falta de motivación producida por una sensación continua y avanzada de estrés laboral. Se trata de una reacción a la tensión emocional crónica creada por el contacto continuo con otros seres humanos, en particular cuando estos tienen problemas o motivos de sufrimiento.
- Son enfermedades, patologías o lesiones sufridas como causa del trabajo.

3 ¿Qué es el riesgo laboral? Describe en tu cuaderno qué riesgos laborales ves en estos dibujos.

4 Señala, en cada situación, si se trata de una enfermedad profesional o de un accidente de trabajo y de qué tipo:

- Silicosis contraída por inhalar polvo de sílice en el trabajo.
- Fractura de muñeca al caerse por las escaleras del trabajo.
- Hipoacusia causada por trabajos de calderería.
- Heridas en manos y brazos producidas al volcar una sustancia corrosiva en un laboratorio.

5 Bárbara es administrativa en una empresa de productos químicos. Cuando empezó a trabajar, su jefe le explicó los riesgos que había en su puesto de trabajo, pero no le informó del resto de los riesgos que había en otras zonas como, por ejemplo, en los laboratorios. ¿Es correcta la actuación de la empresa? Razona la respuesta.

6 Indica ejemplos de medidas de protección colectiva y de protección individual.

7 ¿Dónde se deben combatir, preferiblemente, los riesgos: en su origen, en el lugar de transmisión o en el lugar de recepción?

8 ¿Qué medidas deben anteponerse: las de protección colectiva o las de protección individual?

Aprende la forma correcta de manipulación manual de cargas

Objetivos

- Aprender a levantar, mover y manipular cargas sin lesionarse.
- Comprender que el levantamiento, manejo y transporte de cargas provoca numerosas alteraciones de la salud y dolencias de espalda.
- Reconocer que afecta a todo tipo de personas y no solo a aquellas de apariencia débil o con menor musculatura.
- Aprender que para evitar lesiones es más importante conocer la técnica que poseer un cuerpo atlético.

Desarrollo

Álvaro trabaja en una oficina como auxiliar administrativo. Un día llega una caja muy pesada, llena de libros. Coge enseguida la caja, se inclina ante el paquete casi sin mirarlo y lo levanta. En ese mismo momento siente un fuerte e intenso dolor en la espalda, a la altura de las lumbares. Suelta la caja dolorido y se da cuenta de que no puede ponerse recto.

Álvaro ha levantado la caja de cualquier manera y se ha provocado una lesión de espalda, probablemente una lumbalgia. ¿Cómo tendría que haber actuado? ¿Cuál es la forma correcta de levantar una caja pesada?

Álvaro tendría que haber seguido las siguientes medidas preventivas para levantar un bulto, a cuyo peso no está acostumbrado:

1. **Examinar la carga antes de manipularla:** hay zonas que pueden resultar peligrosas en el momento de su agarre y manipulación (aristas, bordes afilados, puntas de clavos, etc.).
2. **Planificar el levantamiento:** decidir cuál será el punto o puntos de agarre más adecuados, dónde hay que depositar la carga y apartar del trayecto cualquier elemento que pueda interferir en el transporte.
3. Seguir **cinco reglas básicas en el momento de levantar la carga:**
   - Separar los pies hasta conseguir una postura estable.
   - Flexionar ligeramente las rodillas, formando un ángulo de 90° aproximadamente.
   - Acercar el objeto al cuerpo lo máximo posible.
   - Levantar el peso de forma gradual y sin sacudidas.
   - No girar el tronco mientras se está levantando la carga (es preferible pivotar sobre los pies).
4. **Transportar la carga a la altura de la cadera y lo más cerca posible del cuerpo.** Si el transporte se realiza con un solo brazo, se deben evitar inclinaciones laterales de la columna.

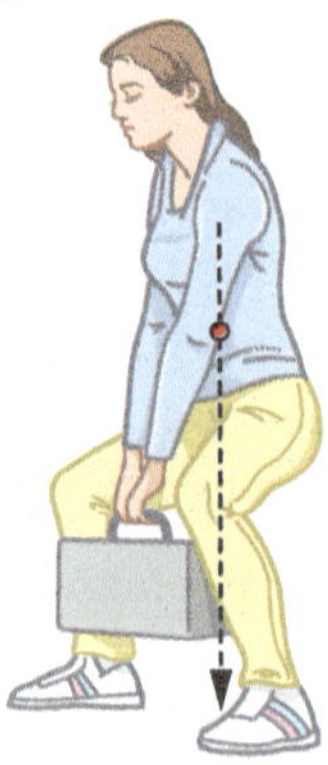

Postura correcta

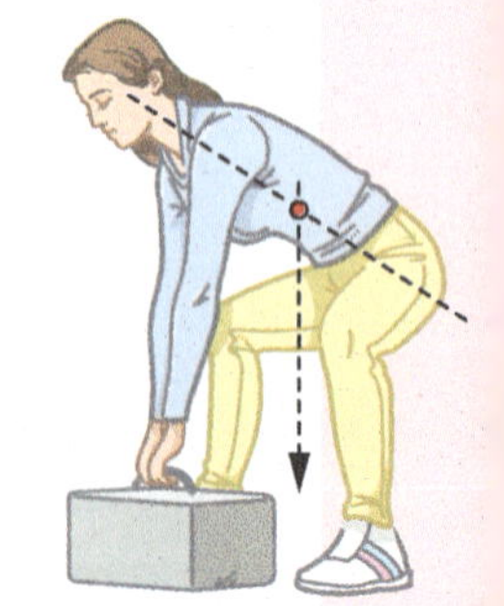

Postura incorrecta

ACTIVIDADES

1 > Busca en la página web del INSST vídeos sobre la manipulación manual de cargas correcta: <http://bit.ly/1ROIFlC>.

La postura de trabajo

Objetivos

- Conocer la importancia de adoptar la postura de trabajo correcta en un puesto en el que se pasan muchas horas.
- Aprender cuál es la postura más adecuada cuando el trabajo se realiza sentado, frente al ordenador.

Desarrollo

1 La postura frente al ordenador

Pasar mucho tiempo sentado frente al ordenador puede provocar trastornos musculoesqueléticos y circulatorios. Por ello, debemos aprender a sentarnos de forma correcta:

- Se debe mantener la espalda recta y apoyada por completo sobre el respaldo de la silla, especialmente las lumbares.
- Es necesario regular la altura de la silla para que las piernas formen un ángulo de 90° al nivel de apoyo de los codos.
- Los hombros deben estar relajados, se pueden usar reposabrazos para ello. Los codos han de formar un ángulo de 90°.
- Una vez conseguido el ángulo de 90° entre brazo y antebrazo, es preciso regular la pantalla del ordenador de forma que la parte superior de esta quede a la altura de los ojos o un poco por debajo.
- Se pueden colocar los pies en el suelo o sobre un reposapiés. El reposapiés permite el ajuste de la silla a la mesa y favorece la circulación sanguínea.

Postura incorrecta

- No utilices respaldos inclinados.
- Evita escritorios o mesas que no permitan introducir las piernas debajo.
- Debes tener espacio suficiente sobre el escritorio para colocar documentos y no leerlos sobre las piernas.
- No inclines tu pantalla hacia abajo, trata de mantenerla perpendicular a tu cuerpo.

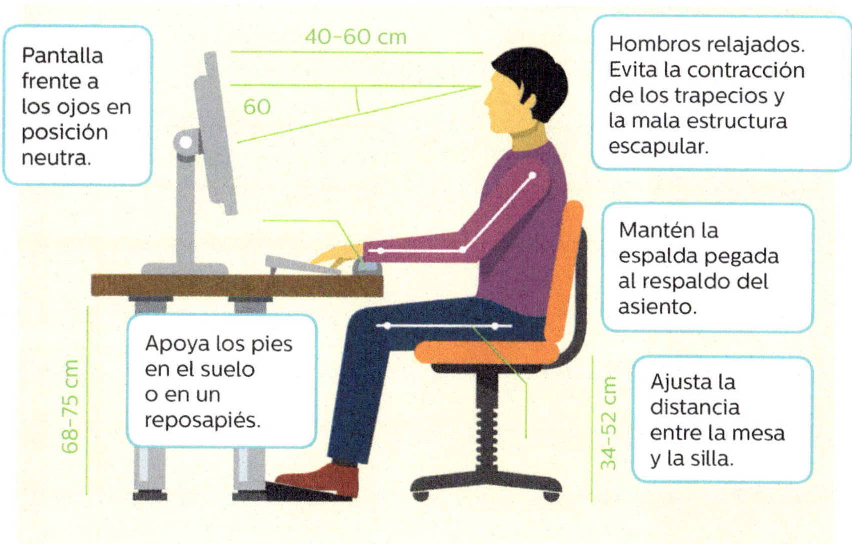

ACTIVIDADES

1 > ¿Sabes qué son los trastornos musculoesqueléticos?

Busca en la página web del INSST, o en su portal de trastornos musculoesqueléticos, información o vídeos sobre este término: <http://bit.ly/1kPVYJH>.

El riesgo eléctrico

Objetivos

- Aprender a actuar frente al riesgo eléctrico.
- Saber cómo se puede auxiliar a un compañero o compañera que ha sufrido un accidente causado por la corriente eléctrica.
- Tomar conciencia de que la electricidad se utiliza en casi todos los entornos laborales y puede ser muy peligrosa, por lo que se deben tomar las máximas precauciones posibles.

Desarrollo

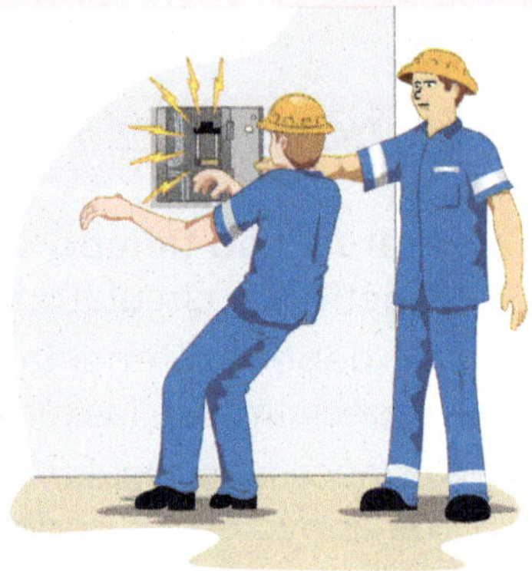

Pedro tiene mucho trabajo, está recibiendo muchas llamadas telefónicas y avisos de reparación. Está tan agobiado que, sin pensar lo que hace, toca unos cables de alto voltaje. Esto provoca que se quede «pegado» a ellos.

Luis contempla asustado el accidente. ¿Cómo debe actuar?

Ante todo, Luis debe mantener la calma y proceder del siguiente modo:

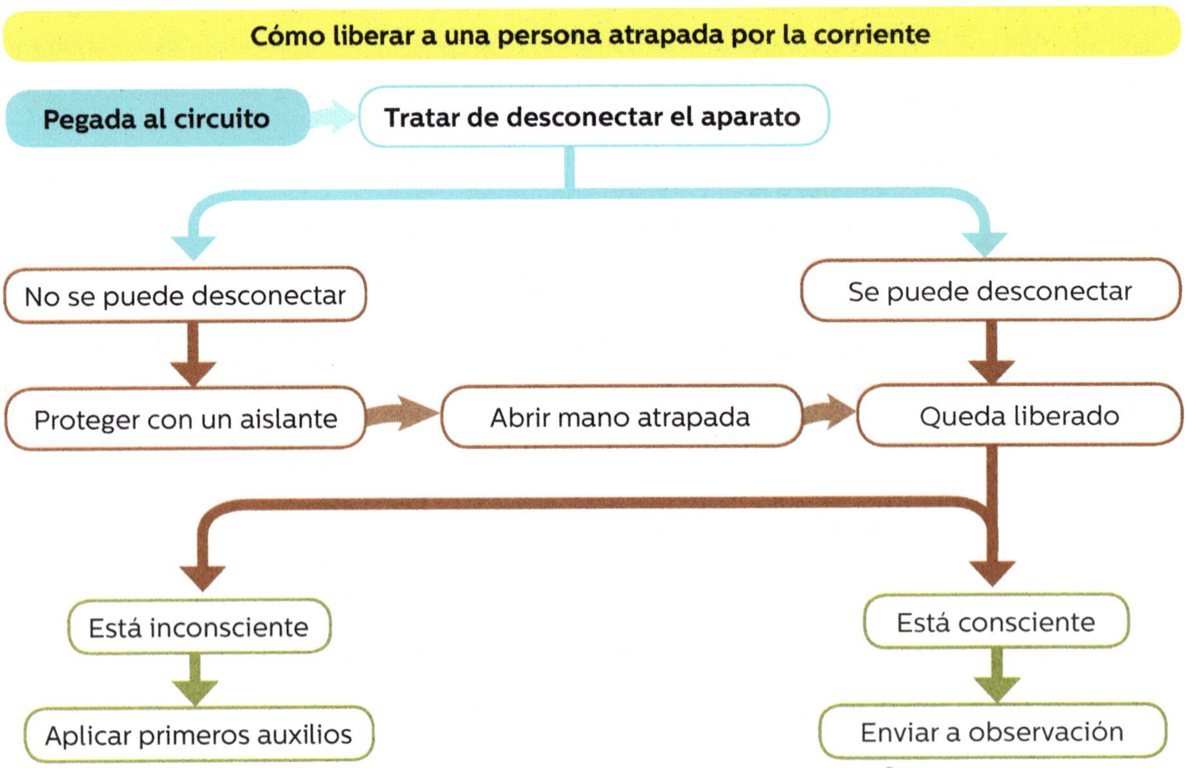

ACTIVIDADES

1 > ¿Qué le ha ocurrido a Pedro?

2 > ¿Por qué se ha quedado «pegado»?

3 > ¿Sabes qué es el fenómeno de la tetanización?

Los riesgos laborales

- El trabajo y la salud
- Conceptos básicos
  - Riesgo laboral
  - Daño laboral
  - Condiciones de trabajo
- Derechos y deberes en materia de PRL
- Normativa y organismos públicos
- Principios de prevención
- Medidas de protección

TEST DE EVALUACIÓN

Resuelve en tu cuaderno o bloc de notas

1 > Según la OMS, la salud es:

a) Un adecuado bienestar físico, mental y social.

b) La ausencia de enfermedades.

c) El estado de completo bienestar físico, mental y social y no solo la ausencia de enfermedades.

d) El completo bienestar físico y psicológico.

2 > Si un trabajador sufre un accidente en el camino de casa al trabajo:

a) No se considera accidente de trabajo porque no ha empezado su jornada laboral.

b) Se considera accidente de trabajo *in itinere*.

c) Se considera condición de trabajo.

d) Ninguna es correcta.

3 > La Ley de Prevención de Riesgos Laborales:

a) Es una norma europea.

b) Es una norma del año 1994.

c) Pretende actuar sobre los riesgos laborales antes de que estos se materialicen.

d) Todas son correctas.

4 > El órgano estatal especializado en analizar las condiciones de seguridad y salud en el trabajo con el fin de mejorarlas es:

a) El Instituto Nacional de Seguridad y Salud en el Trabajo.

b) La Inspección de Trabajo y Seguridad Social.

c) La Organización Mundial de la Salud.

d) La Inspección de Prevención de Riesgos Laborales.

5 > Señala la respuesta correcta:

a) Se debe integrar la actividad preventiva en las fases secundarias de la actividad empresarial.

b) Se debe informar al trabajador de los riesgos existentes en todo el centro de trabajo y, en concreto, en su puesto de trabajo.

c) El trabajador debe asumir el coste de las medidas de seguridad y salud.

d) Se deben facilitar al trabajador los EPI que ha de utilizar en el trabajo.

6 > Según los principios de prevención:

a) Prevalece la protección individual frente a la colectiva.

b) Se deben combatir los riesgos preferiblemente en el lugar de transmisión.

c) Se debe sustituir lo peligroso por lo que entrañe poco o ningún peligro.

d) La persona es quien debe adaptarse al puesto de trabajo.

7 > Los equipos de protección individual:

a) Eliminan los riesgos.

b) Suelen ser usados por distintas personas.

c) Se anteponen a la protección colectiva.

d) Ninguna es correcta.

8 > Se considera condición de trabajo:

a) Los virus y las bacterias.

b) El orden y la limpieza.

c) La organización y ordenación del trabajo.

d) Todas son correctas.

5) Primeros auxilios

Vamos a aprender

1. Primeros auxilios
2. Técnicas de auxilio
3. Actuación según la lesión
4. El plan de emergencia y evacuación

El origen de los primeros auxilios

Las guerras han generado la necesidad de implementar técnicas sanitarias que permitan atender a los lesionados en combate. Aquí encontramos el origen de los primeros auxilios.

Los Caballeros Hospitaller, ya en el siglo XI, se ocupaban de cuidar a los peregrinos y caballeros lesionados.

En su expansión por Europa, el emperador Napoleón I Bonaparte impulsó la creación de un sistema de ambulancias para transportar a los heridos del campo de batalla a los hospitales, después de haber recibido algún tipo de cuidado médico. El barón Dominique-Jean Larrey fue el responsable de esta tarea.

En 1859, durante la batalla de Solferino (Italia), Henry Dunant organizó a un grupo de aldeanos para atender a los heridos siguiendo unos protocolos de primeros auxilios. En 1864 fundó la Cruz Roja Internacional con el objetivo de proteger a los militares heridos en campaña. El proyecto se recoge en el Primer Convenio de Ginebra, de 1864, firmado por doce países.

Es importante destacar que determinó el carácter neutral y la protección del personal sanitario y de los hospitales militares para que pudieran realizar su trabajo correctamente.

El 8 de mayo, fecha de nacimiento de Henry Dunant, se celebra el Día Mundial de la Cruz Roja. Hoy en día existen varios grupos que promueven los primeros auxilios, como la Cruz Roja, los cuerpos de bomberos, los organismos de protección civil y el movimiento *scout*, entre otros.

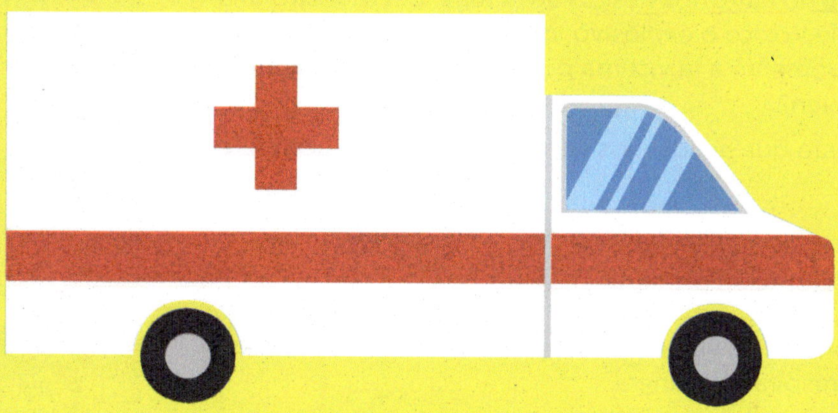

¿QUÉ SABEMOS DE?

1 > ¿Qué acontecimientos históricos propiciaron la aparición de las técnicas iniciales de primeros auxilios? Indica al menos dos de ellos.

2 > ¿Quién es Henry Dunant?

3 > Señala al menos tres instituciones que promuevan los primeros auxilios.

1 Primeros auxilios

Los **primeros auxilios** son técnicas para atender a un herido hasta que llega la asistencia sanitaria profesional.

Sus **principios básicos** son:

Método PAS

- **Proteger**: Velar por la seguridad de las personas: señalizar el lugar del accidente, eliminar posibles amenazas y desplazar al herido, solo si fuera necesario, manteniendo recto el eje cabeza-cuello-tronco.
- **Avisar**: Contactar con los servicios de emergencia y proporcionar detalles precisos sobre el siniestro (número y estado de los heridos, peligros presentes y lugar exacto).
- **Socorrer**: Atender, abrigar, acompañar y tranquilizar al herido hasta que llegue el personal médico. Hacer solo lo imprescindible.

La actuación se secuencia en tres pasos:

PASO 1. Evaluación del entorno y primer contacto con la víctima

Comprobar que no hay otros riesgos en el lugar del siniestro (material inflamable, tóxico o explosivo, derrumbamientos...). Luego, zarandear suavemente a la víctima por los hombros, preguntándole: «¿Estás bien?».

Llamar al 112 para que acudan los servicios sanitarios, bomberos y policía.

PASO 2. Valoración primaria

Verificar las constantes vitales del herido para comprobar si está consciente, si respira o si sangra.

Si la víctima responde (consciente), mantenerla en la misma posición y averiguar qué le pasa con una valoración secundaria.

Si la víctima no responde (inconsciente), actuar según su estado:

- Respira y tiene pulso: colocar en posición lateral de seguridad.
- No respira y tiene pulso: aplicar la reanimación respiratoria.
- No respira ni tiene pulso: iniciar la reanimación cardiopulmonar.

PASO 3. Valoración secundaria

Realizar una exploración rápida, ordenada y concienzuda del herido en busca de lesiones, sangre, deformidades y secreciones (sudor, heces, orina o vómitos).

Preguntarle por su estado para detectar problemas de orientación o memoria.

2 Técnicas de auxilio

2.1. Posición lateral de seguridad

A una víctima inconsciente que respira y tiene pulso se la debe colocar en posición lateral de seguridad (PLS), salvo que tenga lesiones en la columna vertebral. Hay que seguir estos pasos:

1

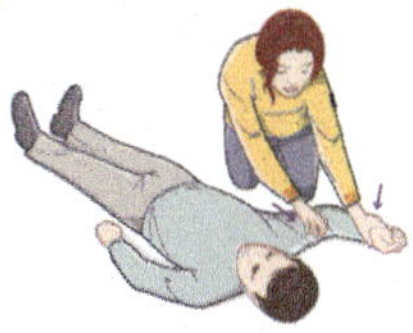

Poner el brazo más próximo al socorrista en ángulo recto con el cuerpo, doblar el codo y colocar la palma de la mano hacia arriba.

2

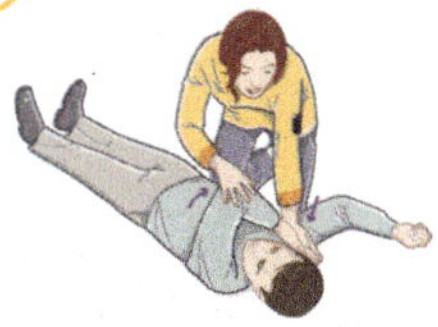

Cruzar el tórax con el brazo más alejado del socorrista y apoyar el dorso de la mano contra la mejilla del lado contrario de la víctima.

3

Con la otra mano, agarrar la pierna más alejada por encima de la rodilla y levantarla, manteniendo el pie apoyado en el suelo. Girar el cuerpo hasta que quede de lado.

4

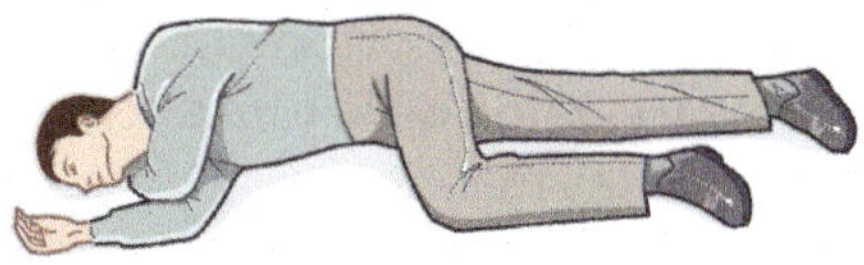

Colocar el dorso de la mano del lado externo bajo la mejilla.

2.2. Reanimación respiratoria

Preparación para la respiración

- Tumbar a la víctima boca arriba sobre un plano duro con los brazos a lo largo del cuerpo.
- Quitar, aflojar o rasgar la ropa que oprima la garganta, el tórax o el abdomen. Retirar cadenas y collares.
- Sacar de la boca cuerpos extraños para liberar las vías respiratorias.

Apertura de las vías aéreas

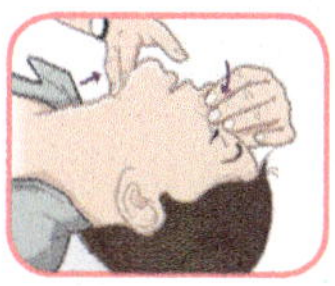

- **Maniobra frente-mentón:** colocar la mano sobre la frente e inclinar la cabeza hacia atrás con cuidado. Elevar el mentón con las yemas de los dedos para abrir la vía aérea.

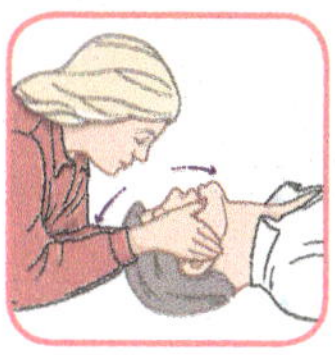

- **Maniobra de tracción mandibular:** agarrar la mandíbula metiendo el dedo pulgar entre los dientes y colocar los otros dedos bajo la barbilla, tirando de ella hacia arriba para elevar la mandíbula y poder abrir la boca. Se utiliza en caso de lesiones cervicales.

Comprobación de la respiración del herido

- Observar si hay movimiento torácico.
- Acercarse a su boca y comprobar si hay sonidos respiratorios.
- Sentir el aire espirado en la mejilla.

Respiraciones de rescate

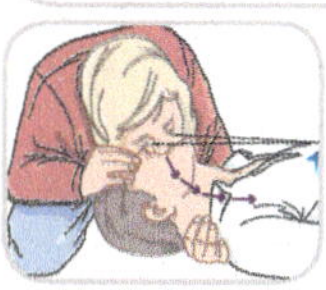

Utilizar el método boca a boca, insuflando aire por la boca tras abrir las vías respiratorias y pinzando la nariz con los dedos; o bien el método boca-nariz, tapando la boca con la mano e insuflando aire por la nariz.

2.3. Reanimación cardiopulmonar básica (según el ERC 2015)

Se aplica a una persona inconsciente que no respira o no lo hace de manera normal.

En la reanimación cardiopulmonar básica se combinan las compresiones torácicas con respiraciones de rescate.

Es importante asegurarse de que no hay pulso, pues es peligroso realizar compresiones si la víctima aún tiene circulación. Solo se puede practicar con muñecos.

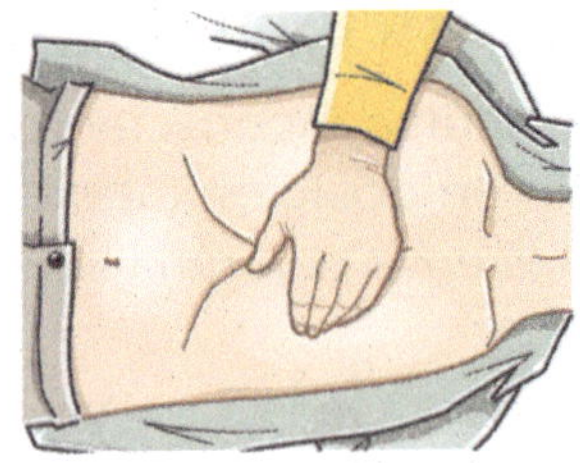

Reanimación cardiopulmonar básica.

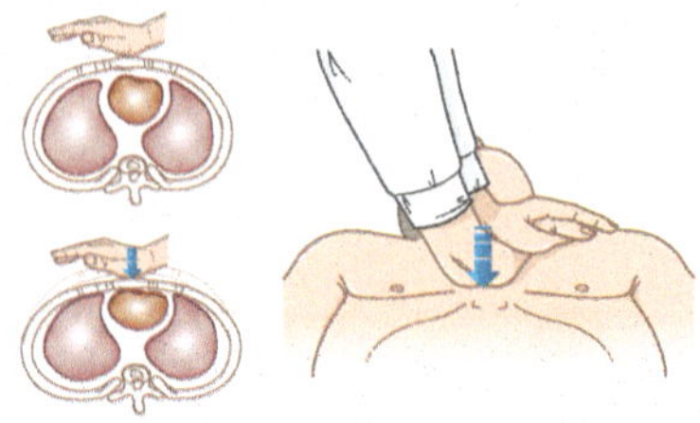

Compresiones torácicas.

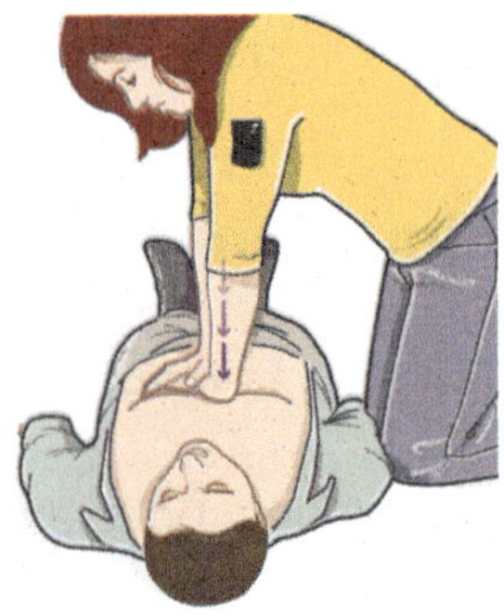

Disposición respecto a la víctima.

Empezar por las compresiones torácicas

- Tumbar a la víctima boca arriba sobre una superficie lisa y firme.
- Arrodillarse a su lado y colocar el talón de una mano en el centro de su tórax y el talón de la otra encima de la primera. Entrelazar los dedos de las manos.
- Colocarse verticalmente encima del tórax de la víctima y comprimir con fuerza sobre el esternón con los brazos rectos, hundiéndolo entre 4 y 5 cm. Las compresiones se harán con fuerza, aprovechando el propio peso para realizar la presión, que no se aplicará sobre las costillas, la parte superior del abdomen o el extremo inferior del esternón.
- Tras cada compresión, dejar de hacer presión sobre el tórax sin que se pierda el contacto entre las manos y el esternón; repetir con una frecuencia de 100 por minuto (2 compresiones por segundo).

Combinar con respiraciones de rescate

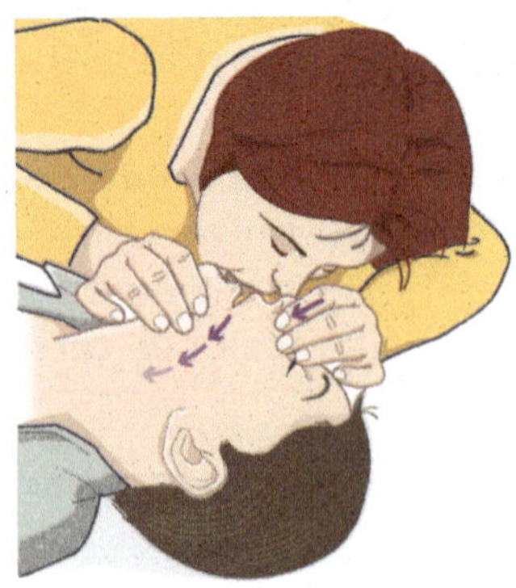

Respiraciones de rescate.

- Tras realizar 30 compresiones, abrir de nuevo la vía aérea mediante la maniobra frente-mentón.
- Pinzar la parte blanda de la nariz cerrándola con los dedos pulgar e índice. Abrir la boca, manteniendo elevado el mentón.
- Realizar una respiración normal y colocar los labios alrededor de la boca de la víctima, asegurando un buen sellado. Soplar de manera constante dentro de su boca mientras se observa la elevación del tórax, durante aproximadamente 1 segundo.
- Retirar la boca de la víctima y observar el descenso del tórax mientras va saliendo el aire. Mantener la extensión de la cabeza y la elevación del mentón.
- Realizar otra respiración normal y soplar en la boca de la víctima de nuevo, a fin de sumar dos respiraciones de rescate efectivas. Volver a hacer 30 compresiones torácicas más sin dilación.
- Continuar con 30 compresiones torácicas por cada 2 respiraciones de rescate. Solo se debe parar si la víctima comienza a respirar con normalidad.

Si hay más de una persona realizando las operaciones de rescate, una debe realizar las compresiones torácicas y la otra las respiraciones de rescate, intercambiando las funciones cada 1 o 2 minutos para prevenir la fatiga.

3 Actuación según la lesión

3.1. Heridas

Una **herida** es la rotura de la piel producida por un traumatismo.

Existen dos **tipos de heridas:**

Las **heridas leves** afectan a la capa más externa de la piel, siempre que no haya otro factor de gravedad.

Para desinfectar la herida hay que utilizar agua y jabón y aplicar un antiséptico no colorante. No se debe cubrir salvo que el entorno esté contaminado o haya riesgo de infección.

Las **heridas graves** afectan extensamente a manos, ojos, boca, nariz y genitales o son incisiones en tórax, abdomen o articulaciones.

Se debe controlar el estado general de la persona herida y sus signos vitales y buscar los puntos dolorosos de la herida, contusiones, fracturas o hemorragias. Hay que cubrir la herida por completo con un apósito o gasa húmeda.

Ante heridas penetrantes en el tórax hay que mantener a la persona accidentada semisentada, y si están en el abdomen hay que colocarla en decúbito supino, flexionando las piernas.

Siempre se trasladará urgentemente al herido a un hospital.

Para curar heridas es importante lavarse las manos y utilizar guantes y material estéril desechable o limpio.

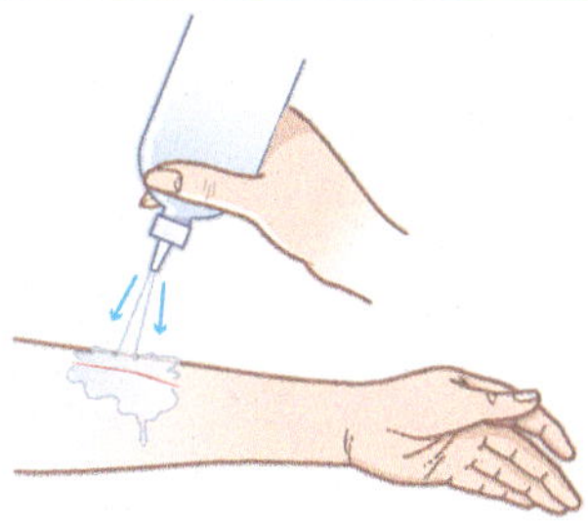

1. Lavar la zona alrededor de la herida.

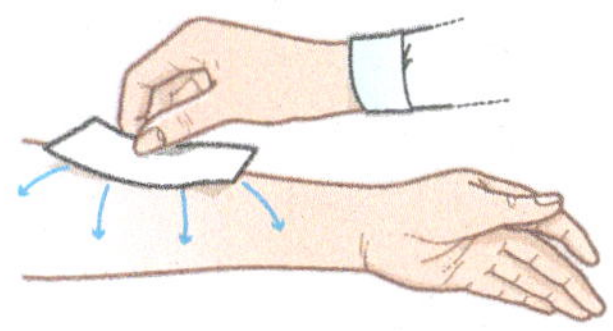

2. Desinfectar la zona de alrededor de la herida desde esta hacia fuera.

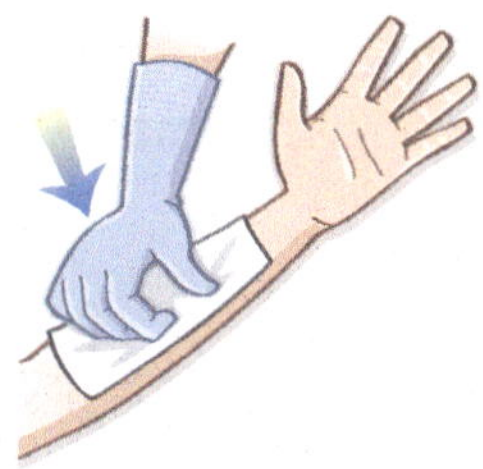

3. La compresión se realiza presionando directamente en el punto de sangrado durante 10 minutos.

4. Elevar la extremidad.

3.2. Hemorragias

La **hemorragia** es una salida de sangre del sistema circulatorio. Si esta sale del organismo es externa, y si se dirige hacia otra cavidad del cuerpo es interna.

Solo se puede **intervenir de forma activa en hemorragias externas,** y se debe actuar siguiendo este orden:

1. **Compresión directa:** cubrir inmediatamente con una gasa la herida, comprimiéndola de forma mantenida de 5 a 10 minutos.
2. **Compresión arterial:** si la hemorragia no se corta o se produce sobre una fractura abierta hay que presionar la arteria principal que nutre la zona lesionada.
3. **Torniquete:** se trata de un vendaje ancho que presiona el miembro afectado por encima de la herida. **Tiene efectos secundarios.** No se debe aflojar y se ha de anotar la hora de colocación.

En las hemorragias internas se debe mantener la temperatura de la persona afectada y tenerla en reposo con las piernas elevadas. No actuar hasta que lleguen los servicios sanitarios.

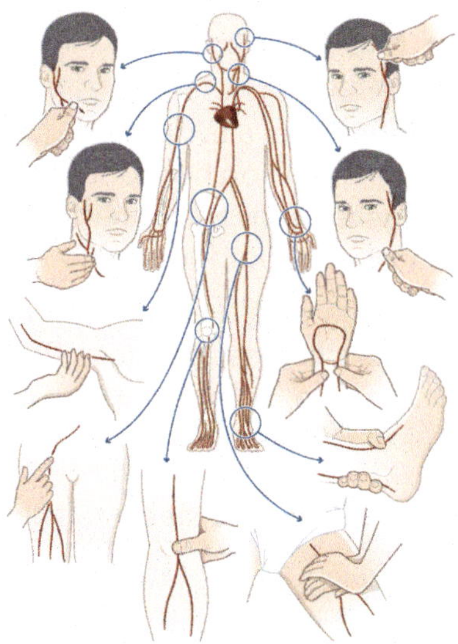

Zonas de compresión arterial

- En el cuello sobre la vena carótida.
- En la clavícula para la arteria subclavia.
- En la cara interna del brazo en la arteria humeral.
- En el muslo sobre la arteria femoral.

3.3. Quemaduras

Las **quemaduras** son lesiones producidas generalmente por la acción del calor sobre los tejidos del cuerpo.

Las quemaduras se clasifican:

Según su gravedad

- **De primer grado:** destruyen la capa superficial de la piel, que se enrojece (eritema).
- **De segundo grado:** producen abombamiento de la epidermis (ampolla o flictena).
- **De tercer grado:** ocasionan necrosis de los tejidos; aparece una costra (escara) y se ennegrece.

Según su extensión

La **Regla de los 9 de Wallace** calcula la extensión quemada con los siguientes porcentajes:

- Cabeza y cuello: 9 %.
- Cada extremidad superior: 9 % (7 % el brazo y 2 % la mano).
- Cada extremidad inferior: 18 % (9 % el muslo, 7 % la pantorrilla y 2 % el pie).
- Cara anterior del tórax y abdomen: 18 %.
- Espalda y nalgas: 18 %.
- Genitales: 1 %.

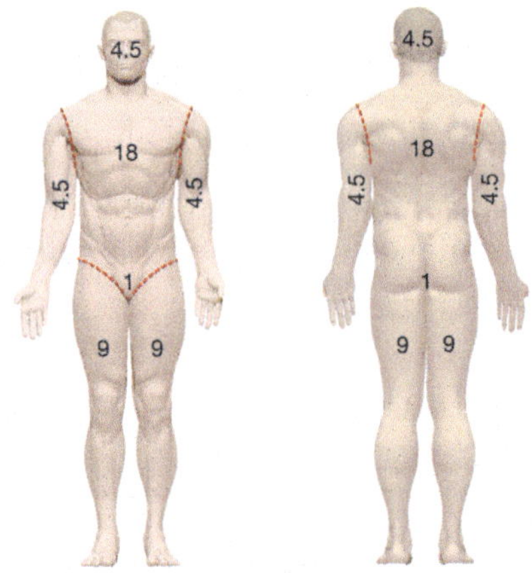

Según su profundidad

- **Leves:** cuando la superficie quemada es inferior al 10 % y su profundidad no rebasa el 2.° grado.
- **Graves:** quemaduras de entre el 10 y el 30 % de profundidad que se producen en manos, pies, cara, ojos y genitales.
- **Muy graves:** quemaduras de entre el 30 y el 50 % de profundidad.

Se debe alejar a la persona quemada de la fuente de calor y colocarla en posición horizontal, boca arriba y envuelta en una manta. Si tiene la espalda quemada, hay que colocarla en posición lateral de seguridad, o boca abajo si los costados están quemados.

Si la ropa está ardiendo, el quemado no debe correr, para no avivar las llamas; hay que cubrirlo con una manta y hacerlo rodar por el suelo. Solo se le debe quitar la ropa si está impregnada de líquido inflamable o productos químicos.

3.3.1. ¿Cómo se debe actuar en función de la gravedad?

Tipos de quemaduras	Cómo actuar
Quemaduras leves	Lavar la zona quemada con mucha agua fresca y limpia durante aproximadamente 10 minutos y cubrirla con gasas estériles o un pañuelo limpio empapados en suero fisiológico, si es posible. Hacerlo con cuidado para no romper ninguna ampolla. No usar agua oxigenada, alcohol ni algodón.
Quemaduras graves o muy graves	Evacuar al quemado urgentemente a un centro médico.

3.4. Fracturas

La **fractura** es una rotura completa o incompleta de un hueso.

Hay dos clases de fracturas:

- **Abiertas** → Hay herida y existe peligro de infección.
- **Cerradas** → La piel que la cubre está intacta. Hay que tener precaución al mover al herido, porque los fragmentos del hueso roto son puntiagudos y cortantes, y pueden atravesar algún músculo y desgarrar algún vaso sanguíneo.

El miembro fracturado debe ser inmovilizado para bloquear las articulaciones que se encuentren por encima y por debajo de este. La forma de inmovilización depende del lugar de la fractura.

- **Hombro:** sujetar el brazo en cabestrillo al tórax.
- **Brazo:** inmovilizar con un cabestrillo el hombro y el codo.
- **Codo:** colocar un cabestrillo si el codo está flexionado y una férula si está extendido. Mantener la misma posición después de la fractura.
- **Mano:** apoyar la mano sobre una tablilla que rebase la muñeca y poner el antebrazo en cabestrillo.
- **Pierna y rodilla:** inmovilizar con férulas y ligaduras la rodilla y el tobillo.
- **Vértebras:** dejar a la persona lesionada tumbada sobre su espalda, mantenerla caliente y esperar a que los servicios especializados la trasladen a un centro médico. No mover, incorporar ni sentar nunca a la persona herida, pues se puede romper algún nervio y producir una parálisis en la médula.
- **Cráneo:** instalar a la persona herida en posición lateral de seguridad, mantenerla abrigada y vigilada. Evacuarla de inmediato a un centro sanitario.

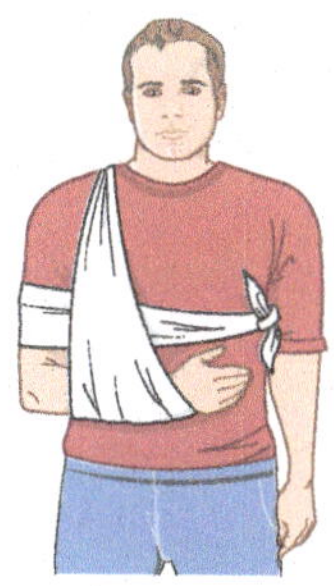

Fractura de húmero

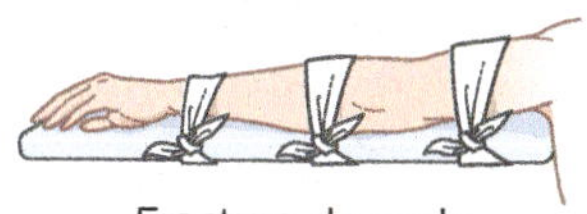

Fractura de codo

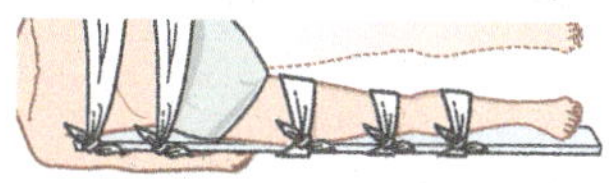

Fractura de fémur

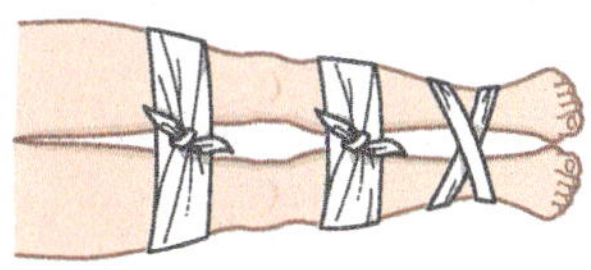

Fractura de tibia y peroné

ACTIVIDADES

A S **1 >** Al subir por las escaleras metálicas del almacén, Sofía se ha tropezado y se ha caído por las escaleras, empujando a Álvaro que iba detrás de ella. Los dos han resultado heridos. Cuando la socorrista llega al lugar del accidente comprueba que ambos están inconscientes, respiran y tienen pulso. Sin embargo, sospecha que Sofía tiene lesionada la columna y Álvaro tiene fracturado el cráneo. ¿Qué actuaciones se deben seguir en ambos casos?

2 > Determina la gravedad de la quemadura según su intensidad y su extensión:

- Escara que afecta al brazo y a la mano izquierdos.
- Ampolla que afecta a la mano derecha.
- Ampolla que afecta a la pierna derecha.
- Inflamación de la piel por quemadura en el abdomen.
- Eritema en la cara.
- Enrojecimiento de la piel de la espalda.

4 El plan de emergencia y evacuación

En las empresas debe haber personal preparado para actuar en caso de emergencia, que ha de coordinarse en todo momento con los servicios de protección civil si fuera necesario.

4.1. Plan de emergencias

El **Plan de Actuación en Emergencias** es un documento en el cual se explica qué se debe hacer en caso de incendio, inundación, amenaza de bomba, explosión, etc.

VOCABULARIO

protección civil: organizaciones y servicios externos a la empresa (policía, servicios sanitarios y bomberos) que protegen a las personas y los bienes en caso de emergencia.

Responsables de actuar en una emergencia

Directora o director de emergencias	Activa el plan de emergencias y dirige toda la operación.
Jefa o jefe de intervención	Coordina y dirige a los equipos de intervención.
Centro de control	Centraliza toda la información y da los avisos de alarma.
Equipos de Primera Intervención (EPI)	Intentan controlar y eliminar inmediatamente la situación de emergencia.
Equipos de Segunda Intervención (ESI)	Actúan si los EPI no controlan una emergencia concreta.
Equipos de Alarma y Evacuación (EAE)	Dirigen la evacuación para que no quede nadie dentro.
Equipos de Primeros Auxilios (EPA)	Prestan los primeros auxilios hasta que llegue la asistencia médica.
Equipos de apoyo	Ayudan a otros equipos.

ACTIVIDADES

3 > Ordena las siguientes actuaciones según su prioridad:

- Llamar a los servicios de emergencia.
- Comprobar la consciencia de la persona herida.
- Recopilar toda la información posible acerca de la emergencia.
- Señalar el lugar del accidente.
- Eliminar un escape de gas.
- Palpar la carótida de la persona herida.

4 > Indica las responsabilidades que tienen los Equipos de Primera Intervención (EPI) y los Equipos de Segunda Intervención (ESI).

¿En cuál de estos equipos hay que incluir los servicios de emergencia externos?

4.2. Plan de evacuación

El **plan de evacuación** es un conjunto de actuaciones que permite que quien ocupe una zona o edificio se desplace hacia un espacio exterior seguro.

Detección de la emergencia

Una vez detectada una emergencia, la dirección de emergencias valorará la gravedad de la situación junto a la jefatura de intervención y al Equipo de Primera Intervención.
Un conato de emergencia es controlado sin problema por los Equipos de Primera Intervención; una emergencia parcial o total precisa la intervención de ayuda externa y el procedimiento de evacuación total o parcial del edificio.

Alerta y alarma

La persona responsable del centro de control comunica la emergencia a quienes deben intervenir y activa la alarma. Si fuera necesario, avisaría a las unidades externas de urgencias.

La orden de evacuación se puede dar, por separado o simultáneamente, mediante:

- Señales luminosas y/o acústicas (sirenas o alarmas).
- Comunicaciones verbales a viva voz o por megafonía.

La orden de evacuación se emitirá mediante señales luminosas y/o acústicas.

Tiempo invertido en la evacuación

Hay que calcular el tiempo invertido para lograr que este sea el mínimo posible.
Los simulacros anuales ayudarán a detectar posibles fallos y aspectos para que la evacuación se haga más rápido.

*** VOCABULARIO**

simulacro: es la evacuación de un edificio para conocer qué se debe hacer y detectar posibles fallos para eliminarlos.

Hay que hacer un simulacro cada año.

Desalojo

Al evacuar un edificio hay que salir de forma ordenada y seguir el procedimiento establecido, sin correr ni volver hacia atrás. Hay que dirigirse al punto de reunión en el exterior del edificio.
Las personas responsables de cada planta deben comprobar que toda la gente a su cargo ha evacuado la zona.
El personal evacuado debe obedecer las instrucciones, entre las que destacarán las siguientes:

- No descolgar el teléfono y, si se está utilizando, colgarlo inmediatamente para que pueda usarse.
- No utilizar el ascensor.
- No volver al puesto de trabajo o acudir a retirar vehículos de la zona de aparcamiento.
- Utilizar las vías, escaleras y salidas de emergencia, que estarán debidamente señalizadas.
- En el punto de reunión, el personal deberá agruparse como se le haya indicado, de manera que se pueda hacer un recuento y una lista con los nombres de las personas evacuadas. En caso de que falte alguien, hay que comunicarlo.

Señal de punto de reunión.

1 Lee las ocho definiciones que aparecen debajo del crucigrama y anota en tu cuaderno las palabras correspondientes a cada una de ellas.

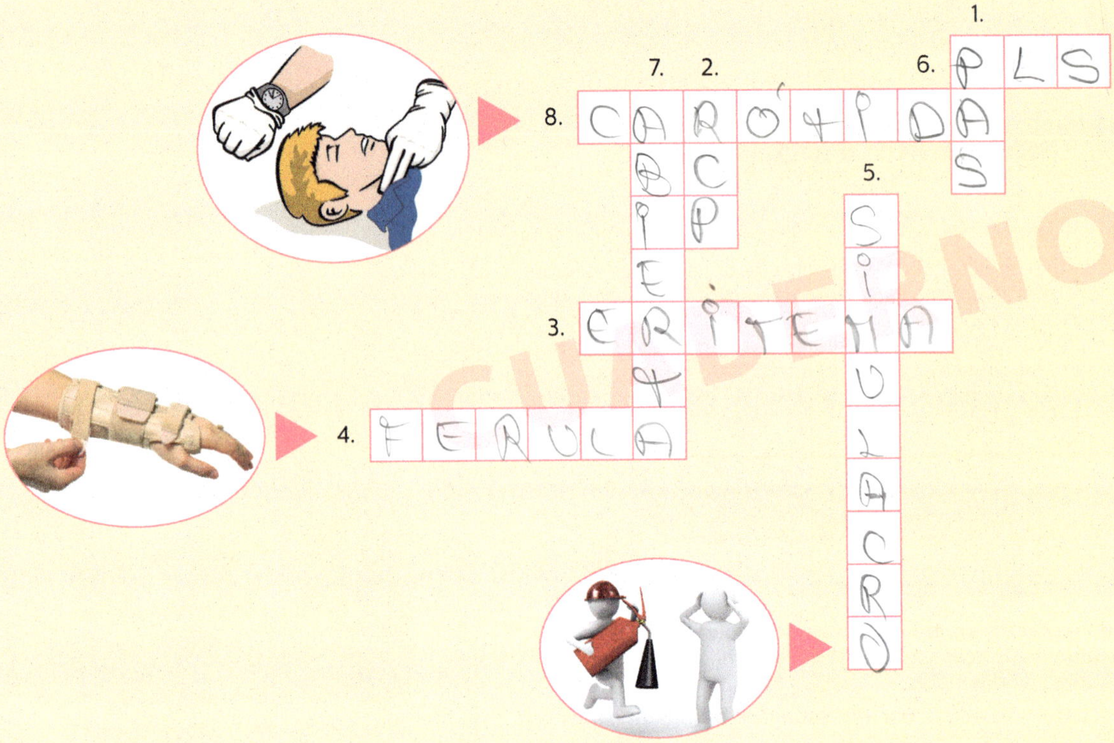

DEFINICIONES:

1. Principios para actuar ante una emergencia.
2. Sigla de la técnica de reanimación que se aplica a una persona inconsciente que no respira y no tiene pulso.
3. Resultado de las quemaduras de primer grado.
4. Se utiliza para inmovilizar un miembro fracturado.
5. Tiene relación con la evacuación y se realiza una vez al año.
6. Sigla de la posición recomendada si la persona herida tiene la espalda quemada.
7. Tipo de fractura.
8. Arteria en la que se presiona para detener la hemorragia del cuello.

2 Mónica lleva trabajando dos años como dependienta en Almacenes Prinso. Durante los fines de semana es voluntaria de la Cruz Roja porque tiene el título de Técnico de Cuidados Auxiliares de Enfermería, que es una profesión que le encanta.

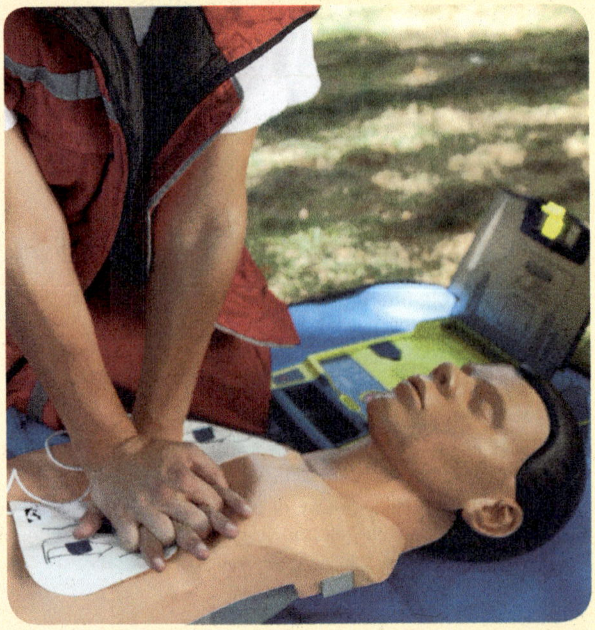

La semana pasada asistió a un curso que su empresa organizaba sobre los riesgos que hay en su puesto de trabajo y las medidas de prevención que se deben adoptar. También les explicaron cómo actuar en caso de emergencia y ante la necesidad de evacuación de la empresa.

Mónica está encantada porque todo lo que ha aprendido en el curso le ha parecido muy interesante y, además, ha visto una oportunidad de colaborar en Almacenes Prinso como socorrista laboral.

¿Cumpliría Mónica los requisitos necesarios para ser socorrista laboral? Justifica la respuesta.

3 ¿Qué es la valoración secundaria? ¿Cuándo se debe realizar?

4 Explica cuándo se tiene que aplicar el método boca a boca, e indica si hay alguna circunstancia en la que no es recomendable su utilización. ¿Qué técnicas se pueden emplear para sustituir el boca a boca?

5 Elabora un esquema que refleje cómo se tiene que actuar ante un herido inconsciente y que respira. Recuerda que debes valorar su estado y decidir qué hacer.

6 Explica qué es la posición lateral de seguridad y cuándo se debe utilizar.

Después de contestar a la pregunta, pon en práctica esta técnica. Para ello, extenderéis una manta en el suelo y, por parejas, un alumno se tumbará boca arriba simulando estar herido y el otro le colocará en posición lateral de seguridad, siguiendo los pasos que se han explicado en la unidad.

7 Después de estudiar qué es el método de reanimación cardiorrespiratoria, señala en qué situaciones se aplica dicha técnica. Cita algunos ejemplos.

8 Durante un partido de baloncesto, Hugo se cae al suelo y se fractura el codo. Es una fractura cerrada y se lo intentan extender, a pesar de su dolor, para colocarle una férula. ¿Qué diferencia hay entre una fractura abierta y otra cerrada? ¿Crees que han actuado correctamente?

9 En la columna de la izquierda figuran varios tipos de fractura y en la columna de la derecha tipos de inmovilización que se deben realizar. Relaciona ambas columnas en tu cuaderno de trabajo.

Fractura de hombro	Inmovilizar con un cabestrillo el hombro y el codo.
Fractura de codo	Poner en PLS y procurar la evacuación inmediata.
Fractura de vértebras	Poner el brazo en cabestrillo contra el tórax.
Fractura de brazo	Nunca mover, incorporar ni sentar.
Fractura de fémur	Utilizar una férula para bloquearlo.
Fractura de cráneo	Utilizar una férula con el brazo extendido.

10 A continuación se presenta un texto al que le falta parte de la información, que se encuentra en el recuadro. Copia el texto en tu cuaderno y complétalo con la información que falta.

cabeza-cuello-tronco · Método PAS · señalizar · Avisar · 112 · servicios de emergencia · imprescindible · tranquilizar

Los **principios básicos** de las técnicas de primeros auxilios se conoce como ●.

Proteger

Velar por la seguridad de las personas: ● el lugar del accidente, eliminar posibles amenazas y desplazar al herido, solo si fuera necesario, manteniendo recto el eje ●.

Contactar y llamar al ● para que acudan los servicios sanitarios, bomberos y policía (●), proporcionando detalles precisos sobre el siniestro (número y estado de los heridos, peligros presentes y lugar exacto).

Socorrer

Atender, abrigar, acompañar y ● al herido hasta que llegue el personal médico. Hacer solo lo ●.

Plan de emergencia y evacuación

Objetivos

- Identificar en qué consiste una evacuación.
- Conocer las responsabilidades que el personal de la empresa tiene en la evacuación.
- Tomar conciencia de lo importante que es realizar simulacros en la empresa.

Desarrollo

Carlos forma parte del Equipo de Primera Intervención de Comunicaciones Sonder SA. Acaba de recibir un curso en el que le han enseñado cómo tiene que actuar en caso de emergencia en la empresa.

El edificio tiene cinco plantas y para cada una de ellas hay un Equipo de Alarma y Evacuación (EAE). En el de la cuarta planta está Amaya, amiga de Carlos.

En septiembre, de cara al invierno, en Comunicaciones Sonder se llenaron los depósitos de gasóleo para la calefacción.

Debido a una acumulación de gases, se produjo una explosión que provocó un fuego. El operario que llenaba el depósito dio la voz de alarma al encargado de mantenimiento de la empresa.

El director de la empresa llamó a Carlos y a sus compañeros para que actuasen, pero cuando llegaron el fuego ya estaba muy extendido y existía peligro de que se produjera una nueva explosión.

Se dio la alarma para que se evacuase el edificio por completo.

Todos se pusieron en marcha e hicieron su trabajo.

ACTIVIDADES

1 > Señala qué personas y equipos participan en una emergencia y en una evacuación.

2 > ¿Quién inicia y quién finaliza la evacuación?

3 > ¿Qué ocurre cuando Carlos y los demás miembros del Equipo de Primera Intervención se dan cuenta de que no pueden controlar la emergencia?

4 > ¿Qué responsabilidades tiene Amaya como miembro de un Equipo de Alarma y Evacuación?

5 > Indica qué se debe hacer cuando se llega al lugar de encuentro.

Técnicas de primeros auxilios

Objetivos

- Conocer cómo actuar cuando hay un accidente en la empresa.
- Ser capaz de facilitar los primeros auxilios a una persona herida.
- No causar daños al aplicar los cuidados a alguien que ha sufrido un accidente.

Desarrollo

En el taller de decoración de muebles La Antigua trabaja Patricia, que es restauradora de muebles.

Una tarde, Patricia va al almacén a buscar barniz. Como el material está en lo alto de unas estanterías suele utilizar una escalera, pero como no la encuentra y tiene prisa decide coger un palo de escoba para tirar de él hacia fuera y así cogerlo.

Sin embargo, el bote de barniz se cae, ella no lo puede coger y le golpea la nariz y la frente. Al llevarse las manos a la cara, nota cómo sangra y empieza a gritar pidiendo ayuda.

Javier es el primero en reaccionar. Nervioso, se dirige a toda prisa al almacén. Al intentar abrir la puerta de cristal, lo hace en dirección contraria a la de apertura, y tan fuerte que se rompe en pedazos. Uno de ellos le alcanza el brazo y le produce un gran corte.

Sus compañeros se quedan atónitos: el espectáculo es terrible. Patricia tiene la cara ensangrentada y Javier está tendido en el suelo, rodeado de cristales y sangrando por el brazo. Tardan unos segundos en reaccionar, pero acuden a prestarles ayuda.

Mientras alguien va a pedir ayuda por teléfono, el resto de compañeros sientan a Patricia en una silla y, con un trapo mojado, le limpian la cara. Para detener la hemorragia le presionan la nariz con los dedos contra el tabique nasal y le piden que eche la cabeza hacia atrás.

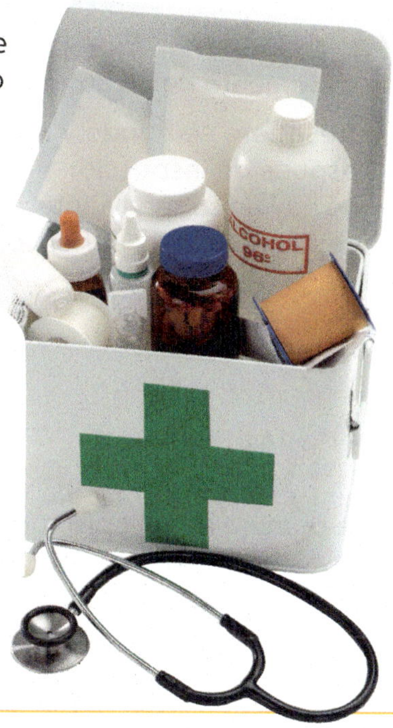

A Javier le intentan detener la sangre que mana de la herida del brazo presionándola con un trapo manchado de pintura. Como no para de sangrar, le hacen un torniquete con un trozo de tela de una camisa. Esto parece solucionar el problema, pero Javier se queja de fuertes dolores y hormigueo en la mano del brazo afectado. Cuando el médico atiende a Javier le pregunta a Alberto cuánto tiempo hace que le han hecho el torniquete, pero Alberto no sabe qué responder.

ACTIVIDADES

1. ¿Qué actuaciones incorrectas se aprecian en el caso práctico?
2. En pequeños grupos, explicad cómo se debería haber actuado para controlar las hemorragias de Patricia y Javier. Apoyad vuestras conclusiones en las posibles consecuencias negativas para su salud.

The Guardian

Sinopsis

El legendario nadador de rescate Ben Randall es el único superviviente de un accidente mortal que tiene lugar durante una tormenta de enormes proporciones. Tras el accidente, y contra su voluntad, le envían a enseñar a la Escuela A el programa de entrenamiento de élite que convierte a aspirantes novatos y arrogantes en los mejores nadadores de rescate. Ben se esfuerza para superar el dolor y la frustración y se entrega en cuerpo y alma a la enseñanza como solo él sabe hacerlo: revolucionando el programa con métodos de entrenamiento nada convencionales. Pero es perfectamente consciente de lo que hay en juego: sabe que el día de mañana sus alumnos deberán tomar decisiones muy difíciles al verse obligados a elegir entre quién muere y quién sobrevive. Cuando conoce al arrogante campeón de natación Jake Fischer, Ben se da cuenta de que está ante alguien que podría ser uno de los mejores. Pero tendrá que enseñarle a combinar su talento con la compasión y la dedicación que son necesarias en esa profesión, y también a evitar los errores que Ben cometió en el pasado.

Claves de trabajo

Escena inicial: rescate de una pareja en el mar.

Vemos el rescate de una pareja en el mar. En el momento de subir a la mujer (que se encuentra más grave) a la rejilla de salvamento, al marido le entra el pánico. Finalmente los dos son salvados.

Escena de salvamento de un buque pesquero.

Un buque pesquero se hunde y la brigada de rescate acude a salvarlo. Después de inspeccionar el lugar del accidente, comprueban que hay un superviviente. Sin embargo, mientras están realizando esta maniobra, el helicóptero de salvamento sufre un accidente.

FICHA TÉCNICA

- **Dirección:** Andrew Davis.
- **Guion:** Ron L. Brinkerhoff.
- **Duración:** 136 minutos.
- **Nacionalidad:** EE. UU.
- **Año de producción:** 2006.
- **Reparto:** Kevin Costner, Ashton Kutcher, Melissa Sagemiller, Bonnie Bramlett, Clancy Brown.
- **Fotografía:** Stephen St. John.
- **Música:** Trevor Rabin.
- **Género:** acción.

ACTIVIDADES

1 > En la primera escena propuesta se pueden identificar las fases que se deben seguir en la atención a los heridos. Explícalas, relacionándolas con lo que has visto en la película.

2 > ¿Qué tipo de maniobra aplica Ben Randall a la herida en la primera escena? ¿Cuándo se aplica y por qué?

3 > ¿Existe algún principio del PAS que no se cumple en alguno de los dos salvamentos?

4 > Explica cuál es la gravedad de la herida del rescatador accidentado en la segunda escena.

ORGANIZA LAS IDEAS

Primeros auxilios

- **Primeros auxilios**
  - Método PAS
  - Pasos de actuación
- **Técnicas de auxilio**
  - Posición lateral de seguridad
  - Reanimación respiratoria
  - Reanimación cardiopulmonar
- **Actuación según la lesión**
  - Heridas
  - Hemorragias
  - Quemaduras
  - Fracturas
- **Plan de emergencia y evacuación**
  - Plan de emergencias
  - Plan de evacuación

TEST DE EVALUACIÓN

Resuelve en tu cuaderno o bloc de notas

1 > Algunos de los principios básicos al aplicar los primeros auxilios son:

a) Proteger.

b) Avisar.

c) Socorrer.

d) Todas son principios básicos.

2 > ¿Cómo se debe actuar ante una víctima inconsciente, que respira y tiene pulso?

a) Aplicando la reanimación respiratoria.

b) Colocándola en posición lateral de seguridad.

c) Iniciando la reanimación cardiopulmonar.

d) No se debe hacer nada.

3 > ¿Qué maniobra se aplica a alguien sin lesiones cervicales en la apertura de vías aéreas?

a) RCP.

b) Tracción mandibular.

c) Frente-mentón.

d) PLS.

4 > ¿Cuál es la frecuencia de las compresiones torácicas en la reanimación cardiopulmonar básica?

a) 100 por minuto (2 compresiones por segundo).

b) 50 por minuto (2 compresiones por segundo).

c) 50 por minuto (1 compresión por segundo).

d) 100 por minuto (1 compresión por segundo).

5 > ¿Cómo se desinfecta una herida leve?

a) Con agua oxigenada y poniendo una gasa que la cubra.

b) Cubriendo siempre la herida.

c) Poniendo alcohol.

d) Utilizando agua y jabón y aplicando un antiséptico no colorante.

6 > Indica el orden de actuación ante una hemorragia externa:

a) Torniquete, compresión directa y compresión arterial.

b) Compresión directa, compresión arterial y torniquete.

c) Compresión arterial, compresión directa y torniquete.

d) El orden no es importante, se hace según el criterio del socorrista.

7 > Las quemaduras que causan ampollas son:

a) De tercer grado.

b) De cuarto grado.

c) De primer grado.

d) De segundo grado.

8 > ¿Qué se debe hacer ante una fractura de cráneo?

a) Colocar a la víctima en posición lateral de seguridad.

b) Abrigar al herido y tenerlo vigilado.

c) Evacuar a la persona afectada a un centro sanitario.

d) Todas las actuaciones son recomendables.

6) El proyecto de empresa

Vamos a aprender

1. La idea emprendedora
2. Trabaja y formula tu idea
3. El entorno de la empresa
4. Funciones y estructura organizativa de la empresa
5. El plan de empresa

¿Cómo se gesta una idea emprendedora?

Amazon.com fue una de las empresas pioneras en el comercio electrónico. Su fundador, Jeffrey Bezos, supo ver con antelación en qué se convertiría internet en unos años. Estaba convencido de la masificación de la red y su extensión a todos los mercados.

Jeff estudió Ingeniería Eléctrica e Informática en la Universidad de Princeton, donde se graduó en 1986. Trabajó para una compañía de fibra óptica y luego en Wall Street.

En 1995 decidió probar por su cuenta y, con una inversión inicial de 300 000 dólares, fundó una librería *online* llamada Cadabra.com. Ofrecía un catálogo de libros de distintas editoriales a través del cual el público podía buscar los ejemplares disponibles dentro del *stock;* una vez que alguien había localizado el libro deseado, podía solicitarlo directamente a través de internet.

Aquel proyecto tuvo su primera oficina en el garaje de una casa alquilada por Jeff y su esposa Mackenzie en Seattle. Allí instalaron los tres servidores con los que comenzaron a trabajar.

Más tarde vendría el cambio de nombre. En esa época se difundían los listados de las páginas web, ordenados alfabéticamente; motivo por el cual Amazon comenzó a aparecer en los primeros lugares de los buscadores. En pocos meses, la web logró más de 2 000 visitantes diarios, y al año siguiente consiguió multiplicar por 25 dicha cifra. Como consecuencia, Jeff Bezos amplió su negocio a la venta de CD, DVD, juguetes, electrónica, zapatos, ropa, comida, etc.

¿QUÉ SABEMOS DE?

1 > ¿Cuál fue la idea emprendedora del creador de Amazon?

2 > ¿Cuál fue la clave del éxito?

3 > ¿En qué se diferencia de lo que ofrecía el mercado de la época?

4 > ¿Sabes qué significa tener visión de futuro? ¿Tuvo Jeffrey Bezos visión de futuro?

1 La idea emprendedora

La clave del éxito de los buenos empresarios y empresarias está en generar, formular y poner en marcha una idea creativa. Esto se conoce con el nombre de **idea emprendedora.** Esta idea no tiene por qué ser un extraordinario hallazgo científico sino que, en la mayoría de los casos, basta con observar las costumbres de nuestra sociedad, detectar las necesidades no cubiertas y ofrecer una respuesta innovadora y satisfactoria.

A la hora de abrir un negocio se debe reflexionar sobre el bien o servicio que se va a ofrecer. No puede ser uno más del mercado sino que, al contrario, debe diferenciarse de los demás para que el consumidor lo prefiera frente al producto de la competencia.

La pregunta que surge ahora es: ¿cómo podemos fomentar nuestra creatividad empresarial? El pensamiento creativo se puede aprender, no es espontáneo, por eso hay que trabajarlo con asiduidad.

1.1. ¿Cómo podemos encontrar una idea novedosa?

En el ámbito empresarial se puede innovar de muy diversas maneras:

- **Observando y analizando los cambios que ha experimentado nuestra sociedad** en los últimos años. De este modo, se pueden descubrir necesidades que han surgido a raíz de esos avances y que aún no han sido cubiertas por el mercado.

Cambios en la sociedad	Respuestas del mercado
Preocupación por la estética	Proliferación de tiendas de ropa, cosméticos, centros de estética, gimnasios, clínicas de cirugía plástica, herbolarios, productos dietéticos, etc.
Aumento del tiempo de ocio	Deportes, gimnasios, mayor variedad de viajes: organizados, para mayores, para *singles*, turismo justo, turismo rural, turismo *slow*, etc.
Utilización de nuevas tecnologías	Internet, medios audiovisuales, teléfonos móviles, venta *online*.
Incorporación de la mujer al mercado laboral	Guarderías, centros de ocio infantil, servicio doméstico, empresas de comida preparada, etc.
Aumento de la esperanza de vida	Proliferación de residencias y centros de día, servicios a domicilio, servicios culturales y de ocio.
Mayor soledad	Búsqueda de pareja por internet, asociaciones de ocio y tiempo libre, etc.
Interés por la tenencia de mascotas	Residencias de mascotas, restaurantes y hoteles que permitan animales, productos de alimentación, juegos, veterinarios especializados en animales exóticos, etc.
Preocupación por la seguridad	Empresas de seguridad, alarmas, seguros, seguridad informática, etc.
Preocupación por las discapacidades	Centros de día, servicios para la mejora de la calidad de vida, servicios a domicilio, servicios culturales y de ocio, etc.
Interés por el cuidado del medio ambiente	Servicios relacionados con el medio ambiente, campañas para la gestión de la energía, los residuos y el agua, protección de zonas naturales, incorporación de elementos que protejan el medio ambiente frente a determinados productos (detergentes ecológicos).
Consideración del tiempo como un valor en sí mismo	Envío de la compra a domicilio, talleres de reparación de automóviles que recogen el coche y lo dejan en el garaje del cliente, nuevos horarios comerciales, etc.

- **Cambiando los canales de distribución.**

EJEMPLO

La venta por internet ha llegado a todos los sectores, desde la banca hasta las naranjas ecológicas.

- **Mejorando las características y prestaciones del producto.**

EJEMPLO

Las televisiones mejoran y renuevan su tecnología continuamente.

- **Innovando sobre el proceso de producción.**

EJEMPLO

Henry Ford descubrió la cadena de montaje, una forma más eficiente y barata de fabricar automóviles.

- **Creando nuevas necesidades.**

EJEMPLO

Primero fue la incorporación de la cámara de fotos en el teléfono móvil, después llegó el móvil con cámara trasera y delantera ¡para hacerse un buen *selfie!*

- **Estudiando cómo ofrecer un bien o servicio ya conocido de manera diferente** para que pueda satisfacer mejor a la clientela. El elemento diferenciador de nuestra empresa no tiene por qué ser el bien o el servicio en sí.

EJEMPLO

El ordenador portátil con pantalla táctil y sin necesidad de teclado adicional.

- **Ampliando el público objetivo,** es decir, a quién va destinado el producto.

EJEMPLO

En un principio, el *dónut* era un producto para el público infantil (y hacia él se dirigían los anuncios en la década de 1970), pero estos niños crecieron y la empresa decidió ampliar su cuota de mercado a los adultos, introduciendo el *dónut* en las cafeterías.

1.2. La innovación de proceso y de producto

Una idea novedosa nos puede conducir a una innovación de proceso o de producto:

Innovación de producto

Se produce cuando aparece un nuevo bien o servicio en el mercado o cuando se han mejorado de forma significativa sus propiedades, la forma de utilizarse, las características técnicas, los componentes o sus materiales.

Innovación de proceso

Consiste en utilizar nuevos o mejorados procesos de fabricación, logística o distribución de los productos. Lo que experimenta una mejora significativa no es el producto en sí, sino la manera de obtenerlo.

ACTIVIDADES

1 > Indica, en cada caso, si se trata de una innovación de producto o de proceso:

a) La introducción del sistema de aparcamiento asistido en los automóviles.

b) La venta a través de internet.

c) La introducción del coche eléctrico.

2 Trabaja y formula tu idea

Antes de convertir una idea innovadora en un proyecto de empresa es preciso delimitarla y evaluarla para confirmar su idoneidad.

Este proceso se puede realizar contestando las siguientes preguntas:

- ¿Qué necesidades satisface el producto?
- ¿Qué valor añadido aporta? Es decir, ¿cómo mejora los productos que ya existen en el mercado?
- ¿Qué recursos se necesitan para llevarlo a cabo?
- ¿A quién va dirigido el producto? ¿Es un número representativo?
- ¿A qué sector económico va a pertenecer la empresa? ¿Está en fase de desarrollo o de estancamiento?
- ¿Existen dificultades legales para poner en marcha la idea?
- ¿La idea es realizable en el lugar y momento actuales? En ocasiones se han importado ideas de negocio de otros países sin éxito porque no se tuvieron en cuenta las diferencias de mercado.

Sectores económicos

Primario

Obtiene el producto directamente de la naturaleza.

Secundario

Transforma las materias primas en productos elaborados para que puedan ser usados por los consumidores.

Terciario

Presta servicios a los consumidores.

Cuarto sector

Está relacionado con la información, su gestión y distribución. En este sector se engloban las actividades especializadas de I+D+i e información.

2.1. El mapa de empatía

A la hora de trabajar tu idea es importante conocer lo mejor posible a tu clientela potencial: aquella a la que se dirige tu producto, para identificar qué le hace decidirse por este en lugar de elegir el de la competencia. Para ello, utilizaremos el mapa de empatía.

¿Qué es el mapa de empatía?

Recuerda que «empatía» significa ponerse en el lugar del otro. El mapa de empatía es una herramienta que nos ayuda a ponernos en el lugar de nuestra clientela para ofrecerle un producto que se ajuste perfectamente a sus necesidades y por el que esté dispuesta a pagar un precio.

El mapa de empatía nos ayudará a entender al cliente ubicado en su entorno, rodeado de todo cuanto le puede afectar, ya que no es un elemento que se deba estudiar de forma aislada.

Se trata de ponernos en el lugar de nuestra clientela para poder identificar:

- **Qué ve:** cuál es su entorno y cómo es este, qué amistades posee, qué propuestas le ofrece ya el mercado.
- **Qué dice y hace:** qué aspecto tiene, cómo se comporta.
- **Qué oye:** qué dicen (o le transmiten) sus amistades, su familia, su personal, sus jefes, las personas influyentes de su entorno; a través de qué canales multimedia le llega la información.
- **Qué piensa y siente:** qué es lo que realmente le importa, sus principales preocupaciones, sueños y aspiraciones.

A partir de estas cuatro variables se obtienen otras dos:

- **Qué esfuerzos realiza:** a qué tiene miedo, qué obstáculos encuentra, qué riesgos debe asumir.
- **Qué beneficios espera obtener:** cuáles son sus deseos reales; cómo mide el éxito.

2.1.1. Trabajando el mapa de empatía

Se recomienda aplicar el **mapa de empatía** en grupo. Podemos utilizar una hoja de papel o una pizarra y dividirla en seis compartimentos que se correspondan con las variables mencionadas anteriormente.

En el centro situamos al cliente que vamos a definir: le ponemos cara e identificamos su nombre y sus principales características (sexo, edad, profesión, datos económicos...).

Utilizaremos notas autoadhesivas para incluir en cada compartimento o «caja» las respuestas a las preguntas planteadas.

2.2. Formula tu idea

Una vez que hayas descubierto tu idea emprendedora tienes que desarrollarla y explicarla de la forma más atractiva posible.

¡No dejes escapar ningún detalle del bien o servicio que ofreces!

Oradores convincentes

¿Sabías que Julio César, cuando narra la Guerra de las Galias, comienza ensalzando los méritos de sus adversarios galos? De este modo realza más aún su éxito, al triunfar sobre ellos en la batalla.

¿Conoces la historia del cuento de *Las mil y una noches*? Sherezade salvó su vida narrando historias, que cada noche dejaba sin terminar, para que el sultán le permitiera vivir hasta el día siguiente, y así hasta mil y una noches, cuando el sultán le perdonó la vida y comprendió que se había enamorado de ella.

ACTIVIDADES

L A S C **2 >** Imagina que has decidido montar un restaurante. La comida es muy importante, pero no es lo único que debes tener en cuenta. La gente acude a un restaurante para comer, pero también para relajarse, hablar con amigos o celebrar reuniones de trabajo. Puedes trabajar en equipo:

- Utiliza el mapa de empatía para trabajar esta idea. Piensa dónde vas a localizar el restaurante, eso te ayudará a identificar el tipo de clientela que puede acudir.
- Tras finalizar el mapa de empatía, realiza una exposición oral de tu idea al resto de la clase. Podéis grabarla en vídeo y visualizarla después para analizar qué aspectos mejoraríais.

3 El entorno de la empresa

El **entorno de la empresa** está formado por el conjunto de hechos y factores externos a la empresa que influyen sobre ella y con los que interacciona.

En la actualidad, el entorno empresarial cambia y evoluciona con rapidez.

Para identificar a tiempo sus repercusiones en la empresa es necesario analizarlo de manera continua. Esto nos permite:

- Detectar a tiempo las oportunidades y amenazas que el entorno presenta para su supervivencia, de tal modo que se puedan aprovechar las primeras y afrontar correctamente las segundas.
- Identificar los cambios internos que hay que poner en marcha para mejorar su relación con el entorno y adaptarse a él.

Debemos diferenciar entre los factores del **macroentorno** y los factores del **microentorno.**

El macroentorno

Está constituido por variables generales que afectan a la demanda de los productos y a las empresas:

Factores tecnológicos
- Informática
- Comunicaciones
- Otros

Factores jurídicos

Condicionan la actividad empresarial a través de la normativa:
- Laboral
- Medioambiental
- Fiscal
- Otros

Factores demográficos
- Ancianos o jóvenes
- Niños

Empresa

Factores socioculturales
- Modas
- Deseos de vida más saludable
- Estética personal
- Movimientos ecologistas

Factores económicos
- Distribución de la renta
- Tipos de interés
- Renta per cápita

Factores políticos
- Grado de intervencionismo estatal
- Reticencia a ceder soberanía a la UE

El microentorno

Lo integran una serie de agentes económicos que influyen de manera directa en el funcionamiento de la empresa y sobre los que esta puede intervenir:

Competencia

Empresas que ya existen en el mercado y aquellas otras que podrían llegar a entrar en él.

Clientela

Quienes compran y consumen los bienes y servicios que produce la empresa.

Empresas proveedoras

Quienes proporcionan a la empresa los recursos que necesita para producir.

Intermediarios

Quienes deben hacer llegar al consumidor final los bienes y servicios que producen las empresas.

3.1. La localización de la empresa

Dada la importancia que tiene el entorno para el adecuado desarrollo de la actividad empresarial, una de las decisiones fundamentales a las que se enfrenta el emprendedor es **dónde ubicar su negocio.**

Esta es una decisión estratégica a largo plazo, ya que es difícil cambiar la localización por su elevado coste, y puede suponer el éxito o el fracaso de la empresa.

Las **principales variables** que debe plantearse el emprendedor al elegir la localización son:

- Buena accesibilidad y cercanía a la clientela y a las empresas proveedoras. Comprobar si existen los servicios necesarios para el adecuado funcionamiento de la empresa: mantenimiento, limpieza, gestión de residuos, etc.
- Disponibilidad de mano de obra cualificada.
- Coste de la compra o el alquiler de los locales en la zona.
- Posibles ayudas o subvenciones de las Administraciones públicas por instalar una empresa en ese lugar.
- Normativa legal.

En ciertos casos, la legislación en materia industrial, medioambiental y urbanística impide la realización de determinadas actividades fuera de zonas concretas y obliga a situarse en polígonos industriales.

Al elegir la localización de la empresa hay que tener en cuenta todos estos factores y realizar un estudio completo del entorno. Existen diferentes métodos para facilitar dicho análisis, entre los que destacamos la matriz DAFO.

3.2. Análisis del entorno: la matriz DAFO

La matriz DAFO constituye un primer paso para el análisis del entorno. Se concreta en la elaboración de una tabla con un listado de los **factores internos** (debilidades y fortalezas) y **factores externos** (amenazas y oportunidades) que pueden afectar a la empresa.

A continuación exponemos la definición de estos elementos:

Matriz DAFO

Análisis interno	**Fortalezas** Son los puntos fuertes internos, gracias a los cuales la empresa tiene más fuerza que la competencia. Ejemplos: productos de calidad, atención exclusiva y de calidad al cliente, tecnología propia, conocimiento del sector, producción a menor coste, etc.	**Debilidades** Son los elementos internos de la empresa que la sitúan en posición de desventaja y pueden hacer que no se consigan los objetivos. Ejemplos: capacidad de reacción lenta ante pedidos masivos de trabajo, poca rentabilidad en los trabajos que implican desplazamientos geográficos largos, poca experiencia profesional, etc.
Análisis externo	**Oportunidades** Son elementos positivos para la empresa que provienen del exterior, del entorno. Ejemplos: entrada en nuevos mercados, escasez de competencia en la zona, coyuntura económica favorable, desarrollo de cambios tecnológicos en el mercado, cambios en la normativa legal y política, modificación de los patrones sociales y del estilo de vida, nuevas formas de consumo (compra a través de internet), etc.	**Amenazas** Son dificultades que provienen del exterior y pueden reducir las posibilidades de la empresa o la pueden expulsar del mercado. Ejemplos: productos de la competencia más baratos, escasez de financiación, un contrato corto de alquiler de un local, continuo aumento del precio de las materias primas o del combustible, aparición de nueva competencia con costes más bajos, cambio en las necesidades y gustos de los consumidores, etc.

4 Funciones y estructura organizativa de la empresa

4.1. Funciones

La empresa realiza una serie de funciones de gran importancia para nuestro sistema económico y social, entre las que destacan:

- **Identificar las necesidades de la sociedad** para ofrecer los bienes y servicios que precisa.
- **Crear empleo y aumentar la capacidad de consumo** y el nivel de vida de sus trabajadores a partir de la contratación y remuneración de su personal.
- **Innovar.** El medio empresarial es muy competitivo, las demandas de los consumidores cambian continuamente y no deja de aparecer nueva competencia. Para sobrevivir, la empresa debe innovar de continuo. Puede hacerlo en ámbitos diferentes mediante la creación o mejora de bienes o servicios, o bien con el descubrimiento de nuevas tecnologías o formas de organización, nuevos mercados o incluso nuevas formas de prestar los mismos servicios. De este modo, el empresario desempeña un papel clave como motor de desarrollo tecnológico e innovador, y se convierte así en **agente activo del progreso.**
- **El rol social.** La empresa también desempeña una serie de funciones de utilidad para la sociedad:
  - **Contribuye al progreso tecnológico.** Con la llegada de nueva competencia, las empresas se ven obligadas a mejorar cada vez más el producto que ofrecen. Por eso se dice que favorecen el bienestar social e identifican y cubren las necesidades de la sociedad, ofreciendo un producto que van mejorando con el tiempo.
  - **Contrata personal y crea empleo.**
  - **Crea y redistribuye riqueza.** Al remunerar a sus trabajadoras y trabajadores contratados aumenta su poder adquisitivo y permite que puedan consumir más y mejores productos. Así se consigue un aumento de la riqueza colectiva y se contribuye al desarrollo del entorno en el que se ubica.

La empresa ya no tiene como única referencia la rentabilidad económica y la obtención de beneficio, sino que cada vez se da más importancia a su **comportamiento ético y social:** servir a los consumidores, tratar a los proveedores justamente, mantener y generar empleo, pagar salarios justos, formar y promocionar a sus plantillas, etc.

Para una empresa socialmente responsable, el objetivo será **alcanzar la rentabilidad económica de una forma sostenible** y en armonía con el medio natural y social.

Una empresa con una **línea de actuación sostenible** consigue:

- Un proceso productivo menos agresivo con el medio ambiente, limpio y ecológico.
- Unas condiciones laborales dignas para su personal.
- Contribuir al desarrollo y al beneficio social del entorno en el que lleva a cabo su actividad.

* VOCABULARIO

cultura empresarial: es el conjunto de creencias, principios, valores y normas asumidos y compartidos por toda la organización.

Se compone de:

- **La misión:** es la razón de existir de una empresa; representa su filosofía e identidad.
- **La visión:** es una imagen del futuro deseado que se pretende conseguir.
- **Los valores:** son los principios considerados válidos en esa empresa.

La ética empresarial

Las empresas deben velar por una adecuada protección del medio ambiente.

Muchas veces están inmersas en procesos de producción que pueden ocasionar numerosos perjuicios (residuos, emisiones de gases, ruidos...).

Los vertidos de petróleo al mar del Exxon Valdez en la costa de Alaska, y del Prestige, que se hundió frente a las costas gallegas, causaron grandes desastres medioambientales.

4.2. Estructura

Es conveniente dividir la empresa en unidades o departamentos que faciliten su organización.

Por lo general, una empresa se divide en estas **áreas funcionales:**

Normalmente, cada área funcional conforma un departamento, que a su vez puede organizarse y dividirse en función de diversos criterios, según considere la dirección.

EJEMPLO

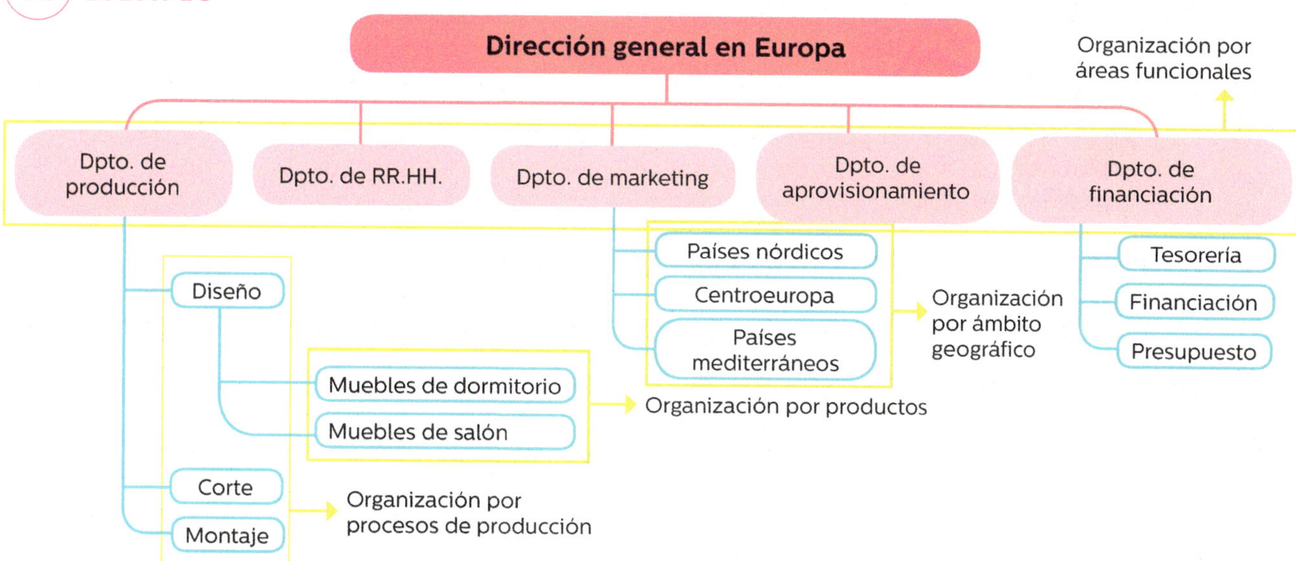

Frente a esta organización formal se desarrolla, de manera espontánea, la **organización informal,** conformada por las relaciones interpersonales y de amistad que surgen en la empresa.

Las relaciones informales pueden llegar a tener gran influencia en el clima de trabajo. Lo ideal es conseguir que los líderes de la organización informal asuman los principios y objetivos de la empresa para lograr que se genere una dinámica positiva. Una forma de favorecer y conocer las relaciones informales de una empresa es la organización de cenas, convenciones o actos deportivos entre el personal.

5 El plan de empresa

Elaborar un proyecto de empresa supone obtener mejores resultados y ayuda a evitar fracasos porque permite discutir, de forma objetiva, todos los temas que puedan suponer una dificultad o que requieran mayor análisis.

5.1. Utilidad del proyecto de empresa

El proyecto de empresa tiene una doble utilidad: interna y externa.

Interna

- Permite reflexionar y estructurar la idea inicial.
- Analiza las posibilidades de éxito, los puntos fuertes y débiles de la empresa.
- Estudia la viabilidad y rentabilidad del proyecto a medio y largo plazo, con coherencia y rigor.
- Define los objetivos, las estrategias y los medios necesarios para llevar a cabo el proyecto.
- Especifica las responsabilidades de cada socia o socio.
- Es un referente para el futuro: cuando la empresa lleve un tiempo funcionando, podremos comparar la realidad con los objetivos propuestos en el proyecto. Por lo tanto, nos servirá como instrumento para medir los rendimientos obtenidos.

Externa

El proyecto es una carta de presentación de la empresa frente a terceras personas y ayuda a encontrar:

- Colaboradores.
- Proveedores.
- Inversores.
- Bancos, cajas de ahorro.
- Avalistas.
- Clientela.

Un plan serio y bien elaborado demuestra que el emprendedor está capacitado para sacar el proyecto adelante y desarrollarlo.

5.2. Aspectos formales del proyecto de empresa

El plan de empresa ha de ser leído y, por tanto, debe redactarse de forma que atraiga y mantenga la atención de la persona que lo lea.

Consejos para la redacción del proyecto

- Sé breve y conciso.
- Cuida al máximo la redacción, la ortografía y el estilo.
- Estructura y ordena el proyecto en epígrafes, incluye una portada atractiva y un índice paginado.
- Deja los márgenes adecuados y numera todas las páginas del documento.
- Utiliza esquemas visuales que resuman lo expuesto y faciliten la comprensión del texto.
- Emplea elementos tipográficos que resalten los contenidos más importantes y realcen los títulos, como la letra en negrita o cursiva, y distintos tipos y tamaños de letra, pero sin abusar de ellos.
- Utiliza papel, impresión y encuadernación de calidad.

5.3. Los apartados del proyecto de empresa

El plan de empresa es un **documento dinámico,** lo que significa que puede ser modificado durante su elaboración.

Las empresas están inmersas en un entorno que cambia con rapidez y se ven afectadas por variables ajenas e incluso desconocidas, en ciertos momentos. Por lo tanto, las previsiones que se realicen tendrán un alcance limitado; conviene revisarlas y actualizar el proyecto de empresa cuando se produzcan cambios significativos.

Los principales apartados que debe incluir un plan de empresa son:

1. **Presentación del proyecto y de sus promotores.**
   - 1.1. Idea de negocio.
   - 1.2. Objetivos de la empresa.
   - 1.3. Análisis del entorno.
   - 1.4. Cultura empresarial y responsabilidad social corporativa.
   - 1.5. Nombre comercial, marca y logotipo de la empresa.
   - 1.6. Presentación de los promotores.
   - 1.7. Localización de la empresa.
2. **Plan de producción.** Consiste en la descripción del proceso de elaboración del bien que se va a vender o, si se trata de un servicio, consistirá en la descripción de las fases por las que se ha de pasar hasta llegar al cliente. En ambos casos, se indicarán los recursos necesarios.
3. **Plan de recursos humanos.** Trata todas las cuestiones relacionadas con el personal que forma parte de la empresa.
4. **Plan de marketing.** La finalidad del marketing es satisfacer las necesidades y los deseos del consumidor, a la vez que se proporciona un beneficio a la empresa.

   El plan de marketing describe las estrategias que va a desarrollar la empresa para conseguir esta finalidad, es decir, para conseguir vender con éxito su producto. Para ello, trabaja con las conocidas «4 p» del marketing, por su denominación original en inglés: *product* (producto), *price* (precio), *promotion* (promoción) y *place* (distribución).
5. **Plan económico financiero.** Antes de iniciar su negocio, la emprendedora o el emprendedor debe estimar:
   - Cuánto dinero necesita para poner en marcha su empresa y analizar si se verá compensado por los futuros ingresos. Para ello, elaborará el **plan de inversiones** y un análisis de los costes en los que va a incurrir.
   - Cómo va a obtener todo el dinero que necesita para poner en marcha su negocio. Esto se establece en el **plan de financiación.**
6. **Plan de acción: trámites de constitución y puesta en marcha.** Por último, el emprendedor debe planificar cómo y cuándo va a realizar los trámites necesarios para crear la empresa y ponerla en funcionamiento. Para ello, trazará un plan de acción en el que incluirá fechas concretas, siempre que sea posible.

ACTIVIDADES

3 > ¿Quién puede llegar a leer un proyecto de empresa? ¿Qué entidades pueden pedir un proyecto de empresa?

4 > ¿Por qué es importante que el plan de empresa esté bien presentado y que atraiga visualmente?

Incubando el proyecto de empresa

Objetivos

- Generar ideas emprendedoras.
- Comprobar la viabilidad de la idea que se ha formulado.
- Modelar y trabajar la idea emprendedora a través del mapa de empatía.
- Aprender a formular y a transmitir ideas y proyectos con entusiasmo y autoconfianza.

Desarrollo

Generad en grupo varias ideas emprendedoras, utilizando técnicas para estimular la creatividad, como el *brainstorming* (o tormenta de ideas), el pensamiento lateral o el listado de atributos.

Seleccionad la mejor idea y redactadla. Tened en cuenta que habrá que responder a las siguientes cuestiones:

- ¿Qué bien o servicio voy a ofrecer al mercado?
- ¿Qué necesidades satisface?
- ¿Qué valor añadido aporta? Es decir, ¿qué novedad incluye? ¿En qué se va a diferenciar de lo que ofrece la competencia?
- ¿A quién se dirige el producto?

Para conocer bien a tu futura clientela, lo mejor es ponerse en su lugar (utilizar la empatía). Esta tarea te resultará mucho más fácil si te imaginas con todo detalle a alguien (qué aspecto tiene, cómo se comporta, cuáles son sus aspiraciones, qué preocupaciones tiene, etc.).

El mapa de empatía te ayuda a crear y conocer a tu cliente tipo, sus aspiraciones, necesidades y frustraciones. Se trata de imaginar y comprender al cliente como persona, en su entorno social, económico y cultural, como alguien que se ve afectado por los que le rodean y por su contexto en general.

Ahora que ya has seleccionado una idea emprendedora para tu proyecto, elabora un mapa de empatía. Te ayudará a perfilar tu idea y a comprobar si tu elección ha sido la correcta.

Recuerda lo que has estudiado a lo largo de la unidad sobre el mapa de empatía para realizar esta actividad y para contestar a todas las preguntas que plantea el mapa.

Formula tu idea y comunícala al resto. ¡Entusiasma a los demás con tu idea!

Objetivos

Saber comunicar la idea y convencer al mercado de la utilidad de nuestro producto.

Desarrollo

Como emprendedora o emprendedor, tendrás que explicar a diversos grupos en qué consiste tu proyecto (bancos, posibles inversores, avalistas, clientela, empresas proveedoras, familia, etc.). Por eso, debes convertir el modelo de negocio en una historia interesante y atractiva, y adaptarla al público que te va a escuchar y al momento de desarrollo de tu proyecto.

Existen técnicas que ayudan a narrar historias de forma visual y atractiva; todas ellas señalan como un aspecto importante empatizar con el cliente.

El *storytelling*

Una de estas técnicas es el *storytelling* o el arte de contar historias. Esta herramienta existe desde tiempos milenarios como una forma de expresión y transmisión del conocimiento y de los valores éticos que han de regir nuestras vidas.

Ha estado presente en los cuentos infantiles, en las narraciones orales de las sociedades ancestrales, en los cantos de los juglares y en las historias heroicas de todos los tiempos (el *Poema de Mío Cid*, la *Epopeya de Gilgamesh*).

El *storytelling* se aplica en el ámbito empresarial para contar una historia relacionada con la compañía, sus fundadores o su producto, que genere una **conexión emocional con la clientela.** El punto clave consiste en conectar con la audiencia, apelar a su lado emocional y dejar a un lado la manera fría de hablar de negocios, para lograr mayor empatía con la clientela potencial.

Ha llegado el momento de presentar tu idea emprendedora al resto de la clase. Tienes que convencerles de que ¡será un éxito!

Busca una historia fácil de recordar y de transmitir. Puedes narrarla a través de imágenes que ayuden a visualizarla: utiliza un vídeo, un *role playing* (una representación teatralizada), una presentación multimedia o cualquier otro medio que te haga llegar al corazón de tu público.

Te proponemos algunas **ideas para narrar tu historia:**

- Cuenta cómo surgió la idea emprendedora, por ejemplo, cómo descubriste que no había una oferta disponible en el mercado y cómo te decidiste a ofrecerla. Se trata de crear una bonita historia que explique de forma atractiva cómo modelaste tu idea.
- ¿Qué te inspira? Trata de comunicar la razón de ser de lo que haces y por qué lo haces; transmite qué te mueve todos los días para ir a trabajar a tu empresa.
- Imagina una historia en la que una persona tiene un problema y lo resuelve con éxito gracias a la compra de ese bien o servicio.
- Quien protagoniza la historia es un trabajador o trabajadora de la empresa que muestra la solución a un problema al utilizar el producto.

Iniciando el proyecto de empresa

Objetivos

- Reflexionar sobre el proyecto de empresa y comenzar su redacción.
- Aprender a presentarse personalmente desde el punto de vista profesional.

Desarrollo

Comienza a redactar el proyecto de empresa a partir de los siguientes apartados:

1. Presentación del proyecto y de sus promotores

1.1. Idea de negocio

Formula tu idea emprendedora. Para ello debes describir el producto de la empresa, explicar la innovación o mejora que aporta y los motivos por los que crees que tendrá aceptación.

1.2. Objetivos de la empresa

En este apartado deberás explicar los objetivos de tu empresa a corto y a largo plazo.

EJEMPLO

Tres amigos, Alejandro, Miguel y Carlota, han decidido abrir una tienda de mascotas, pero van a empezar poco a poco:

- Su objetivo a corto plazo es trabajar como cuidadores de las mascotas de los vecinos del barrio (sacarlos a pasear, tenerlos en casa, etc.).
- A medio plazo, una vez que se hayan dado a conocer en la zona, se plantean abrir una tienda en la que se vendan principalmente productos para mascotas (comida, ropa, collares, juegos, etc.).
- A largo plazo, esperan ampliar el negocio y abrir una residencia canina.

1.3. Análisis del entorno

Identifica los elementos del macroentorno y del microentorno que afectan a tu empresa de forma relevante.

Es conveniente realizar un pequeño informe sobre la situación económica del sector productivo al que pertenece tu empresa. Puedes encontrar información sobre los sectores productivos en internet, en las páginas web del Instituto Nacional de Estadística, de las cámaras de comercio o del Servicio Público de Empleo Estatal (SEPE).

Consulta lo que has estudiado en esta unidad sobre la matriz DAFO y elabora una en la que indiques las fortalezas, debilidades, oportunidades y amenazas de tu futura empresa.

1.4. Cultura y ética

Describe la cultura empresarial, es decir, el espíritu y la filosofía que inspirarán el trabajo en tu empresa. Consulta lo que has visto sobre este tema a lo largo de la unidad. Recuerda que los tres elementos fundamentales que componen la cultura corporativa son: misión, visión y valores. Busca la página web de una entidad del mismo sector profesional de tu empresa e identifica su misión, su visión y sus valores. Puede ser una fuente de inspiración para tu empresa.

EJEMPLO

Body Shop. Según palabras de su fundadora, Anita Roddick: «La misión de un negocio no debería ser solo una cuestión de dinero, sino de responsabilidad. Debería ser una cuestión del bien general y no de la codicia privada». Encontrarás más información en su web: <http://bit.ly/1Uw99e8>.

Coca Cola. En su web para España (<www.cocacola.es>) podrás consultar su misión, su visión y sus valores.

1.5. Nombre y logotipo

Elige el nombre de la empresa y diseña su logotipo.

El logotipo es el símbolo formado por imágenes o letras que sirve para identificar a una empresa o su producto.

1.6. Presentación de los promotores

Uno de los primeros puntos del proyecto de empresa es la presentación de los promotores a modo de currículum vitae.

Es importante cuidar este apartado porque interesa demostrar que los socios y las socias están capacitados para realizar este proyecto; especialmente, se debe transmitir esta idea a los bancos y a los posibles inversores.

Desarrolla los siguientes puntos para cada socia o socio:

- **Nombre y apellidos.**
- **Formación.**
- **Experiencia profesional,** incluidas prácticas, becas y éxitos profesionales.
- **Rasgos de la personalidad que muestren habilidades emprendedoras.** En general, la gente muy joven carece de experiencia laboral, por lo que debe destacar todo aquello que muestre sus habilidades emprendedoras: creatividad, organización, liderazgo, capacidad de trabajo, resistencia a la frustración, madurez, participación en asociaciones estudiantiles, culturales o juveniles; haber sido delegado o subdelegado de curso; publicaciones, premios, viajes culturales, etc.

1.7. Localización

Indica dónde se ubicará la empresa y adjunta un plano real de la zona. En internet puedes encontrar planos reales, por ejemplo, a través de la herramienta Google Maps: <http://bit.ly/1Gl3YHx>.

¿Por qué has escogido este sitio? Explica las ventajas e inconvenientes del lugar elegido: cercanía respecto a las empresas proveedoras, a las materias primas, a la clientela, precio alto o bajo del local, etc.

Describe el local elegido (metros cuadrados, distribución, etc.). En páginas web de alquiler y venta de locales y casas puedes averiguar precios. Por lo general, incluyen una distribución detallada del local e incluso fotos o vídeos. Consulta <www.idealista.com>, <www.tecnocasa.es> u otra web que conozcas.

1.8. La estructura organizativa de la empresa

Describe las áreas funcionales o departamentos que tendrá tu empresa, quién estará al frente de cada uno de ellos y el número de personas que los integrarán (incluidos las socias y los socios, si van a trabajar en ella).

Puedes plasmarlo de forma gráfica a través de un organigrama.

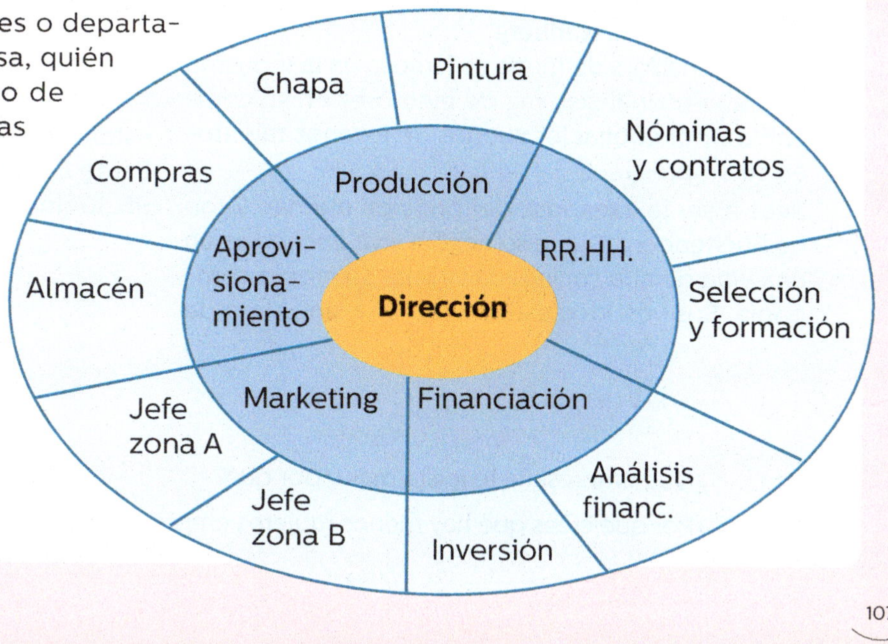

Emprendedoras que hicieron sus fortunas millonarias sin ayuda

Estas mujeres no se conformaron con lo que la cultura laboral de su momento les ofrecía y decidieron abrir sus propios negocios.

Las mujeres se enfrentan a un límite profesional para acceder a puestos de alta dirección conocido como «techo de cristal», pese a que cada día ocupan más mandos medios y las empresas se dan cuenta de los beneficios del pensamiento femenino.

Solo 256 mujeres figuraron en la lista de multimillonarios de Forbes de 2018. Esto se debe a que las mujeres son menos asertivas que los hombres y, en lugar de luchar por una posición específica, aceptan los cargos que se les dan.

La capacidad que las mujeres tienen para entrar en puestos de alta dirección varía según la cultura, pues en China hay muchas ejecutivas de nivel sénior, pero América Latina aún enfrenta una cultura profundamente machista. En esta región y en África hay muchas emprendedoras que sacan a sus familias de la pobreza con negocios propios y se adentran en la economía para cambiar esta tendencia.

Enumeramos algunas de las emprendedoras más exitosas del presente y el pasado que hicieron sus fortunas por cuenta propia y que sirven como excelente fuente de inspiración para aquellas mujeres que buscan lanzarse al mundo corporativo.

1. Oprah Winfrey

La llamada «reina de la televisión» ha logrado formar un imperio de medios que incluye un canal de televisión, una productora (Harpo) y una serie de libros y revistas. La conductora de *talk shows* nació en una comunidad pobre de Misisipi y sufrió abuso sexual cuando era niña. Oprah logró tomar el control de su vida, empezó como comentarista y más tarde llegó a productora.

2. Diane von Furstenberg

Esta diseñadora de moda es famosa en la industria por favorecer el sistema de mentores en su compañía y por cobijar los sueños de jóvenes talentos en su empresa.

Pese a ser la exesposa del príncipe alemán Egon de Furstenberg, Diane se negó a vivir encerrada en una vida de alta sociedad al iniciar su propia compañía. Sus vestidos estilo *wrap* son sinónimo de empoderamiento para las mujeres del mundo, lo que la llevó a convertirse en presidenta del Consejo de Diseñadores de Moda de América, miembro de la junta directiva de Vital Voices y una de las principales impulsoras del emprendimiento femenino.

3. Madame CJ Walker

Esta emprendedora, hija de antiguos esclavos de Luisiana, empezó como recolectora de algodón. Walker quedó huérfana a los seis años y fue madre poco después de los 14. Lanzó una línea de cosméticos y productos para el cuidado del cabello para mujeres afroamericanas en una época en la que la segregación aún era una realidad. Con apenas 1,25 dólares empezó su negocio de venta de puerta en puerta y se convirtió en la primera mujer millonaria hecha a fuerza de trabajo propio.

4. Ashley Qualls

Esta empresaria inicio su camino en los negocios a los 14 años cuando abrió el sitio Whateverlife.com, en el que ayudaba a diseñar páginas de MySpace y enseñaba diseño y programación básica. A través de un préstamo de su madre, Qualls logró comprar el nombre de dominio y tener una de las primeras páginas independientes en obtener millones de visitas mensuales. Hoy en día factura más de 70 000 dólares al mes.

5. Estée Lauder

Su nombre es sinónimo de belleza y cosmetología. Además, es una de las empresarias más famosas de Estados Unidos. Hija de padres inmigrantes, Estée lanzó un pequeño negocio de cremas, desarrolladas por un tío suyo que era químico. A través de ventas en hoteles y clubs de sociedad, Lauder logró obtener un mostrador en Saks Fifth Avenue, donde regalaba muestras.

En 2004 la empresaria alcanzó oficialmente el estatus de multimillonaria cuando las acciones de Estée Lauder Companies superaron el precio de 95,36 dólares en la Bolsa de Nueva York.

Fuente: <www.entrepreneur.com>

* Puedes continuar leyendo el artículo en <https://bit.ly/2a8iqNQ>

ACTIVIDADES

1 > ¿Qué empresaria te gusta más y por qué?

2 > ¿Por qué crees que hay menos mujeres empresarias de éxito que hombres?

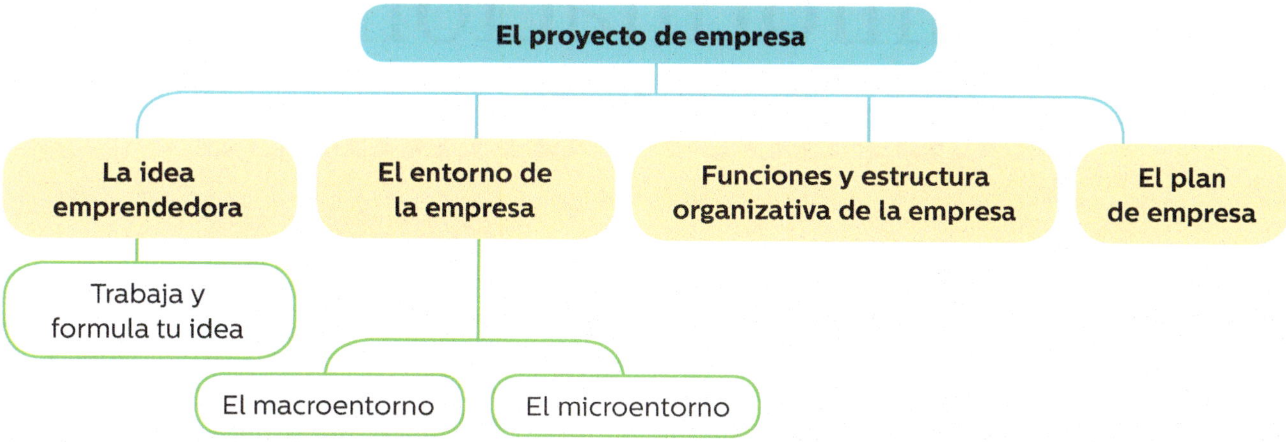

TEST DE EVALUACIÓN

Resuelve en tu cuaderno o bloc de notas

1 > Cuando aparece un nuevo bien o servicio en el mercado o cuando se han mejorado de forma significativa sus propiedades, ha habido:

a) Una innovación de producto.

b) Una innovación de proceso.

c) Una innovación técnica.

d) Una innovación de procedimiento.

2 > ¿Cuál es el sector que transforma las materias primas en productos elaborados?

a) Primario.

c) Terciario.

b) Secundario.

d) Cuarto.

3 > Forman parte del macroentorno:

a) Los factores tecnológicos, los factores jurídicos, los proveedores y las modas sociales.

b) La normativa laboral, los factores demográficos y la competencia.

c) La normativa medioambiental, factores socioculturales y económicos.

d) Todas son correctas.

4 > En una matriz DAFO, ¿cómo se denominan a los elementos internos que sitúan a la empresa en posición de desventaja y que pueden hacer que no se consigan los objetivos?

a) Debilidades.

c) Oportunidades.

b) Amenazas.

d) Fortalezas.

5 > Una empresa sostenible consigue:

a) Un proceso productivo menos agresivo con el medio ambiente.

b) Condiciones laborales dignas.

c) Contribuir al desarrollo del entorno.

d) Todas son correctas.

6 > El plan de recursos humanos trata sobre:

a) Las estrategias dirigidas a satisfacer las necesidades y deseos del consumidor.

b) La descripción del proceso de elaboración del bien que se va a vender.

c) La descripción de las fases por las que debe pasar el servicio hasta llegar al cliente.

d) Todas las cuestiones relacionadas con el personal que forma parte de la empresa.

7 > Señala la respuesta correcta:

a) El departamento de producción se ocupa de buscar y seleccionar las fuentes que aportarán dinero a la empresa.

b) La organización informal está conformada por las relaciones interpersonales y de amistad que surgen en la empresa.

c) El departamento financiero transforma las materias primas en el producto final.

d) Ninguna es correcta.

8 > Señala la respuesta correcta:

a) El objetivo del mapa de empatía es ofrecer un producto que se ajuste perfectamente a las necesidades del cliente y por el que esté dispuesto a pagar un precio.

b) El punto clave del *storytelling* consiste en conectar con la audiencia, apelar a su lado emocional y dejar a un lado la manera fría de hablar de negocios.

c) Elaborar un proyecto de empresa permite reflexionar y estructurar la idea inicial.

d) Todas son correctas.

7) La información de recursos humanos

Vamos a aprender

1. Los recursos humanos en la empresa
2. Tareas del departamento de recursos humanos
3. Sistemas de información de recursos humanos

¡Trabajo en RR.HH.!

José se acaba de incorporar a trabajar al departamento de recursos humanos de una gran empresa. Se ha reunido con la directora de recursos humanos de esta, y le ha comunicado que su primer cometido será gestionar toda la información relativa a los recursos humanos de la empresa, con el fin de que esté disponible para el gerente, en la forma en la que este la requiera. Para ello deberá incorporar un sistema adecuado.

José es conocedor de las funciones de un departamento de recursos humanos: reclutamiento y selección de personal, formación de personal, retribuciones y motivación de los trabajadores. Además, sabe que en los últimos años las empresas utilizan KPI *(Key Performance Indicators)* para conocer el rendimiento de sus recursos humanos.

Los más utilizados son aquellos que miden la retención del talento, la duración en el puesto, el absentismo laboral, el tiempo medio por contratación o la accidentalidad laboral.

¿QUÉ SABEMOS DE?

1 > ¿A qué sistema se está refiriendo la directora de recursos humanos de la empresa?

2 > ¿Qué utilidades le ofrecerá José al gerente de la empresa?

3 > ¿Cuáles crees que son las funciones del departamento de recursos humanos en el que ha comenzado a trabajar José?

4 > Explica un motivo por el que creas que el departamento de recursos humanos tiene una importancia esencial en la empresa.

1 Los recursos humanos en la empresa

En los últimos años la empresa ha evolucionado y ha pasado de tener modelos centrados en la producción a otros cuyo foco está en el capital humano. La evolución histórica da muestra de dicho cambio.

Los siguientes esquemas muestran las teorías que abordan la organización empresarial y el papel de los recursos humanos en la empresa.

Salto del homo economicus al homo sociales

La organización científica del trabajo de Taylor

La máxima preocupación de Taylor en sus «Principios de organización científica» se basa en que «el objeto principal del *management* ha de ser asegurar la máxima prosperidad del patrón junto con la máxima prosperidad para cada uno de los empleados y empleadas». Sin embargo, a efectos prácticos, se centraba más en los problemas técnicos cotidianos que en las inquietudes del personal.

La organización administrativa de Fayol

En su «Administración industrial y general» Fayol aborda problemas no tratados por Taylor. Entendía que tanto la eficiencia como la eficacia de la organización pasaba por distribuirla funcionalmente.

Teoría de las relaciones humanas de Mayo

Elton Mayo es el primero en considerar de manera seria a los trabajadores y trabajadoras, y las relaciones entre estos como factor importante en la empresa.

Demuestra que el personal no responde solo a incentivos económicos, sino que las relaciones entre ellos y con la directiva tienen un papel importante en la productividad de la empresa.

Maslow y su modelo de la motivación

La persona busca obtener la máxima satisfacción en el trabajo y, según Maslow, esta solo se consigue si se cubren todas las necesidades de su pirámide.

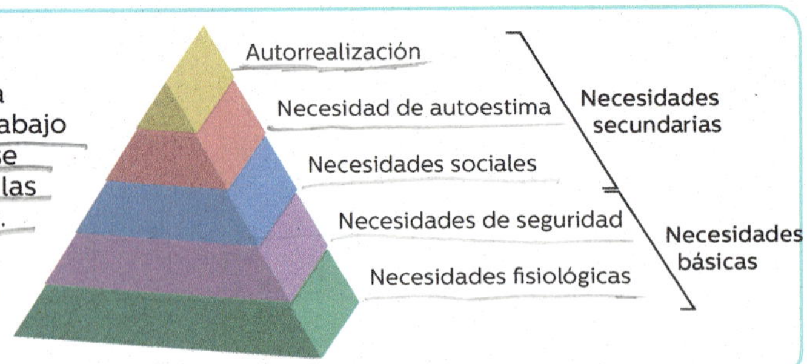

Pirámide de Maslow de la jerarquía de las necesidades

Workplace Summit

Workplace Summit es un evento anual en el que expertos de diferentes ámbitos profesionales se dan cita para analizar cómo el mobiliario, la iluminación, la pureza del aire o las zonas de esparcimiento, entre otros, condicionan la productividad de los empleados y empleadas.

El compromiso de BBVA con sus empleados

Se basa en «un estilo de gestión generador de entusiasmo y que facilite la formación, la motivación y el desarrollo personal y profesional».

Como medida de conciliación BBVA ha implantado un horario flexible para el personal de La Vela, que podrá entrar de 7:30 a 10:00, hacer una pausa de media hora y salir tras una jornada de 7 horas y 45 minutos.

En IKEA: «Asumir responsabilidades, una ventaja»

En el libro *La Historia de IKEA*, su fundador, Ingvar Kamprad, relata lo siguiente:

«Asumir responsabilidades no tiene nada que ver con la formación académica, la economía o la posición de una persona. Encontramos personas responsables en el almacén, entre los compradores, los vendedores, los controladores... En fin, en todas partes. Y son elementos necesarios en todos los sistemas. Son importantes para avanzar, pues hacen que funcione la maquinaria.

Nuestro objetivo exige que nos ejercitemos continuamente en la práctica de tomar decisiones y asumir responsabilidades, que no dejemos de combatir nuestro miedo a cometer errores. (...) Y las personas positivas suelen ganar. Suelen ser útiles para su entorno y para sí mismas. (...)

Aprovecha esa ventaja: el derecho y el deber de tomar decisiones y asumir responsabilidades».

Teoría de la motivación de McGregor

Douglas McGregor considera que la dirección de la empresa debe lograr la motivación del personal. Para ello, tiene que conseguir que se produzca la transformación del trabajador X **(Teoría X)** en el trabajador tipo Y **(Teoría Y).**

Según la Teoría X, el trabajador, por naturaleza, no quiere trabajar y, si puede, no lo hace; para que el trabajador cumpla con sus obligaciones necesita un control estricto. Los trabajadores no desean asumir responsabilidades, no tienen ambición, etc. Por lo tanto, requieren un **liderazgo autocrático,** autoritario, basado en el control y el poder coercitivo.

Según la Teoría Y, las personas consideran el trabajo como fuente de satisfacción, asumen compromisos y responsabilidades, son imaginativas, quieren mejorar, etc. Por lo tanto, si quien lidera considera que su plantilla responde a la Teoría Y, su estilo será participativo, motivará a sus trabajadoras y trabajadores, confiará en ellos, etc. Se identificará con un **liderazgo democrático.** A través de la Teoría Y, la empresa busca que haya autocontrol y autodirección.

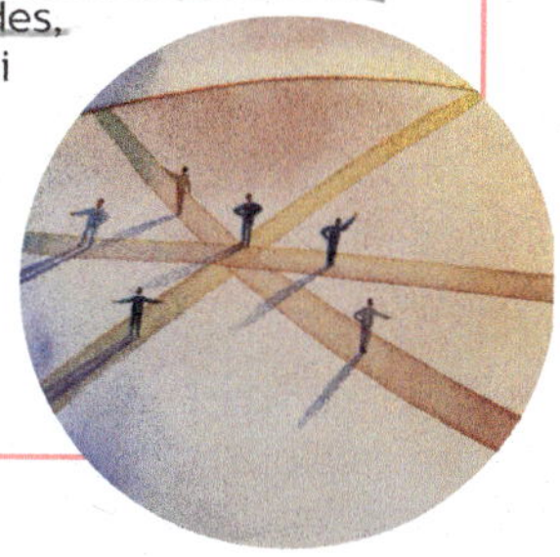

Teoría de la motivación de Herzberg

Frederick Herzberg considera que existen dos tipos de factores que afectan a la motivación:

- Los **factores generadores de insatisfacción,** que son aquellos que deben existir para que el trabajador no se sienta desmotivado o insatisfecho. Por ejemplo, el salario, las condiciones de trabajo, las relaciones sociales en la empresa, etc.
- Los **factores motivadores,** que son aquellos que generan verdadera satisfacción y estimulan al personal. Entre estos se incluyen el reconocimiento en el trabajo, la responsabilidad, etc.

Teoría Z de Ouchi

La teoría de William Ouchi surge en Japón después de la Segunda Guerra Mundial y asume que la empresa tiene también responsabilidad social.

Se basa en un modelo de empresa en el que accionistas, directiva y personal son igualmente importantes en el devenir de la empresa y forman parte de la misma familia. Las decisiones se toman a través del consenso.

La empresa se convierte en un medio esencial para cubrir las necesidades de las trabajadoras y trabajadores, de forma que se vincula la visión económica y social de esta.

El modelo de calidad total de Mercadona

Dicho modelo se basa en satisfacer los cinco componentes que forman la empresa: dirección, personal, proveedores, sociedad y capital.

¿Cómo satisface Mercadona a su personal?

1. **Formación.** Dedica cuantiosos recursos a fomentar el desarrollo profesional de su plantilla.
2. **Conciliación de la vida laboral y familiar.** Ofrece guarderías para hijas e hijos de su personal, desplazamientos mínimos, etc.
3. **Primas por objetivos.** Cada año, Mercadona reparte una proporción considerable de sus beneficios entre sus trabajadoras y trabajadores.

ACTIVIDADES

D A **1 >** Great Place to Work ofrece cada año un *ranking* de las mejores empresas para trabajar en España, en Europa y en el mundo.

Entra en la página web <www.greatplacetowork.es> y averigua cuáles son las mejores empresas de más de 1000 empleados para trabajar en España. Elige dos de ellas e investiga los motivos por los que estas empresas se sitúan en dicho *ranking*.

2 Tareas del departamento de recursos humanos

El desarrollo de los recursos humanos es fundamental en la empresa, ya que una buena planificación de estos contribuye a una adecuada gestión empresarial.

«Nuestra clave siempre ha sido contratar a gente muy inteligente», Bill Gates.

2.1. Reclutamiento y selección del personal

El reclutamiento consiste en identificar a los candidatos y candidatas que cumplen con los requisitos establecidos por la empresa.

- **Reclutamiento interno** → Búsqueda de candidatos potenciales entre el personal de la empresa.
- **Reclutamiento externo** → Búsqueda de candidatos potenciales fuera de la empresa, por ejemplo, a través de anuncios, agencias de colocación, etc.

La selección consiste en elegir a las personas que mejor se adaptan a los requerimientos del puesto de trabajo y cuyo rendimiento en este se presume que va a ser óptimo. Para ello se tendrán en cuenta tanto su formación y habilidades como la motivación que muestren hacia el nuevo puesto de trabajo.

Para llevar a cabo un proceso de selección se suelen utilizar los siguientes instrumentos:

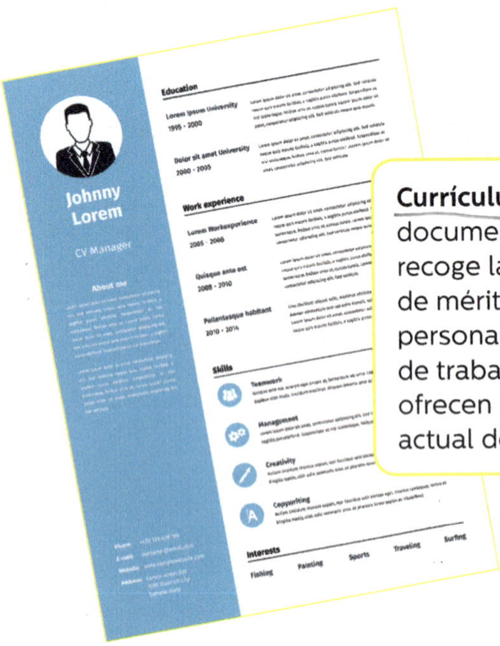

Currículum vitae: documento que recoge la relación de méritos de la persona al puesto de trabajo y que ofrecen una imagen actual del mismo.

Entrevista de selección: proceso de comunicación que se establece entre quien emplea y quien opta al puesto de trabajo, a fin de conocer su adecuación al mismo.

Durante la entrevista se evalúa toda la comunicación que se establezca, tanto verbal como no verbal.

Cuando se ha seleccionado al candidato óptimo es importante diseñarle un **plan de acogida,** con el fin de facilitar su proceso de incorporación a la empresa. Dicho plan de acogida puede tener una duración variable, desde un día hasta varias semanas, dependiendo del tipo de empresa y del puesto que vaya a ocupar.

Algunas empresas disponen de un **manual de acogida** con información pormenorizada sobre la empresa, el convenio colectivo, las prestaciones sociales, etc.

2.2. Formación de personal

Tras la selección de personal es necesario que la empresa ofrezca un periodo de formación inicial. El nuevo trabajador o trabajadora debe conocer los procedimientos, organización, cultura de la empresa, etc. Asimismo, es preciso que reciba formación inicial sobre cuestiones relativas a las labores que va a desempeñar.

No obstante, la plantilla recibe formación continua a lo largo de su vida laboral, para estar permanentemente adaptada a los cambios que tengan lugar en el entorno empresarial.

Tipos de sueldo

- Sueldo cebolla: lo ves, lo aceptas..., y te pones a llorar.
- Sueldo canalla: no te ayuda en nada, solo te hace sufrir pero no puedes vivir sin él.
- Sueldo dietético: te hace comer cada vez menos.
- Sueldo ateo: ya dudas de su existencia.
- Sueldo mágico: ¡Nada por aquí, nada por allá! Un par de movimientos y desaparece.
- Sueldo tormenta: no sabes ni cuándo llega ni cuánto va a durar.
- Sueldo humor negro: te ríes por no llorar.
- Sueldo desodorante: cuando más lo necesitas, te abandona.
- Sueldo Walt Disney: hace más de treinta años que está congelado.

2.3. Retribución

Una adecuada política retributiva en la empresa debe diseñarse al amparo de la equidad, la competitividad, la motivación y la flexibilidad.

La equidad
La retribución debe ser percibida por la plantilla como **adecuada al esfuerzo** que ha realizado para recibir dicho salario.

La competitividad
La empresa deberá pagar lo suficiente como para **atraer** y **retener** a su personal.

La motivación
Una adecuada retribución no servirá como elemento único para motivar a las trabajadoras y trabajadores, pero sí será un **factor añadido** para incrementar su motivación.

La flexibilidad
La retribución va **vinculada** cada vez más al **rendimiento individual**, al del **equipo de trabajo** y al de la **empresa en conjunto**.

2.3.1. La evaluación del desempeño

El establecimiento de una retribución individualizada exige contar con un sistema de evaluación del desempeño que permitirá poner de manifiesto las diferencias entre los trabajadores y trabajadoras en el desarrollo de sus funciones. Es decir, la empresa evaluará cómo trabaja cada persona y, en función de esto, se establecerán las oportunas diferencias salariales.

Entre los principales métodos de evaluación del desempeño destacan:

1. **Indicadores objetivos.** Pueden utilizarse criterios como el volumen de ventas, el grado de absentismo, etc.
2. **Escalas gráficas.** Se trata de tablas de doble entrada en cuyas filas figuran los criterios que se van a evaluar, mientras que las columnas indican el cumplimiento de dichos factores.
3. **Comparación con objetivos convenidos.** Periódicamente se establecen unos objetivos y pasado dicho periodo se analiza cuál es la consecución real de estos; la diferencia existente entre ambos será el desempeño.
4. **Comparación por pares.** Se realizan comparaciones dos a dos entre empleados.

A continuación se muestra un ejemplo de cuestionario para evaluar el desempeño de un trabajador de la sección de pescadería de Mercadona.

MERCADONA SUPERMERCADOS DE CONFIANZA	Cuestionario evaluación competencial	Versión 1.0

Responsable evaluación: Puesto evaluado:

Nombre evaluado: Daniela Grijal. Mori Fecha: 19/4/2023

A continuación le vamos a presentar un conjunto de afirmaciones relativas al desempeño del trabajador a cargo de su supervisión.

Nos gustaría que valorara en una escala de 0 a 10 el grado de adecuación de dicha afirmación con la actividad habitual del trabajador.

Las valoraciones son globales; en caso de que considere puntualizar alguna cuestión particular remítalo en el apartado de observaciones; en caso de que no se disponga de suficiente espacio, adjunte al cuestionario el texto que considere apropiado referenciando explícitamente la pregunta a la que hace alusión.

Afirmación	Puntuación	Observaciones
1. Atiende correctamente su puesto, presenta de forma correcta la mercancía y vende los productos que hay en el escaparate.		
2. Es capaz de planificarse la jornada de trabajo, de modo que todas las tareas de carácter rutinario son cubiertas y cumple los tiempos estándares de realización de las mismas.		
3. Respeta a las personas, elimina los prejuicios raciales, de edad o sexo, al menos mientras estamos trabajando.		
4. Acepta las instrucciones que un superior le indique, obviamente relacionadas con la actividad laboral que desempeña. No cuestiona la autoridad del superior inmediato sin un motivo.		
5. Deja de realizar cualquiera de las tareas que se esté desempeñando en caso de que un cliente necesite su ayuda por el motivo que sea.		
6. El vendedor vende por encima de lo que el comprador pensaba llevarse, tanto en peso como en elementos diferentes.		
7. Es capaz de realizar el trabajo sin una constante supervisión, sobre todo una vez aprendido el proceso de trabajo, optimizando en lo posible los tiempos de las tareas, etc.		
8. Es exigente consigo mismo, busca las primas que proporciona la empresa por ventas y propone ideas de mejora.		
9. Mantiene una actitud favorable hacia el cliente, de escucha activa e incluso de empatía hacia sus necesidades, el «dar coba» en muchos casos fideliza la relación con los clientes y otorga un valor añadido al hecho de comprar en dicho puesto.		
10. Vende preferentemente los productos denominados «R» (productos a los que se les acerca la fecha de caducidad, o de los que se tiene un *stock* muy amplio, etc.).		
11. Evita conflictos dentro de la empresa, ya sea con los compañeros o con los superiores. Contribuye a que haya un buen clima laboral y ayuda a los compañeros, tanto si están recién incorporados como si no.		
12. Escucha y valora las peticiones de los clientes y les da respuesta.		
13. Trata de una forma correcta y respetuosa a todos los clientes.		
14. Aconseja, ayuda o recomienda los diferentes productos a los clientes.		

Firma supervisor

Firma responsable RR.HH.

2.4. Motivación de los recursos humanos

La motivación del personal de la empresa puede llevarse a cabo a través de incentivos económicos o de otro tipo.

2.4.1. Incentivos monetarios

Los incentivos monetarios pueden suponer un incremento del salario base o de los complementos salariales, o bien pueden consistir en retribuciones en especie.

2.4.2. Incentivos no monetarios

Los incentivos no económicos consisten en necesidades que están vinculadas a cambios sociales como los siguientes:

Necesidades personales	• Más tiempo libre. • Flexibilidad para el desarrollo de la jornada laboral.
Necesidades éticas	• Exigencia de responsabilidad social por parte de los trabajadores y las trabajadoras.
Necesidades sociales	• Reconocimiento laboral y social del trabajador.

Por lo tanto, los principales factores de motivación no monetarios se pueden resumir en los siguientes:

- **Conciliación laboral y familiar.**
  - Flexibilidad en la hora de entrada y de salida.
  - Posibilidad de trabajar desde casa varios días a la semana.
- **Mayor participación del trabajador en la empresa.**
  - Mejor comunicación entre el personal y la empresa.
  - Enriquecimiento de los puestos de trabajo.
  - Reconocimiento de los méritos del trabajador.

- **Formación profesional a cargo de la empresa.**
  - Formación reglada o no reglada a cargo de la empresa.
  - Días libres para la realización de exámenes.

Best Workplaces España 2018

Cada año Great Place to Work© España presenta la lista de los Best Workplaces en España. En el año 2018 fueron las siguientes:

- Vodafone España. Sector telecomunicaciones.
- The Adecco Group. Sector Professional services / Staffing & Recruitment.
- Lilly. Sector farmacéutico.
- Kiabi España. Sector comercio textil venta al por menor.
- Novartis Farmacéutica, SA. Sector industria farmacéutica.
- Randstad. Sector servicios de RR.HH.
- Atento. Sector servicios de relación con clientes y externalización de procesos de negocio.
- Hospital Universitario del Vinalopó del Grupo Ribera Salud. Sector sanitario.

En Vodafone...

- La baja por maternidad es de 18 semanas (en lugar de 16) y se puede solicitar hasta 15 días antes del parto.
- El periodo de lactancia es de dos horas diarias (en lugar de una).
- Existe la posibilidad de excedencia por cuidado de un hijo menor de cuatro años, con reingreso automático y, durante ese tiempo, Vodafone paga las cotizaciones a la Seguridad Social por ese trabajador.

3 Sistemas de información de recursos humanos

3.1. Origen de los sistemas de información de recursos humanos

Tradicionalmente la gestión de las empresas ha girado en torno a tres elementos fundamentales: recursos financieros, materiales y humanos.

Pero, hoy día, la **información** se sitúa al mismo nivel que esos tres elementos, de manera que es el **cuarto factor de producción,** que se une a los tradicionales: tierra, trabajo y capital.

El departamento de recursos humanos realiza tareas como el pago de nóminas, la evaluación de personal, el establecimiento de sistemas de incentivos y ascensos, el control del absentismo, las prestaciones, etc. Dicho departamento obtiene información sobre los aspectos mencionados, la procesa —a través de sistemas de información de recursos humanos— y la pone a disposición de la gerencia de la empresa para la toma de decisiones.

3.2. Definición

Las empresas utilizan dos métodos para ponerse en contacto con los empleados: la información y la comunicación.

La **información** consiste en poner a disposición de los trabajadores hechos de su interés.

Sin embargo, la **comunicación** requiere interactividad, es decir, es una acción de ida y vuelta.

Dentro de esta, existe:

La **comunicación general,** que afecta a toda la plantilla o a ciertos grupos.

La **comunicación individual,** que permite tratar a cada persona de forma particular. Dentro de la comunicación individual se sitúan la evaluación, el *coaching,* etc.

Para que pueda existir comunicación individual en la empresa es necesario crear sistemas que proporcionen información a la gerencia sobre el personal.

Un **sistema de información de recursos humanos** es un procedimiento (*hardware* y *software*) con el que se obtienen datos del personal de la empresa y del entorno (interno y externo) de la organización, para tomar decisiones.

En los hoteles Hilton...

Los trabajadores y sus equipos de trabajo se evalúan a través de un sistema de información de recursos humanos que valora: optimización de ingresos, estímulo para la ocupación, control de gastos, satisfacción de la clientela, control sobre clientes falsos enviados por la empresa, encuestas entre la plantilla y comentarios de la clientela. Con esta información, los hoteles y el personal se clasifican por colores (rojo, amarillo o verde). Si el hotel obtiene la mejor puntuación, la cadena reparte en torno a un millón de dólares en acciones entre sus trabajadores.

Diferencia entre base de datos y sistema de información

La primera sirve para acumular datos según una lógica determinada, mientras que el sistema de información procesa esos datos para generar informes, listados, etc.

Evaluación del factor trabajo

La información que se obtenga a través del SIRH permitirá a la gerencia de la empresa evaluar el factor trabajo del que dispone la organización, analizar sus fortalezas y debilidades, etc. Así, el empresario posee información actualizada de cada empleado, y podrá orientar adecuadamente sus trayectorias profesionales.

3.3. Tipos de sistemas de información de recursos humanos

Algunas de las aplicaciones de los sistemas de información de recursos humanos son las siguientes:

Sistemas de información de RR.HH.

- **Información sobre la plantilla de la empresa**: El SIRH permite tratar información relativa al personal en función de sus cargos, analizar su grado de absentismo, gestionar sus datos personales, información sobre el salario, etc.
- **Información sobre candidatos**: El SIRH facilitará a la empresa el tratamiento de los datos relativos a las personas que vayan a trabajar en esta, sus entrevistas y los resultados en estas, sus procesos selectivos, etc.
- **Cualificaciones**: En ocasiones, las empresas necesitan cubrir puestos vacantes. Para ello estudian el perfil de toda su plantilla (nivel de cualificación de cada trabajador o trabajadora, necesario para dar cobertura a puestos de trabajo vacantes) y valoran la posibilidad de cobertura interna de esa vacante.
- **Nóminas**: Un SIRH incorpora aplicaciones de cálculo de nóminas, de salario neto, de cotizaciones a la Seguridad Social, etc.

En Toyota...

En Toyota la comunicación es realmente importante, por lo que el personal habla con la gerencia de forma habitual y se le motiva para que aporte sugerencias. Pueden incluso parar la línea de ensamble si lo consideran necesario.

ACTIVIDADES

2 > En la web del Ministerio de Trabajo, Migraciones y Seguridad Social aparece el Mapa de la negociación colectiva <https://bit.ly/2AZdTIc>. Elige un convenio colectivo de dos sectores profesionales que te resulten interesantes.

Compara la jornada laboral, la jubilación y las vacaciones de cada uno de los convenios.

3 > Explica cuáles son las principales aplicaciones de los sistemas de información de recursos humanos.

1 En el siguiente enlace del blog Adictos al trabajo (<https://bit.ly/2ljnW1J>) encontrarás un cómic sobre motivación en el trabajo. Después de leerlo, contesta a las preguntas:

a) ¿Qué elemento utiliza el gerente para motivar a sus trabajadores?

b) ¿Por qué fracasa en su intento?

c) A tu juicio, ¿qué otros elementos podría utilizar para motivar a sus trabajadores?

2 Lee el siguiente texto:

«Hace unos años, cuando me encontraba en Japón realizando una investigación, visité una planta que era propiedad de una compañía estadounidense y que operaban los mismos propietarios. A diferencia de otras plantas japonesas que también tenían sus sindicatos, esta había pasado recientemente por una huelga. El gerente de una planta, un estadounidense, me describió la situación que había vivido:

"Nos previnieron aproximadamente seis semanas antes. El día designado para la huelga, un grupo de hombres con cartelones nos obligaron a cerrar durante ese día. Pero cuán grande fue mi sorpresa cuando, al mirar por la ventana a las cinco de la tarde, no solo habían desaparecido las pancartas y los volantes de propaganda, sino que el personal estaba recogiendo todas las tazas de café y las colillas de los cigarros ¡dejando el área impecablemente limpia! Al día siguiente compensaron la producción que se había perdido el día anterior ¡sin incurrir en tiempo extra! Como no entendía lo que estaba pasando, le pedí a uno de ellos que me lo explicara".

'Teníamos algunas quejas contra la administración', respondió el trabajador. 'La única forma de hacerles saber la seriedad de nuestra situación era suspender las labores. Pero esta es también nuestra compañía y no queremos que ustedes piensen que somos desleales'.»

Fuente: William Ouchi. *Teoría Z ¿Cómo pueden las empresas hacer frente al desafío japonés?*

Responde a las siguientes cuestiones:

a) ¿A qué teoría de las estudiadas en el primer epígrafe de la unidad hace referencia el texto?

b) ¿Cómo describirías la actitud de la plantilla que aparece en el fragmento?

c) ¿Encajan dichos trabajadores en la realidad laboral de tu alrededor? ¿Por qué?

3 En la empresa Caramelos Ricos, el personal disfruta, entre otros, de los siguientes beneficios sociales:

- Cheques guardería para empleados con hijos menores de seis años.
- Vales de comida.
- Seguro médico.
- Cesta de Navidad.

La nueva situación económico financiera ha llevado a reconsiderar la asignación de dichos beneficios. La propuesta es la siguiente: asignar un plus a cada persona en función de su productividad real, de forma que la trabajadora o el trabajador puede decidir el destino de dicha dotación económica.

Responde a las siguientes cuestiones:

a) ¿En qué se basa la solución propuesta?

b) En tu opinión, ¿se trata de una solución acertada?

4 ¿En qué consiste el reclutamiento? ¿Y la selección de personal?

5 Visita el siguiente enlace web, <https://www.morganphilips.com/es-es/buscar-empleo>, y redacta un resumen de los consejos que se ofrecen para afrontar entrevistas de trabajo.

6 Visita la web <http://www.tagxedo.com/gallery.html> para captar ideas y elabora una nube de palabras en tu cuaderno, en un A3 o con la ayuda de alguna aplicación como Tagxedo. Sigue estos criterios:

- Rojo: los factores de motivación que consideras que servirían para incrementar tu motivación.
- Azul oscuro: conceptos vinculados al reclutamiento y a la selección de personal.
- Azul claro: conceptos relacionados con la formación del personal y la retribución.
- Verde: conceptos relacionados con las teorías de la organización empresarial.

Recursos humanos

Sinopsis

Frank está recién graduado y realiza sus prácticas en la fábrica en la que su padre ha trabajado durante toda su vida. Tiene una posición difícil. Por una parte, su situación laboral lo fuerza a estar del lado de la empresa, de la dirección de recursos humanos. Por otro lado, están los trabajadores, entre los que se encuentran su padre, su hermana y amigos suyos de toda la vida.

Todo eso le sitúa en una encrucijada a lo largo de la película. En este recorrido, Frank se encuentra en una situación difícil y se enfrenta, en ocasiones, tanto a la dirección como al personal, por las decisiones que va adoptando.

Claves de trabajo

La película confronta claramente la posición de la directiva con la de las empleadas y los empleados de la empresa. En medio de las negociaciones laborales se sitúa un joven sin experiencia.

Asimismo, muestra una evolución significativa de Frank en las reuniones entre la empresa y el comité de empresa.

¿Cómo cambia Frank en dichas reuniones? ¿Cuáles son los motivos que hay detrás de ese cambio? Las decisiones del joven no son interpretadas del mismo modo por la gerencia de la empresa que por parte de los trabajadores.

La dirección de la empresa decide conocer la opinión de la plantilla sobre la jornada laboral de 35 horas. Algunos miembros del comité de empresa instan al personal a que no participe en la consulta. La directiva de la empresa oculta algo tras la consulta.

Frank descubre con frustración las medidas que se van a tomar tras los resultados de la consulta.

FICHA TÉCNICA

- **Título original:** *Ressources humaines.*
- **Dirección:** Laurent Cantet.
- **Guion:** Laurent Cantet y Gilles Marchand.
- **Duración:** 100 minutos.
- **Nacionalidad:** Francia.
- **Año de producción:** 1999.
- **Reparto:** Jalil Lespert, Jean-Claude Vallod, Chantal Barré, Véronique de Pandelaère, Michel Begnez, Lucien Longueville.
- **Fotografía:** Matthieu Poirot-Delpech.
- **Música:** Cyril Morin.
- **Género:** drama.

ACTIVIDADES

1 > Describe los cambios en la organización del trabajo que tienen lugar a lo largo de la película.

2 > ¿Qué ocurre ante la posibilidad de aplicar la jornada semanal de 35 horas? ¿Cuál es la postura de los directivos? ¿Y la del personal?

3 > ¿Cuál es la verdadera intención de la directiva en la negociación?

4 > ¿Cómo intenta Frank conocer la opinión de las trabajadoras y los trabajadores ante esta medida? ¿Qué consecuencias tiene dicho procedimiento? ¿A qué concepto teórico de los estudiados en la unidad hace referencia?

5 > ¿Cómo afecta al comportamiento de Frank la vinculación de su padre con la empresa?

NOMINASOL. Aplicación informática para la gestión de nóminas y cotizaciones a la Seguridad Social

Las empresas suelen utilizar una herramienta para agilizar los procesos de gestión de nóminas y seguros sociales. En este apartado vamos a analizar de manera resumida el funcionamiento de NOMINASOL 2019, que hoy día es una de las aplicaciones más utilizadas en el ámbito nacional por pymes, gestorías y consultorías laborales.

NOMINASOL es un programa gratuito, por lo que puedes descargar la versión completa en la página web <http://www.sdelsol.com/>.

Imagen 1. Instalación de NOMINASOL.

Una vez descargado, el proceso de instalación es muy sencillo, solo tendrás que seguir los pasos que te indique el asistente de Windows (imagen 1).

Al acceder a NOMINASOL, en la primera pantalla, podrás seleccionar el usuario con el que quieres trabajar.

La primera vez que accedas solo aparecerá el usuario «Supervisor», pero podrás crear todos los usuarios que necesites en tu gestión (imagen 2).

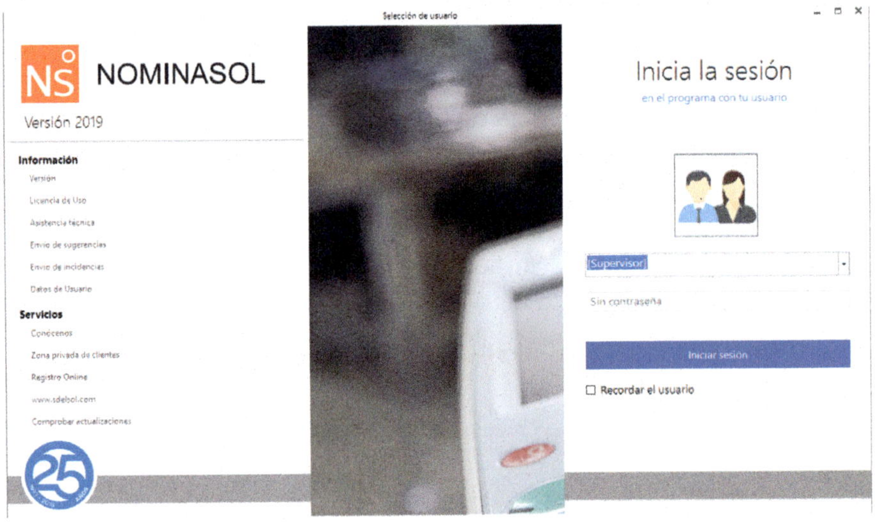

Imagen 2. Acceso a NOMINASOL.

Veamos el funcionamiento del programa mediante un ejemplo.

1. Desde el menú **Archivo,** en la opción **Nuevo,** selecciona el icono **Nueva empresa** (imagen 3).

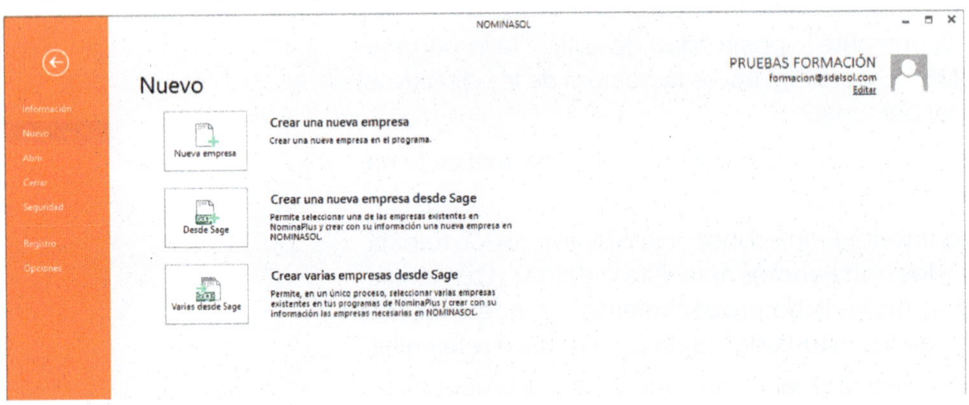

Imagen 3.

2. Al pinchar sobre esta opción, se muestra la pantalla **Configuración de empresa,** en la que debemos introducir en primer lugar el código que queremos asignar a la empresa, el NIF, la denominación fiscal y la denominación social, así como los datos de contacto.

   Introduce los datos en la solapa **Configuración,** situada en la esquina inferior derecha de la ventana. Pincha en la opción **Seguridad Social,** tal y como se muestra en la imagen 4.

   Es muy importante que en la opción **Laboral** selecciones un calendario laboral para la empresa.

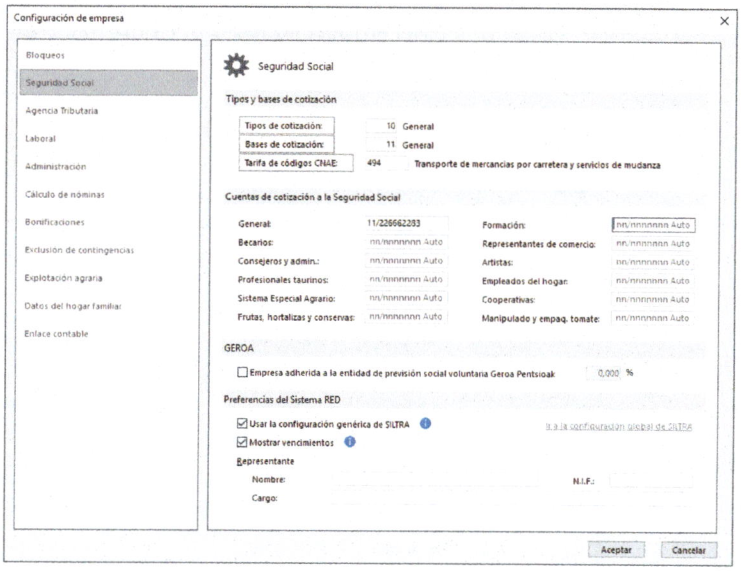

Imagen 4.

   El resto de datos puedes incluirlos más tarde accediendo a la solapa **Empresa** > grupo **Datos generales** > icono **Datos** (pero no serán necesarios en este ejemplo).

3. Cuando esté creada la empresa, accede a la solapa **Empresa** > grupo **Trabajadores** > icono **Trabajadores** (imagen 5).

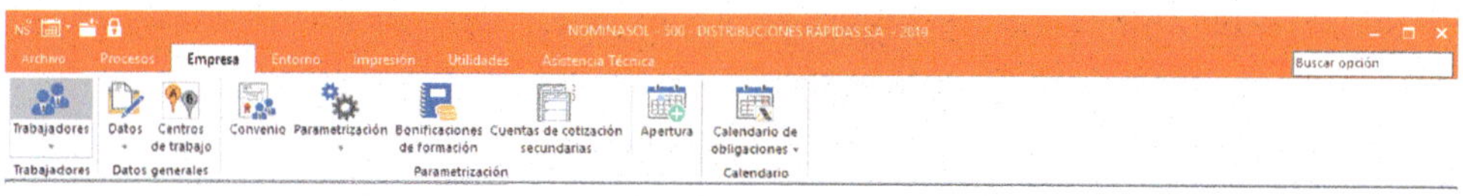

Imagen 5.

4. En la pantalla que se muestra, pulsa el icono **Nuevo** y NOMINASOL mostrará la pantalla para crear un trabajador. Introduce los datos tal y como puedes ver en la imagen 6:

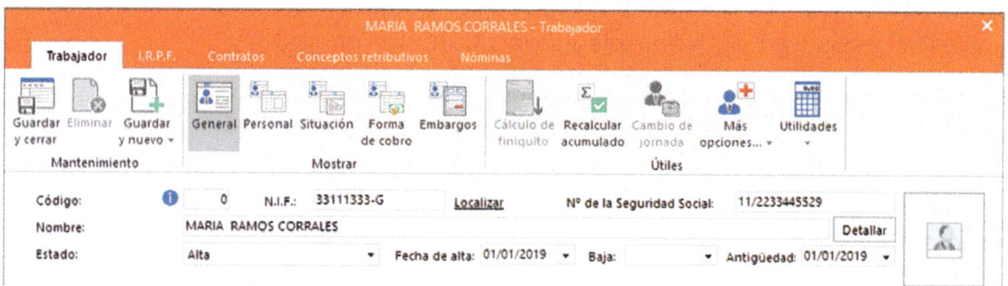

Imagen 6.

   En el icono **Situación,** selecciona un grupo de cotización para el trabajador y pulsa el botón **Guardar y seguir.**

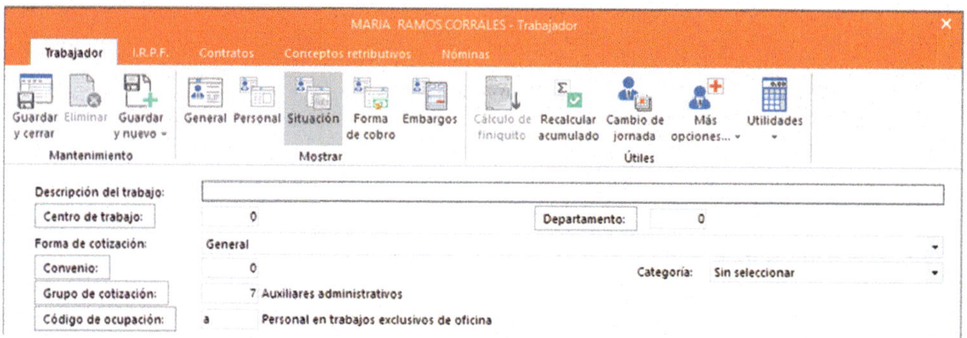

Imagen 7.

5. Accede ahora a la solapa **Conceptos retributivos** para indicar al programa el salario del trabajador. Pulsa el icono **Nuevo** y crea el concepto «SALARIO BASE» por importe de 2000,00 euros (imagen 8).

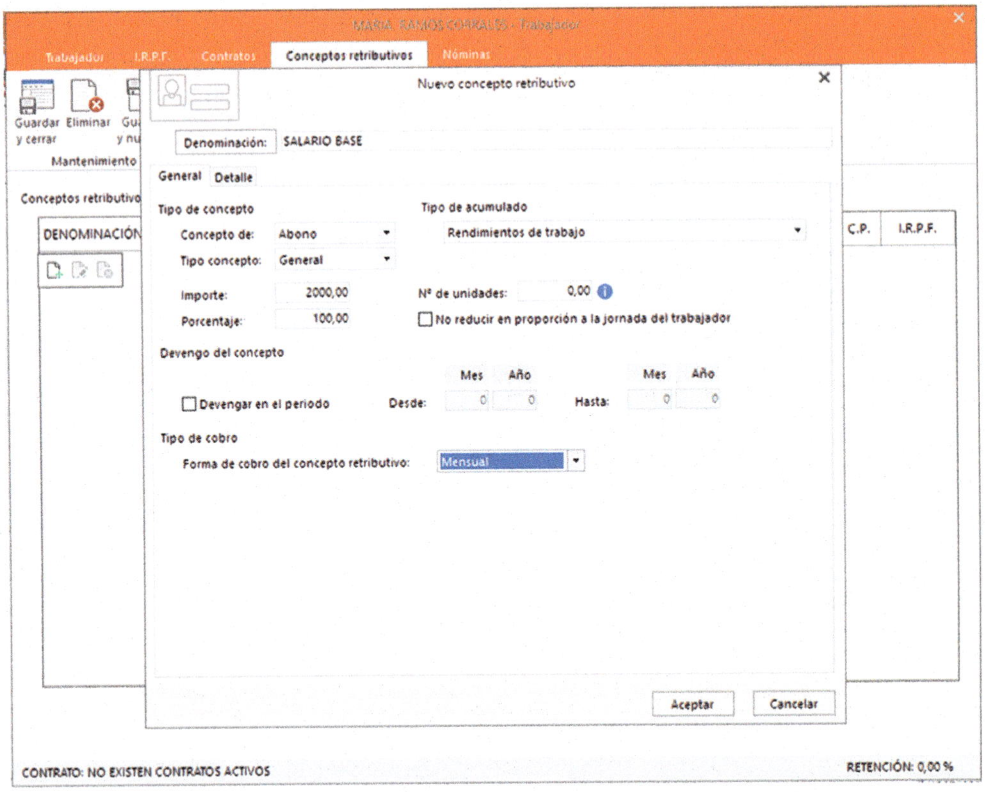

Imagen 8.

Guarda y cierra la ficha del trabajador.

6. Con estos datos ya podrás calcular la nómina del trabajador que has creado. Para ello, accede a la solapa **Procesos** > grupo **Nóminas** > icono **Cálculo** (imagen 9).

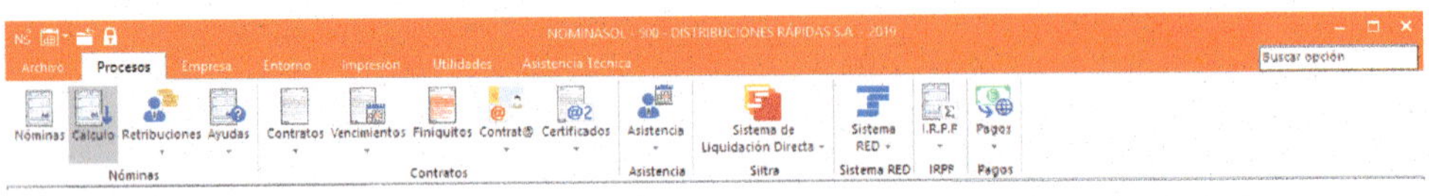

Imagen 9.

En la pantalla que se muestra, elige el mes y el trabajador y pulsa el botón **Aceptar.**

Podrás ver la nómina calculada en el icono **Nóminas** de la solapa **Procesos** (imagen 10).

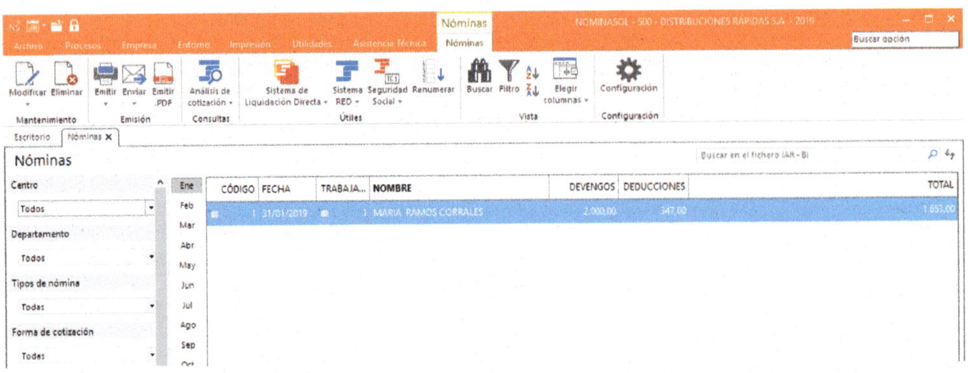

Imagen 10.

La información de recursos humanos

Los RR.HH. en la empresa

- La organización científica del trabajo de Taylor
- La organización administrativa de Fayol
- Teoría de las relaciones humanas de Mayo
- Maslow y su modelo de la motivación
- Teoría de la motivación de McGregor
- Teoría de la motivación de Herzberg
- Teoría Z de Ouchi

Tareas del departamento de RR.HH.

- Reclutamiento y selección
- Formación
- Retribución
- Motivación

Sistemas de información de RR.HH.

- Origen
- Definición
- Tipos de SIRH

TEST DE EVALUACIÓN

Resuelve en tu cuaderno o bloc de notas

1 > El primer autor que demostró que el personal no responde solo a incentivos económicos fue:

a) Fayol.

b) Mayo.

c) Maslow.

d) Taylor.

2 > ¿Qué teoría postula que el trabajador, por naturaleza, no quiere trabajar y necesita un control estricto para que cumpla con sus obligaciones (liderazgo autocrático)?

a) Teoría Z.

b) Teoría X.

c) Teoría Y.

d) Todas son correctas.

3 > Según Herzberg, los factores que deben existir para que el trabajador no se sienta desmotivado o insatisfecho son:

a) Los factores motivadores.

b) Los factores generadores de satisfacción.

c) Los factores generadores de insatisfacción.

d) Ninguna es correcta.

4 > El reclutamiento externo consiste en:

a) Búsqueda de candidatos potenciales entre el personal de la empresa.

b) Búsqueda de candidatos potenciales fuera de la empresa.

c) Identificar a los candidatos que cumplen con los requisitos fijados por la empresa.

d) Todas son correctas.

5 > ¿Cuáles de las siguientes son tareas del departamento de recursos humanos?

a) Reclutamiento y selección de personal.

b) Formación de personal.

c) Retribución y motivación del personal.

d) Todas son correctas.

6 > Entre los incentivos no monetarios de los trabajadores destacan:

a) Los que cubren necesidades personales (más tiempo libre, flexibilización horaria, etc.).

b) Los que satisfacen necesidades éticas.

c) Los que garantizan necesidades sociales.

d) Todas son correctas.

7 > La motivación de los trabajadores se lleva a cabo a través de:

a) Incentivos monetarios.

b) Incentivos no monetarios.

c) Incentivos monetarios y no monetarios.

d) Ninguna es correcta.

8 Las actividades en la empresa

Vamos a aprender

1. Las actividades en la empresa
2. La función de producción
3. La función comercial y de marketing
4. Ayudas y apoyo a la creación de empresas

Mi coche: desde la idea del automóvil hasta el concesionario

Tus padres van a comprarse un coche de alta gama. Toda la familia está muy ilusionada por la decisión y se muestra dispuesta a colaborar en la elección.

Tus conocimientos económico empresariales te hacen plantearte cuál es la evolución desde la idea de creación de ese coche hasta su proceso de producción, o las investigaciones que se han llevado a cabo para las progresivas mejoras del modelo en cuestión. Asimismo, piensas en cómo llega al mercado ese automóvil, quién lo distribuye, cómo se fija su precio, qué métodos utilizan las empresas para lograr que se compre un modelo y no el de la competencia, etc.

Al finalizar la unidad, serás capaz de explicar a tu familia las respuestas a todas las cuestiones que te estás planteando.

¿QUÉ SABEMOS DE?

1 > Elabora un esquema en el que establezcas las etapas por las que, según tu criterio, pasa un automóvil desde la primera idea hasta que el coche llega al consumidor final.

2 > En la fase de producción del vehículo, determina las subfases hasta su creación.

Para ello, consulta el siguiente enlace <https://bit.ly/2F94qRu>.

3 > Hasta llegar a la decisión final de comprar un coche, el consumidor realiza unos pasos previos. Resume los pasos que, según tu opinión, debería realizar tu familia antes de comprar un automóvil y compáralo con el descrito en el siguiente artículo <https://bit.ly/2F9xtEz>.

1 Las actividades en la empresa

La empresa coordina todos sus elementos con el fin de alcanzar sus objetivos. Para ello, su actividad se divide en una serie de áreas funcionales.

Aprovisionamiento y producción	Control del aprovisionamiento de materias primas y gestión del proceso de producción de la empresa.
Comercial y marketing	Actividades necesarias para dar a conocer al consumidor los bienes y servicios de la empresa y ponerlos a su disposición.
Financiación e inversión	• La **financiación** consiste en la captación de los fondos necesarios para que la empresa pueda llevar a cabo sus actividades. • La **inversión** se basa en la utilización de dichos fondos para adquirir los equipos y bienes necesarios para desarrollar el proceso productivo.
Recursos humanos	Las personas buscan obtener la máxima satisfacción en el trabajo y, según Maslow, solo se consigue si se satisfacen todas las necesidades de su pirámide.

Toyota. Los pilares de un edificio muy sólido

Sistema único

El sistema de producción Toyota se basa en las ideas planteadas por Kiichiro Toyoda y Taiichi Ono y descansa en los siguientes principios:

1. **Justo a tiempo:** ningún componente de un coche debe fabricarse antes de que sea necesario. Se debe evitar la acumulación de inventarios innecesarios porque producen pérdidas.
2. ***Jidoka:*** la automatización con un toque humano que combina la colocación de las máquinas en el orden en que se usan y la capacitación de los asociados para manejar cualquiera de ellas permite que la producción fluya de forma continua.

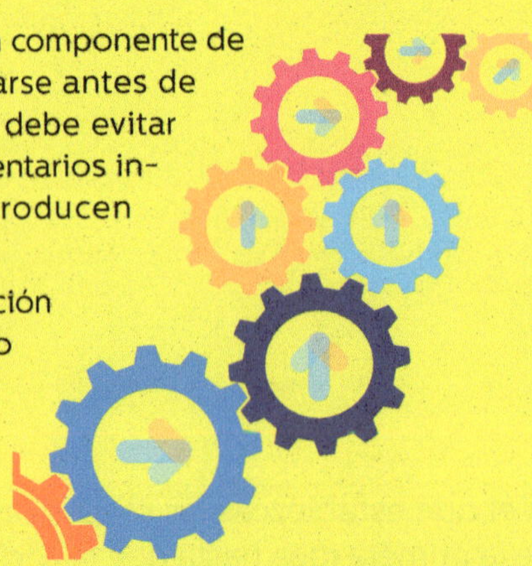

3. ***Kaizen:*** la idea de que todo es susceptible de perfeccionamiento. Al estar en manos de los asociados, la mejora continua es una fuerza motriz que impulsa la calidad en Toyota.

Fuente: <http://www.toyotacordoba.com.mx/sistema-de-produccion/>

Rolls Royce

Los procesos de fabricación de Rolls Royce no están robotizados; los únicos brazos robóticos se encuentran en la zona de pintura.

En el siguiente enlace encontrarás información detallada sobre la fábrica de Rolls Royce en Goodwood: <http://bit.ly/1dN5WaG>.

Modelo de negocio del grupo Inditex

Inditex se basa en un modelo de negocio en el que se renueva la colección en función de la demanda. Las series de producción han de ser cortas y hay nuevos productos en las tiendas dos veces por semana. Se realizan análisis diarios de las ventas para conocer el gusto de la clientela y así se lleva a cabo la retroalimentación del proceso.

En la siguiente página encontrarás información adicional sobre el modelo de negocio que utiliza el grupo Inditex: <https://bit.ly/2Cc7rzC>

2 La función de producción

La producción consiste en aumentar la utilidad de los bienes para satisfacer de la mejor forma posible las necesidades de las personas. De esta manera, se produce un incremento de la utilidad que se transforma en un aumento del valor añadido.

La utilidad de los bienes puede dividirse en los siguientes cinco **tipos de utilidad:**

Forma	Transformación de las materias primas en productos finales, tal y como los desean los consumidores. La función de producción de la empresa se encarga de que exista utilidad de forma.
Lugar	La distribución permite poner el producto a disposición de la clientela en un lugar cercano a ella. La función de marketing es la que posibilita que exista la utilidad de lugar.
Información	La comunicación posibilita que la clientela tenga conocimiento sobre el producto y sus cualidades. La función de marketing es la que permite que exista la utilidad de información.
Tiempo	Los productos deben estar disponibles en el momento en que los necesiten quienes los consumen. La función de marketing es la que permite que exista la utilidad de tiempo.
Propiedad	Con la venta y el pago del producto, este pasa a ser propiedad del consumidor. La función de marketing es la que permite que exista la utilidad de propiedad.

A través de la función de producción las empresas transforman *inputs* en *outputs* con mayor utilidad y valor añadido.

Inputs → **Función de producción** → ***Outputs***

Para llevar a cabo su proceso productivo (función de producción) la empresa utiliza factores productivos:

Tierra, recursos naturales

Recursos extraídos de la naturaleza.

Trabajo

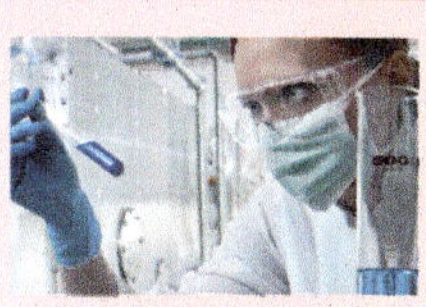

Aportación física o intelectual de las personas para llevar a cabo el proceso productivo.

Capital

Medios físicos que permiten transformar los recursos naturales en productos finales.

Iniciativa empresarial

Organización y coordinación del resto de factores productivos.

✱ VOCABULARIO

producción: el significado económico de la palabra «producción» se ha ido ampliando con el tiempo:

- Para los fisiócratas, la agricultura era la única actividad productiva.
- Para la escuela clásica, la industria formaba también parte de la actividad productiva.
- Hoy día se entiende que «actividad productiva» es toda aquella capaz de crear utilidad.

Productividad

La producción de una empresa se puede analizar en relación con los factores utilizados. Se trata del concepto de productividad.

$$\text{Productividad} = \frac{\text{Producción obtenida}}{\text{Factores utilizados}}$$

2.1. Investigación, desarrollo e innovación (I+D+i)

En la actualidad las empresas se encuentran sumidas en un contexto globalizado marcado por una fuerte competencia. Con el objetivo de lograr ventajas competitivas, estas invierten en investigación, desarrollo e innovación (I+D+i).

El *Manual de Frascati* establece que la investigación y el desarrollo experimental (I+D) comprenden el trabajo creativo que se realiza de forma sistemática para incrementar el volumen de conocimientos, incluido el conocimiento del hombre, la cultura y la sociedad, y el uso de esos conocimientos para derivar nuevas aplicaciones. El término «I+D» engloba **tres actividades:**

- **Investigación básica:** trabajos experimentales o teóricos que se emprenden para obtener nuevos conocimientos sobre fenómenos y hechos observables, sin pensar en darles un uso determinado.
- **Investigación aplicada:** son también trabajos originales que se realizan para adquirir nuevos conocimientos, pero está dirigida hacia un objetivo práctico específico.
- **Desarrollo experimental:** trabajos basados en conocimientos existentes, que se derivan de la investigación y la experiencia práctica. Su objetivo es la producción de nuevos materiales, productos o dispositivos, el establecimiento de nuevos procesos, sistemas y servicios o la mejora de los ya existentes.

Por su parte, el *Manual de Oslo* (OCDE) hace especial hincapié en la innovación y distingue los siguientes tipos de innovación:

«La productividad no lo es todo, pero a largo plazo lo es casi todo».

Paul Krugman (Premio Nobel de Economía 2008)

Diferencias de productividad entre empresas

Algunas empresas son más productivas que otras.

Las diferencias de productividad entre las empresas se encuentran condicionadas por:

- Sus bienes de capital (por ejemplo, la maquinaria).
- El capital humano (por ejemplo, la plantilla).
- La tecnología.
- La organización empresarial.

Tipos de innovación

Innovación de producto: Bien o servicio nuevo o mejorado de forma significativa, en lo que se refiere a sus características técnicas o en otras funcionalidades.

Innovación de proceso: Cambios destacables en las técnicas, los materiales y los programas informáticos.

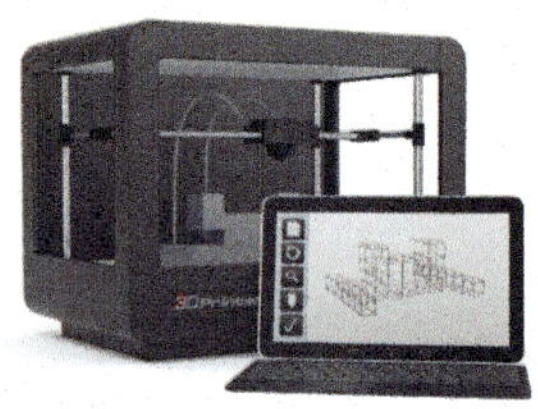

Innovación de organización: Cambios en las prácticas y procedimientos de la empresa con la finalidad de mejorar los resultados e incrementar la productividad.

Innovación de marketing: Utilización de un método de comercialización no empleado antes en la empresa. Este puede consistir en cambios de diseño, envasado, posicionamiento, promoción o tarificación, y su objetivo será siempre incrementar las ventas.

3 La función comercial y de marketing

A través de la función comercial y de marketing las empresas detectan las necesidades de los consumidores con la finalidad de generar bienes y servicios que las satisfagan, dan a conocer las cualidades de dichos bienes y servicios y los ponen a su disposición.

La empresa utilizará un plan de marketing para realizar el proceso de planificación.

El **plan de marketing** es el documento en el que la empresa establece sus objetivos comerciales, además de las estrategias y el presupuesto que va a utilizar para conseguirlos.

3.1. El marketing mix

Una vez que se ha concretado el mercado al que se dirige, la empresa debe centrarse en el establecimiento de su marketing mix.

El **marketing mix** es el conjunto de herramientas que se interrelacionan entre sí para conseguir los objetivos especificados en el plan de marketing.

ANÉCDOTAS EMPRESARIALES

La empresa cosmética Shiseido instaló en septiembre de 2015, en la Gran Vía de Madrid, una gran lona publicitaria ecológica que elimina hasta un 85 % de los gases de efecto invernadero (metano, óxido de nitrógeno, etc.). Esta absorbe la misma contaminación que 1 000 árboles al año.

La agencia publicitaria MEC comenzó en 2017 una campaña de publicidad exterior con el eslogan «El futuro es apasionante. *Ready?*», que emplea tecnología para reducir la contaminación.

ACTIVIDADES

1 > Central Lechera Asturiana ha sido galardonada en la X Edición de los Premios Nacionales de Marketing. Visita los enlaces y responde a las cuestiones:

a) Según la propia empresa, ¿cuáles son sus ventajas respecto a la competencia? <https://bit.ly/2LEY7VJ>.

b) Según la información de la página, ¿en qué consiste el compromiso 100 % natural? <https://bit.ly/2CNE31Z>.

2 > Lee en el siguiente enlace el artículo titulado «IKEA vende muebles con carga inalámbrica para móviles» (<https://bit.ly/2AuliPf>). Responde a las siguientes preguntas:

a) ¿Qué tipo de producto vende IKEA para cargar móviles?

b) ¿A qué tipo de innovación hace referencia?

3 > En el siguiente artículo encontrarás información sobre 8 ideas de negocios para emprender: <https://bit.ly/2FR1Yfo>. Responde a las preguntas:

a) ¿Cuál crees que puede ser una patente con éxito? ¿Por qué?

b) ¿De qué tipo de innovación trata la opción elegida?

3.2. Producto

Un **producto** es cualquier bien o servicio (o la combinación de ambos) que se ofrece con la finalidad de satisfacer los deseos del consumidor.

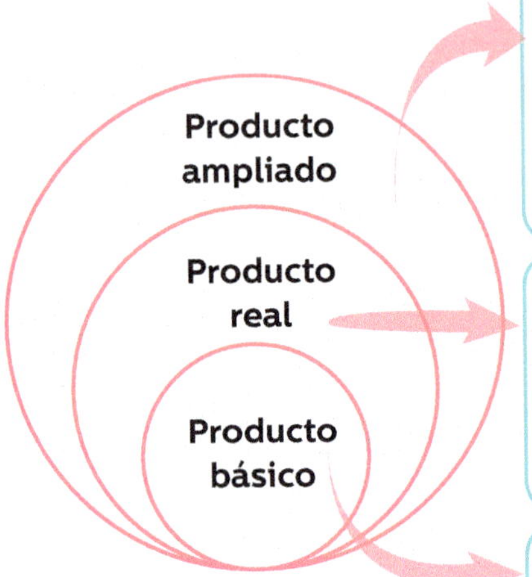

- **Producto ampliado:** Son los atributos extrínsecos al producto que aumentan su utilidad y proporcionan un valor añadido: servicio posventa, garantía, financiación, entrega y servicio a domicilio, instalación, ventajas del producto respecto al que ofrece la competencia...
- **Producto real:** Son las características del producto que permiten que cumpla su función básica: diseño, envase, imagen de marca, nivel de calidad...
- **Producto básico:** Son los atributos esenciales del producto y la necesidad básica que satisface.

3.3. Precio

El **precio** es el dinero que se paga por adquirir un producto o servicio.

Las empresas utilizan distintos métodos para fijar sus precios.

Con un margen sobre costes

Precio de venta = coste + margen sobre el coste.

Teniendo en cuenta la demanda

El precio se modificará teniendo en cuenta la elasticidad precio de la demanda:

- Si la demanda es elástica (al subir el precio, baja la cantidad demandada), la empresa intentará no subir mucho los precios.
- Si la demanda es inelástica (una subida del precio casi no modifica la cantidad demandada), la empresa puede subir los precios.

Teniendo en cuenta la competencia

Existen tres alternativas en función del producto:

- Si el producto es mejor que el de la competencia: la empresa fijará un precio mayor.
- Si el producto es parecido al de la competencia: la empresa mantendrá un precio similar.
- Si el producto es peor que el de la competencia: la empresa establecerá un precio inferior.

Merchandising en los supermercados

Los supermercados e hipermercados utilizan estrategias para incrementar sus ventas. Destacan, entre otras:

Ruta y pasillos

Tradicionalmente, en la mayoría de los supermercados, la entrada estaba a la derecha de la línea de caja, ya que es habitual que los consumidores giren la cabeza siempre primero hacia ese lado. Pero hoy día son muchas las cadenas que optan por ubicar la entrada en el centro de la zona de cajas y frente a la sección de frutería (simulando la frescura de un mercado tradicional).

Los productos suelen estar presentados según un esquema «mimi»: zona magnética (productos necesarios: carne, pan, frutas), zona de impulso (dulces, cosméticos, aperitivos) y así sucesivamente.

Altura de los productos

Esto suele responder a las siguientes pautas:

- A la altura de la cabeza: productos llamativos.
- A la altura de los ojos (entre 1,5 y 1,7 metros del suelo): productos con los que el establecimiento obtiene mayor margen.
- A la altura de la mano (niveles altos): productos con una alta demanda.
- A la altura de la mano (niveles bajos): productos indispensables.
- A ras de suelo: productos necesarios y envases grandes.
- En las góndolas: productos en oferta o aquellos que el establecimiento tiene mayor interés en sacar al mercado.

3.4. Promoción

La **promoción** es el conjunto de actividades de corta duración dirigidas a intermediarios y consumidores, que tratan de estimular la demanda de un producto a corto plazo, comunicando su existencia, sus características y las necesidades que satisface.

Dicha información permitirá a la gerencia de la empresa evaluar el factor trabajo del que dispone la organización, analizar sus fortalezas y debilidades, etc.

Su objetivo es situar los productos de la empresa al alcance del consumidor en el lugar, momento y cantidad más adecuados para facilitar y estimular su consumo.

Actividades de promoción

Publicidad
Forma de comunicación masiva, pagada por la empresa, que informa al consumidor sobre las características del producto e intenta construir una imagen de marca.

Relaciones públicas
Conjunto de actividades (relaciones con la prensa, financiación de actos culturales, patrocinio de equipos deportivos, etc.) cuya finalidad es crear una imagen favorable hacia la empresa y sus productos.

Promoción de ventas
Actividades, de duración determinada, que pretenden provocar un efecto inmediato sobre las ventas (participación en concursos, muestras gratuitas, ofertas 2x1, etc.).

Fidelización
Acciones que tratan de conservar a la clientela y conseguir que no cambie de marca o de establecimiento comercial.

Merchandising
Conjunto de técnicas que pretenden destacar el artículo en el punto de venta y facilitar su compra.

3.5. Distribución

En función del número de intermediarios que se necesitan para que los productos lleguen desde el fabricante hasta el consumidor se habla de:

Canal largo

Fabricante → Mayorista → Minorista → Consumidor

Canal corto

Fabricante → Minorista → Consumidor

Canal directo

Fabricante → Consumidor

El comercio electrónico: nuevo canal de distribución

El INE publica un boletín informativo sobre el comercio electrónico y el uso de las nuevas tecnologías, y las compras por internet, que pone de manifiesto un imparable aumento del comercio electrónico. En el año 2017 el 25,7 % de los hogares realizó alguna compra a través de internet. El gasto supuso un 1,5 % del total.

4 Ayudas y apoyo a la creación de empresas

4.1. Ayudas a la creación de empresas

La Dirección General de Industria y de la Pequeña y Mediana Empresa elabora una guía dinámica (permanentemente actualizada) que contiene información detallada sobre ayudas e incentivos con plazo de solicitud abierto.

La guía está organizada por comunidades autónomas y sectores productivos y en ella se recogen ayudas e incentivos a la creación de empresas convocados por la Administración General del Estado, administraciones autonómicas, administraciones locales y otros organismos públicos. En este enlace podrás descargártela: <http://bit.ly/1Q2 truE>.

Asimismo, la Dirección General de Industria y de la Pequeña y Mediana Empresa pone a disposición del futuro emprendedor una guía de ayuda:

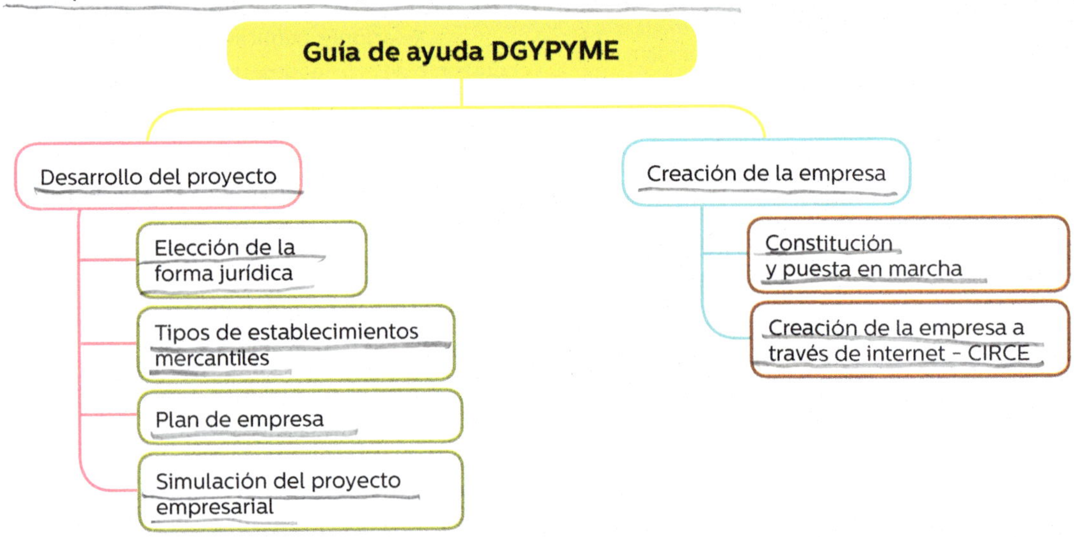

En el siguiente enlace puedes elegir la comunidad o comunidades autónomas que prefieras y comprobar las ayudas que ofrecen: <http://bit.ly/1Kh9hZq>.

4.2. Otras ayudas y apoyos a la creación de empresas

Con las ayudas y apoyos a la creación de empresas citados coexisten, entre otros, los que se exponen a continuación.

4.2.1. Créditos ICO a la creación de empresas

El Instituto de Crédito Oficial (ICO) financia, a través de sus líneas de mediación, tanto proyectos de inversión como necesidades de liquidez de autónomos y empresas (<www.ico.es>).

El Instituto de Crédito Oficial es un banco público, con forma jurídica de entidad pública empresarial, adscrito al Ministerio de Economía y Empresa.

En particular, existen dos líneas de mediación (<http://bit.ly/1OSYmuy>):

- **Línea ICO. Empresas y Emprendedores.** Financiación orientada a autónomos y empresas que realicen inversiones productivas en el territorio nacional y que precisen cubrir sus necesidades de liquidez.
- **Línea ICO. Garantía SGR.** Financiación orientada a autónomos y empresas españolas o mixtas con capital mayoritariamente español que cuenten con el aval de una sociedad de garantía recíproca.

4.2.2. Cámara de Comercio de España

La Cámara de Comercio de España ofrece a los emprendedores tanto información para concretar su idea de negocio y crear la empresa como ayuda y asesoramiento para realizar los trámites de constitución.

<http://bit.ly/1Zp7Kra>

4.2.3. Ventanilla Única Empresarial

La Ventanilla Única Empresarial es un programa público del que se pueden beneficiar todas aquellas personas que dispongan de un proyecto emprendedor o de una empresa que desarrolle su actividad en España.

<https://bit.ly/2zCqvET>

4.2.4. Programa de Apoyo Empresarial a las Mujeres (PAEM)

Es un programa dirigido a mujeres para «apoyar las iniciativas de mujeres con inquietud emprendedora, en cualquier fase de su proyecto, tanto en el inicio de la idea empresarial como en su puesta en marcha y consolidación» (Ministerio de Sanidad, Consumo y Bienestar Social).

<http://bit.ly/1BldsVb>

Este programa proporciona información, asesoramiento y orientación empresarial y derivación a Microbank (entidad financiera de Caixabank) de aquellos proyectos empresariales calificados como viables, para acceder a financiación en condiciones ventajosas, sin necesidad de avales.

4.2.5. INJUVE

El Instituto Nacional de la Juventud (INJUVE) publica subvenciones para la creación de empresas convocadas por diferentes administraciones públicas.

<http://bit.ly/1SRHNRj>

El Instituto de la Juventud es un organismo público, adscrito al Ministerio de Sanidad, Consumo y Bienestar Social, cuya actividad principal se dirige a promover actuaciones en beneficio de los jóvenes.

CONSULTA EN INTERNET

CIRCE

El Centro de Información y Red de Creación de Empresas (CIRCE) es un sistema de información que permite realizar de forma telemática los trámites y puesta en marcha de determinadas sociedades mercantiles en España.

En el siguiente enlace puedes ver un vídeo en el que se describe qué es CIRCE:

<http://bit.ly/1n5jp2L>

ACTIVIDADES

4 > Visita la página web de la Cámara de Comercio de España: <http://bit.ly/1Zp7Kra>.

En ella encontrarás información sobre las ayudas que este organismo brinda a la creación de empresas. Redacta un resumen de todas esas ayudas.

5 > De las entidades citadas en este epígrafe, algunas ofrecen servicios muy diversos. Entra en la página web del Instituto Nacional de la Juventud (<https://bit.ly/2RcrJRt>) y busca información acerca del cuerpo europeo de solidaridad y de las posibilidades que te ofrece.

Injuve
Instituto Nacional de la Juventud

1 En el enlace <https://bit.ly/2RoKSz9> encontrarás información sobre el sistema de producción de Toyota.

Después de leerlo, responde a las siguientes cuestiones:

a) Explica el significado de «jidoka».

b) Explica el significado de *just in time*, así como de los tres principios en los que se basa.

2 Lee el artículo de Enrique Dans «Un canal más», que encontrarás en el siguiente enlace: <http://bit.ly/1P4mooe>, y responde a las siguientes cuestiones:

a) Busca en internet quién es Enrique Dans y a qué se dedica.

b) ¿Es la red un canal más? Justifica tu respuesta.

3 Alguna vez habrás oído hablar del gran hermano que controla Zara. Lee el siguiente artículo y explica las principales ideas que recoge: <https://bit.ly/1Mbs9Kr>.

4 ¿Qué es el ciclo de vida de un producto? ¿En qué fase de su ciclo de vida se encuentran los siguientes productos?

- Radiocasete.
- iPhone Xs.
- Coca-Cola.
- Dispositivo de lectura de libro electrónico o *e-reader*.

¿En qué fase crees que se obtendrán mayores beneficios?, ¿y en cuál la competencia será mayor?

5 En el siguiente enlace encontrarás un artículo de *El País* titulado «El *low cost* se lava la cara»: <http://bit.ly/1FsthWv>. Léelo con atención y responde a las siguientes cuestiones:

a) Explica las tres fases por las que ha pasado el *low cost* según el profesor Josep Francesc Valls.

b) ¿Qué cambios ha experimentado el *low cost* aéreo? ¿Y el textil?

6 En el enlace de e-empresarias.net, programa de apoyo empresarial a las mujeres, encontrarás ayudas y subvenciones para mujeres emprendedoras: <https://bit.ly/2BLHAgH>.

Pincha en el mapa de tu comunidad autónoma y confecciona un cuadro en tu cuaderno en el que especifiques en qué consiste la ayuda y cuáles son los requisitos para recibirla.

7 En el siguiente enlace del Instituto de la Juventud encontrarás información relevante sobre becas y empleo: <http://bit.ly/1qWi8XE>.

Busca información sobre las últimas ayudas convocadas para la creación de empresas y resume en qué consiste la ayuda, así como los requisitos exigidos.

8 Visita la siguiente página web: <https://bit.ly/2BbQFiy> y responde a las siguientes cuestiones:

a) ¿Qué es el *crowdfunding*?

b) Enumera y explica brevemente los tipos de *crowdfunding*.

c) Elabora un listado con las principales plataformas de *crowdfunding* que existen.

9 El primer capítulo del libro *No logo* («El poder de las marcas»), de Naomi Klein, comienza con el siguiente fragmento:

> «En mi vida privada siento pasión por el paisaje, pero nunca he visto que los carteles embellecieran ninguno. Cuando todo alrededor es bello, el hombre muestra su rostro más vil al colocar una valla publicitaria. Cuando me jubile de Madison Avenue, voy a fundar una sociedad secreta de enmascarados que viajarán por todo el mundo en motocicletas silenciosas destruyendo todos los carteles bajo la luz de la luna. ¿Cuántos tribunales nos condenarán cuando nos sorprendan realizando estos actos a favor del ciudadano?»
>
> Fuente: David Ogilvy (fundador de la agencia publicitaria Ogilvy&Mather) en *Confessions of an Advertising Man.*

Responde a las siguientes cuestiones:

a) ¿Qué trata de analizar Naomi Klein en su libro *No logo*?

b) ¿Qué mensaje transmite David Ogilvy en el fragmento anterior? ¿Estás de acuerdo con él?

c) Visita la página web de la agencia publicitaria Ogilvy&Mather, selecciona alguno de sus trabajos y analiza aquellos aspectos que más te llamen la atención: <https://www.ogilvy.com/>.

10 Encuentra en esta sopa de letras las 4 P del marketing y anota las palabras en tu cuaderno.

A	Q	W	E	R	T	Y	U	I	O	P	Z	X	C	V	B	N	M	Ñ
H	A	C	O	M	U	N	I	C	A	C	I	O	N	G	H	K	P	L
Y	A	S	L	D	K	J	F	O	V	W	X	C	N	Y	U	R	C	P
Ñ	S	X	W	E	G	N	M	T	Z	S	E	T	J	K	E	B	N	L
J	Q	W	C	H	I	U	J	C	C	M	L	O	R	C	D	L	G	Ñ
O	Z	X	C	H	U	Y	L	U	B	V	W	Y	I	V	Q	A	H	K
R	J	U	R	I	P	P	N	D	L	O	H	O	F	D	O	Ñ	R	B
I	C	L	Ñ	Q	B	N	U	O	E	Y	I	B	O	Y	T	I	P	V
P	A	J	J	D	I	S	T	R	I	B	U	C	I	O	N	C	M	K
Ñ	L	O	O	M	A	S	A	P	L	U	D	D	I	O	G	R	C	A

CUADERNO

11 En el siguiente enlace <https://bit.ly/2sHlLsR> encontrarás las principales conclusiones del Estudio de Redes Sociales 2018. Después de leerlo, responde a las siguientes preguntas:

a) ¿Cuál es el número de usuarios en España? Compáralo con la población total que vive en España.

b) ¿Cuál ha sido la red social con mayor ascenso? ¿Frente a la caída de qué red?

Marketing sensorial. Aprende cómo utilizan las empresas el neuromarketing para vender sus productos

Objetivos

- Aprender a reconocer la influencia de la música en nuestros procesos de compra.
- Saber que los colores tienen un efecto sobre nuestro cerebro, pues se asocian a determinadas sensaciones e influyen en nuestras decisiones de compra.
- Reconocer cómo el aroma y el gusto son claves a la hora de llevar a cabo el acto de compra.
- Ser conscientes de la implicación de todos nuestros sentidos en cada decisión de compra y ser capaces de identificar nuestras reacciones a ciertos estímulos.

Desarrollo

Antonio Damasio fue el primero en hablar de neuromarketing en los años 90 y afirmó que nuestras decisiones de compra no están basadas solo en el pensamiento racional sino también en el emocional. El neuromarketing estudia cómo reacciona el cerebro ante determinados estímulos con el objetivo último de activar el punto S (interruptor de compra o *buy botton*), que es aquel que da origen a la compra. En el año 2001, algunas empresas como Coca-Cola y Delta Airlines comenzaron a hacer uso del neuromarketing.

El Pepsi Test

En los años 70, Pepsi lanzó la campaña «Desafío Pepsi». Se realizaron pruebas a ciegas en las que la mayor parte de los consumidores preferían Pepsi por el sabor. Sin embargo, cuando a los participantes se les indicaba en la prueba cuál era cada bebida, preferían Coca-Cola a pesar de que su lado racional (el sabor) les había hecho elegir Pepsi. Por lo tanto, se trata de una demostración del poder de la marca y de las emociones que suscita (en este caso Coca-Cola) frente a la parte racional (el sabor de Pepsi).

Música y neuromarketing

Ya decía Nietzsche que «sin la música la vida sería un error». El neuromarketing está estudiando qué tipo de música es adecuado para cada tipo de productos en sus campañas publicitarias. En general, se puede afirmar que la música potencia la identidad de la marca.

Por otra parte, es bien conocido el efecto de la música en el ambiente, puesto que esta influye tanto en la intención de compra como en el estado de ánimo de compradores potenciales.

Colores y neuromarketing

La luminosidad y los colores de las marcas ejercen un poder sobre la clientela. Es por ello que en función de las sensaciones que quieran despertar y de su público objetivo, las marcas utilizan diferentes colores.

Por su parte, el logo —que se caracteriza por el color— tiene valor cuando consigue ser recordado. Algunos de ellos se asocian a determinados colores: Coca-Cola (rojo), Ferrari (rojo), McDonald's (amarillo y verde), etc.

Los colores suelen asociarse a determinados valores y por ello se utilizan con cierto tipo de productos:

- **Blanco:** pureza, higiene, delicadeza. Se asocia a productos *light*, perfumería femenina y productos de limpieza.
- **Verde:** frescura, armonía, vida. Productos ecológicos, cosmética natural, chicles refrescantes.
- **Azul:** calma, respeto. Agua mineral, productos bajos en calorías, colonias frescas.

Aromas y neuromarketing

Cuando los expertos se dieron cuenta de que un aroma era capaz de modificar un comportamiento se comenzó a hacer uso de los aromas en marketing. Los primeros experimentos realizados en este sentido demostraron que las personas se muestran más dispuestas a ayudar a otras cuando hay determinados aromas en el ambiente.

Ante estas evidencias, la mayoría de las marcas han comenzado a utilizar aromas que responden al producto que quieren vender. Así, si se trata de una empresa de muebles, el aroma elegido será cuero o cedro; aquellas empresas que quieren crear sentimientos de nostalgia recurren al aroma a polvo de talco, y aquellas otras que optan por un ambiente relajado, eligen lavanda o vainilla.

Son muchas las empresas que hacen uso de aromas con fórmulas secretas. Es el caso de Nestlé, Colgate, Gillete, Sony, Lexus, Disney o Samsung, que los utilizan en sus establecimientos para diferenciarse de la competencia. British Airways utiliza aroma a yodo marino en sus cabinas de primera y *business;* Singapore Airlines usa un aroma propio (Stefan Florida); los coches Rolls Royce se impregnan de aromas a cuero y madera; Samsung ha optado también por su propia fragancia (Intimate Blue), etc.

Tacto y neuromarketing

Se trata del último de los sentidos que está siendo investigado en marketing para completar su influencia en el comportamiento de compra de los consumidores. Se intentan diseñar los productos (tamaño, textura...) de modo que el cerebro reciba señales que propicien la elección de ese producto por parte de quien lo consume.

Entre las empresas que más utilizan el tacto para fomentar las compras destacan Bang&Olufsen, así como todas las compañías fabricantes de teléfonos móviles. Empresas como Apple, Coca-Cola o Audi crean sus productos con superficies suaves y contornos redondeados, información que se transmite desde las yemas de los dedos hasta el cerebro y que en investigación se considera que favorece una percepción adecuada del producto en cuestión.

ACTIVIDADES

1 > Cuando hayas leído y trabajado la información contenida en el proyecto, elabora tu propia definición de neuromarketing.

2 > Cita el nombre de cinco establecimientos que frecuentas o en los que realizas compras y que tienen un olor característico.

3 > ¿Te parece que el material y la textura de los volantes condicionan las sensaciones percibidas por el consumidor? ¿Qué crees que pretenden las empresas a través del uso de diferentes materiales y texturas? Razona tu respuesta.

4 > Piensa en la última vez que has realizado una compra basada en cada uno de los sentidos estudiados en el proyecto.

5 > El marketing sensorial trata de ejercer una influencia decisiva sobre nuestras pautas de consumo. En el siguiente enlace encontrarás un documental sobre su influencia: <http://bit.ly/1uljTNZ>.

Cuando lo hayas visto, elabora un resumen e indica los ejemplos concretos que aplican las empresas para modificar nuestros procesos de compra a través del neuromarketing.

6 > ¿Crees que llegará un momento en el que no tomemos libremente nuestras propias decisiones de compra?

La familia Jones

Sinopsis

La familia Jones, compuesta por cuatro miembros, se traslada a una zona privilegiada. Rodeados de lujo y haciendo ostentación de todo tipo de productos, enseguida se convierten en la envidia del vecindario.

En apariencia son una familia perfecta, y así es como la perciben sus vecinos.

Sin embargo, un hecho trágico provocará que todos sus vecinos conozcan el verdadero vínculo que existe entre ellos, así como el objetivo que persiguen.

Claves de trabajo

La película nos hace reflexionar sobre los métodos que utilizan las empresas para convencer a los consumidores en sus procesos de compra.

¿Hasta dónde son capaces de llegar las empresas? Los mensajes publicitarios no tienen el mismo impacto que nuestra tendencia a imitar a referentes de la moda o que los consejos que nos dan otras personas acerca de sus compras.

En este sentido, las empresas podrían pagar a algunos consumidores para marcar tendencia en el mundo de la moda, por ejemplo. ¿Es esta película un precedente del mundo de los blogs sobre moda? ¿Existe alguna relación entre estos últimos y los protagonistas de la película?

FICHA TÉCNICA

- **Título original:** *The Jones.*
- **Dirección:** Derrick Borte.
- **Guion:** Randy Dinzler, Derrick Borte.
- **Duración:** 96 minutos.
- **Nacionalidad:** EE. UU.
- **Año de producción:** 2009.
- **Reparto:** Demi Moore, David Duchovny, Amber Heard, Ben Hollingsworth, Gary Cole, Glenne Headly.
- **Fotografía:** Yaron Orbach.
- **Música:** Nick Urata.
- **Género:** drama, comedia negra.

ACTIVIDADES

1 > Describe cuál es la influencia que ejerce la familia Jones sobre el vecindario. ¿Por qué tienen esa capacidad de influencia?

2 > La película nos invita a reflexionar sobre el consumo responsable. ¿Lleva a cabo Larry un consumo responsable durante la película? ¿Qué consecuencias tienen sus pautas de consumo sobre el equilibrio económico financiero de su familia?

3 > ¿Crees que lo que has visto en la película podría darse en el mundo real?

4 > ¿Consideras que los deportistas de élite se asemejan a la familia Jones por su influencia sobre jóvenes y niños?

5 > ¿Cuál es el papel de los blogueros y blogueras de moda en la actualidad? ¿Reciben alguna compensación por parte de las marcas? ¿Reciben los futbolistas alguna por llevar prendas deportivas de una marca determinada?

Las actividades en la empresa

Las actividades en la empresa
- Aprovisionamiento y producción
- Comercial y marketing
- Financiación e inversión
- Recursos humanos

La función de producción
- Definición
- Tipos de utilidad
- Transformación de *inputs* en *outputs*
- I+D+i
- Tipos de innovación

La función comercial y de marketing
- 4 P del marketing mix
- Producto: tipos
- Precios: métodos de fijación
- Promoción: actividades de promoción
- Distribución: canales

Ayudas y apoyo a la creación de empresas
- Ayudas e incentivos
- Créditos ICO
- Cámara de Comercio de España
- Ventanilla Única Empresarial
- Otras ayudas

TEST DE EVALUACIÓN

Resuelve en tu cuaderno o bloc de notas

1 > Las actividades en la empresa son:

a) Comercial y marketing, porque lo importante es que la empresa venda sus productos.

b) Financiación, recursos humanos y producción.

c) Inversión, recursos humanos y aprovisionamiento.

d) Aprovisionamiento y producción; comercial y marketing; financiación e inversión y recursos humanos.

2 > Los siguientes tipos de utilidad de los bienes son:

a) De forma, lugar, tiempo, propiedad e información.

b) De forma, lugar y tiempo.

c) De propiedad e información.

d) De forma, propiedad e información.

3 > El plan de marketing es:

a) Un documento en el que la empresa fija sus objetivos comerciales.

b) El documento en el que la empresa establece sus objetivos comerciales, además de las estrategias y el presupuesto que va a utilizar para conseguirlos.

c) Un documento en el que la empresa determina las estrategias que va a utilizar para conseguir sus objetivos.

d) Ninguna es correcta.

4 > Las estrategias del marketing mix son:

a) Producto, precio, distribución y promoción.

b) Producto y precio.

c) Distribución y promoción.

d) Promoción, precio y producto.

5 > El producto ampliado está formado por:

a) Las características del producto que permiten que cumpla su función básica.

b) Los atributos esenciales del producto y la necesidad básica que satisface.

c) Los atributos extrínsecos al producto que aumentan su utilidad y proporcionan un valor añadido.

d) Ninguna es correcta.

6 > En función del número de distribuidores en el canal de distribución se puede hablar de:

a) Canal corto y largo.

b) Canal directo, corto y largo.

c) Canal directo y corto.

d) Canal largo y directo.

9) La función contable. Documentos de cobro y pago. El archivo

Vamos a aprender

1. La función contable
2. Documentos de cobro y pago
3. El archivo

Mi aportación a la empresa

Tus padres han decidido poner en marcha una empresa de construcción que se va a dedicar a la rehabilitación de viviendas.

Te han encargado que lleves a cabo varias tareas relacionadas con la empresa. En primer lugar, debes obtener información económico financiera sobre otras empresas similares del sector.

A lo largo de la unidad descubrirás que para ello debes solicitar las Cuentas anuales de esas empresas y, en particular, su Balance. Asimismo, serás capaz de entender la información contenida en un Balance para poder explicársela a tu familia.

Por último, tu familia te ha planteado qué medios utilizará tanto para pagar a sus proveedores como para cobrar a sus clientes. Se trata de un nuevo reto que serás capaz de resolver al finalizar esta unidad.

¿QUÉ SABEMOS DE?

1 > ¿Dónde puedes obtener la información relativa a las Cuentas anuales de las empresas del sector?

2 > ¿En qué crees que puede consistir el Balance de una empresa?

3 > ¿Conoces algunos medios de cobro o pago que utilizan las empresas?

1 La función contable

La función de la contabilidad consiste en recoger y presentar fielmente la información económico financiera relevante de la empresa. Para ello, todas las empresas deben regirse por las mismas normas, es decir, la información contable debe estar normalizada según lo establecido en el Plan General Contable.

Los requisitos que debe reunir la información contable son los siguientes:

- **Relevante.** La información recogida por la contabilidad debe ser realmente importante para la toma de decisiones de los agentes implicados en la contabilidad.
- **Fiable.** Dicha información contable ha de estar libre de errores.
- **Íntegra.** La información contable no debe omitir ningún dato importante.
- **Comparable.** Se debe poder comparar la información contable de la empresa con la de otras empresas, así como con la de ejercicios pasados y futuros de la misma empresa.
- **Comprensible y clara.** Esta debe ser lo más clara y comprensible posible tanto para los integrantes de la empresa como para agentes externos.

Primeros documentos contables

«(...) Los primeros documentos escritos que se conocen, constituidos por millares de tablillas de arcilla con inscripciones en caracteres protocuneiformes, elaboradas hace más de 5 000 años, contienen tan solo números y cuentas, sin textos ni palabras.

Este hecho hace concluir a los investigadores que la escritura debió de surgir hacia el año 3300 a. C., para satisfacer la necesidad que sentían los antiguos habitantes de Mesopotamia de registrar y dejar constancia de sus cuentas (...)»

Fuente: Esteban Hernández Esteve
<http://bit.ly/1RDrHG5>

¿A quién le interesa la información contable de las empresas?

La información contable le interesa a todos aquellos colectivos cuyas decisiones se pueden ver influidas por ella. En concreto, son los siguientes:

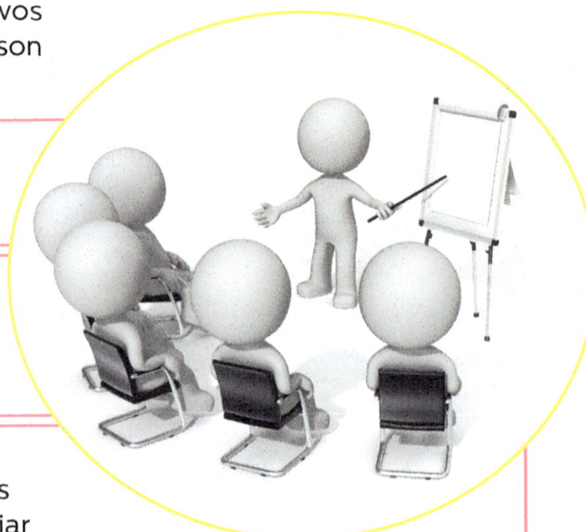

- **Accionistas** → El valor de sus acciones y los dividendos de estas dependerán de los beneficios de la empresa.
- **Sector público** → Las empresas pagan impuestos sobre sus beneficios, de ahí el interés del Estado en conocer la información contable.
- **Trabajadores** → La viabilidad de la empresa es fundamental tanto para conservar sus puestos de trabajo como para negociar subidas salariales.
- **Inversores** → Las decisiones de inversión se basan en la rentabilidad del proyecto.
- **Proveedores** → La información contable les interesa en la medida en que de ello depende la solvencia de la empresa para pagar.

La información contable se recoge en las Cuentas anuales:

Cuentas anuales

Balance de situación
Situación económico financiera de la empresa en un momento concreto.

Cuenta de pérdidas y ganancias
Muestra el resultado del ejercicio (beneficios o pérdidas), así como el origen de este.

Estado de cambios en el Patrimonio neto
Variaciones en el Patrimonio neto de la empresa de un ejercicio a otro.

Memoria
Amplía la información del resto de Cuentas anuales.

Recuerda

Según el Plan General de Contabilidad de pymes, estas y las microempresas pueden optar por presentar los modelos abreviados de Cuentas anuales.

Las Cuentas anuales deben depositarse cada ejercicio económico en el Registro Mercantil, lo cual garantiza su publicidad.

Existe un servicio de información mercantil interactiva disponible a través de la página web del Colegio de Registradores de la Propiedad y Mercantiles de España, que permite consultar información sobre las empresas que están inscritas en los registros mercantiles.

Puedes ampliar la información sobre este servicio en el siguiente enlace: <https://www.registradores.org/mercantil/jsp/menu/icara.jsp>.

VOCABULARIO

balance social: es el instrumento que utilizan las empresas para cuantificar y valorar su política social.

Este muestra los beneficios que aporta la empresa a la sociedad (beneficios sociales), frente a los costes en los que incurre la sociedad por la existencia y actividad de dicha empresa (costes sociales).

ACTIVIDADES

1 > Busca en la prensa económica tres artículos en los que empresas españolas hayan logrado incrementar sus beneficios en el último ejercicio económico. Haz lo mismo para tres empresas multinacionales que hayan tenido pérdidas en el último ejercicio económico.

2 > Lee el artículo del enlace <https://bit.ly/2McjEXm> y responde a las preguntas:

- ¿De qué cuenta anual se obtiene la cifra de beneficios de la empresa?
- ¿Por qué Mercadona tiene un beneficio inferior en 2017 al que obtuvo en 2016, a pesar de haber facturado más?

3 > Relaciona cada definición o afirmación de la columna izquierda con la Cuenta anual a la que se hace referencia en la columna derecha.

Muestra los beneficios o pérdidas de la empresa.	Balance de situación
Situación económico financiera de la empresa en un momento determinado.	Cuenta de pérdidas y ganancias
Contiene información adicional.	Estado de cambios en el Patrimonio neto
Muestra la evolución del Patrimonio neto de la empresa.	Memoria

4 > Elige una empresa que conozcas y enumera un listado de beneficios y costes sociales. ¿Es deficitario el balance social?

1.1. Balance de situación

El **Balance de situación** es el documento contable que muestra la situación económico financiera de una empresa en un momento determinado.

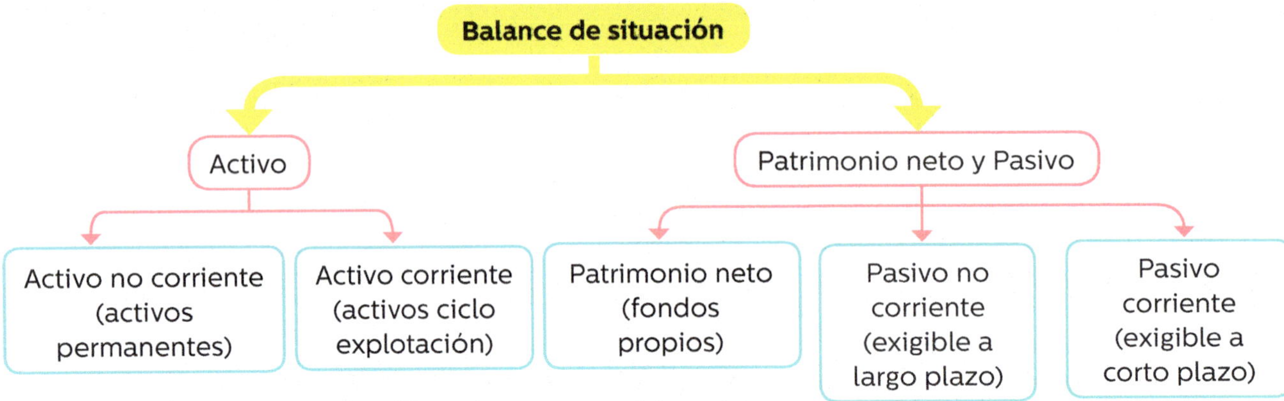

A continuación se recogen las diferentes masas patrimoniales.

1.1.1. Activo

El **Activo** son los bienes y derechos de la empresa. Los elementos del Activo se ordenan en función de su liquidez (facilidad de conversión en dinero), concretamente de menor a mayor liquidez.

Está constituido por:

- Activo no corriente. Dentro del Activo no corriente se encuentran los inmovilizados permanentes, es decir, aquellos que van a permanecer en la empresa durante más de un ejercicio económico. Se clasifican principalmente en:
  - **Inmovilizado intangible:** bienes intangibles de la empresa que es posible valorar económicamente, como la propiedad industrial, las aplicaciones informáticas, etc.
  - **Inmovilizado material:** bienes tangibles de la empresa que se utilizan en su ciclo de producción, como la maquinaria, los elementos de transporte, etc.
  - **Inversiones inmobiliarias:** inmuebles que son propiedad de la empresa pero que no se utilizan en su proceso productivo.
  - **Inversiones financieras a largo plazo:** activos financieros mantenidos por la empresa durante más de un ejercicio económico.
  - **Amortización acumulada del inmovilizado:** corrige la pérdida de valor del inmovilizado, que sigue figurando en el Balance a valor inicial.

- Activo corriente. Por su parte, en el Activo corriente figuran los activos de la empresa vinculados a su ciclo de explotación, y que se clasifican en:
  - **Existencias:** materias primas, productos terminados o mercancías almacenadas por la empresa con la finalidad de venderlos o utilizarlos durante su ciclo de explotación.
  - **Realizable:** derechos de cobro que la empresa podrá transformar en dinero a corto plazo, como los clientes.
  - **Disponible:** activos líquidos de la empresa, como caja o bancos.

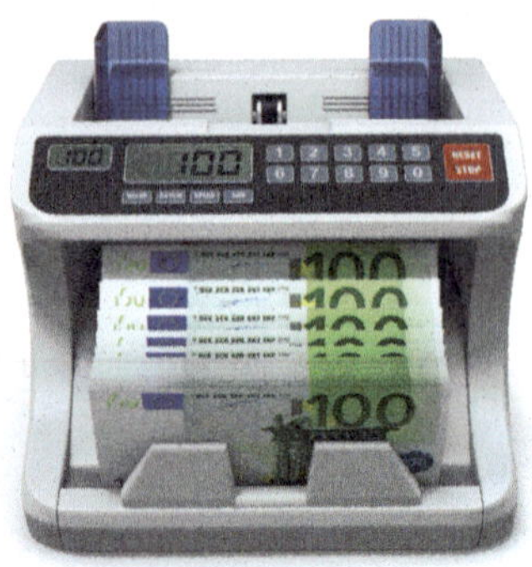

1.1.2. Patrimonio neto

El **Patrimonio neto** son los fondos propios de la empresa. Sus elementos se ordenan de menor a mayor exigibilidad (devolución).

- Capital. Está formado por las aportaciones de los socios a la empresa.
- Reservas. Están constituidas por los beneficios empresariales no distribuidos entre los socios. Se trata de la autofinanciación de la empresa.
- Resultado del ejercicio. Este figurará en el Balance cuando se decida su destino. Lo hará con signo positivo en el caso de que la empresa haya obtenido beneficios y con signo negativo si la empresa ha incurrido en pérdidas.

  La cifra de «Resultado del ejercicio» se obtiene de la Cuenta de pérdidas y ganancias.

1.1.3. Pasivo

El **Pasivo** son las deudas a las que la empresa tiene que hacer frente. Está formado, por tanto, por los recursos ajenos a la empresa.

Este se ordena por su plazo de exigibilidad (de mayor a menor plazo de devolución) y se encuentra constituido por:

- Pasivo no corriente. Lo integran aquellos préstamos que la empresa debe devolver en un mayor plazo de tiempo.
- Pasivo corriente. En él figuran aquellas deudas a las que la empresa debe hacer frente en el corto plazo.

EJEMPLO

Las deudas a corto plazo de la empresa con proveedores, entidades de crédito, Hacienda, etc.

1.2. Cuenta de pérdidas y ganancias

La **Cuenta de pérdidas y ganancias** nos informa sobre los beneficios o pérdidas de la empresa durante un ejercicio económico, así como sobre su origen.

Para su elaboración se tendrán en cuenta los ingresos y los gastos de la empresa.

Si los ingresos superan a los gastos, la empresa tendrá beneficios, mientras que si los gastos superan a los ingresos, la empresa incurrirá en pérdidas.

ACTIVIDADES

5 > Lee el siguiente artículo titulado «OHL se desploma en Bolsa horas antes de publicar sus cuentas» (<https://bit.ly/2K4QgBe>).

¿Por qué ha bajado el precio de sus acciones antes de que se hayan publicado sus resultados?

2 Documentos de cobro y pago

Al desarrollar su actividad, las empresas incurren en una serie de cobros y pagos. Esos flujos de cobros y pagos definen su posición de tesorería (en fecha valor). En este sentido, la tesorería de la empresa suele compararse con un depósito de agua que dispone de una entrada (cobros), y de un grifo a través del cual sale el agua (pagos).

Diversos factores influyen sobre los mecanismos de cobro y pago de las empresas. Dado que los medios de cobro y pago que emplean las empresas son las dos caras de una misma moneda, se tratarán de forma conjunta.

A continuación, explicaremos los principales instrumentos de cobro utilizados por las empresas.

Tesorería de la empresa.

2.1. La transferencia

La **transferencia** es una operación a través de la cual se transfiere (se envía, se mueve) una cantidad de dinero de una cuenta bancaria a otra.

Desde el punto de vista de los costes, la transferencia es un buen medio de cobro, puesto que solo suele asumir costes explícitos el emisor.

Como medio de cobro, la transferencia presenta el inconveniente fundamental de que quien decide emitirla es el deudor. Por lo tanto, la iniciativa escapa del control del receptor de la transferencia, que desconoce si el deudor la realizará y en qué momento lo hará.

Con el fin de controlar la posición de tesorería de la empresa es deseable que el cliente (el deudor) le indique previamente el envío de la transferencia, así como los pagos a los que se refiere esta. Asimismo, si ambas empresas (proveedor y cliente) tienen cuenta en la misma entidad bancaria, es conveniente que la transferencia se efectúe a través de esta, puesto que así el proveedor dispondrá antes del dinero en su cuenta.

A pesar de sus inconvenientes, la transferencia es el medio utilizado con más frecuencia por las Administraciones públicas.

Como medio de pago, las transferencias son adecuadas para las empresas en caso de hacer uso de programas informáticos para realizar las órdenes de transferencia.

VOCABULARIO

transferencia ≠ traspaso: el término «transferencia» se utiliza cuando las cuentas de origen y de destino se encuentran en distintas entidades bancarias, o bien cuando están abiertas en el mismo banco pero pertenecen a diferentes titulares. Suelen tener un coste explícito.

El término «traspaso» hace referencia a un movimiento de dinero entre dos cuentas abiertas en una misma entidad y con el mismo titular. El traspaso no tiene coste explícito.

2.1.1. La transferencia internacional

Mediante dicha transferencia, el importador emite instrucciones de pago al exportador. Esta se puede realizar en cualquier divisa.

En comercio internacional es uno de los medios más utilizados, tanto por su sencillez como por su reducido coste en comparación con otras opciones.

Timbre

Las transferencias no están gravadas por el impuesto de transmisiones patrimoniales y actos jurídicos documentados (timbre).

2.1.2. Comisiones en transferencias nacionales

En el esquema de la página siguiente se recogen las comisiones de las transferencias nacionales según información proporcionada por el Banco de España.

Comisiones en transferencias nacionales

- **En transferencias ordinarias.** Las comisiones son más elevadas para las transferencias ordenadas manualmente que para aquellas ordenadas mediante soporte magnético. Algunas entidades distinguen entre aquellas en las que el destinatario está en el mismo lugar o en uno distinto, y son superiores los costes de estas últimas (en la misma plaza o fuera de plaza).
- **En transferencias urgentes.** Las comisiones son más elevadas que en las ordinarias.
- **En traspasos internos.** Si las dos cuentas son de la misma entidad, la comisión suele ser menor.
- **Para entrega en efectivo.** Las comisiones suelen ser más altas si el ordenante paga o si el beneficiario cobra en efectivo.
- **Por datos incompletos.** La entidad bancaria puede cobrar una comisión si el emisor no dispone de algunos datos importantes para su tramitación. Además, el ordenante deberá aceptar el envío en esas condiciones.
- **Por errores.** Algunas entidades cobran una comisión de devolución si la transferencia es devuelta por algún error imputable al ordenante (por ejemplo, por error en los datos).

2.2. El cheque

El **cheque** es un documento utilizado como medio de pago, a través del cual el librador ordena al librado (entidad bancaria) que pague una suma de dinero al beneficiario o tenedor.

Como medio de cobro, el cheque tiene el inconveniente fundamental de que la iniciativa la tiene el deudor, por lo que la única alternativa del proveedor consiste en esperar a la fecha de vencimiento para recibir el cheque. El proveedor no tiene seguridad sobre si el deudor lo enviará o no, ni sobre cuándo lo hará.

Con el fin de controlar la posición de tesorería de la empresa es deseable que el cliente (deudor) le indique previamente al proveedor el día de envío del cheque y el método utilizado, para evitar retrasos en su recepción.

En resumen, se puede afirmar que el cheque es un buen medio de cobro siempre y cuando el deudor sea de plena confianza para el proveedor. Como medio de pago, la principal ventaja de los cheques de cuenta corriente se basa en sus bajos costes explícitos.

*** VOCABULARIO**

librador: persona o empresa que emite y firma el cheque.

librado: entidad bancaria que paga el importe del cheque.

tenedor o beneficiario: persona o empresa que puede cobrar el cheque.

¿Qué ocurre si no se paga un cheque?

La responsabilidad recae sobre el librador, que es a quien hay que reclamar. Si hubiera endosantes o avalistas, también estos serán responsables.

2.2.1. Tipos de cheques

A continuación se analizan los principales tipos de cheques.

Tipos de cheques

- **Cheque bancario.** El librador es la entidad bancaria que pagará el cheque (el librado).
- **Al portador.** El beneficiario es la persona que tiene el cheque.
- **Nominativo.** El beneficiario es la persona o empresa cuyo nombre figura en el cheque.
- **Cheque conformado.** La entidad bancaria asegura que quien paga el cheque tiene fondos suficientes para hacerlo.
- **Cheque para abonar en cuenta.** No se puede cobrar en efectivo, sino solo a través de una cuenta bancaria.
- **Cheque cruzado.** Se cobra a través de una entidad bancaria que será, a su vez, la encargada de realizar el cobro.

Fuente: Banco de España

2.3. Documentos negociables emitidos por el deudor

Se trata de pagarés o recibos negociables que emiten los clientes de la empresa.

La ventaja fundamental de este medio de cobro consiste en que se puede optar por el descuento comercial. Uno de sus principales inconvenientes es el coste del timbre.

Recuerda

El descuento de efectos consiste en la posibilidad que tienen las empresas de transformar sus efectos comerciales en dinero, antes de su fecha de vencimiento.

Al descontar los efectos, el banco entregará a la empresa una cantidad en efectivo inferior al nominal del efecto (letra de cambio, pagaré, etc.) en concepto de comisiones e intereses por la operación.

2.4. Recibos emitidos por el acreedor

Sus principales ventajas se derivan de que la iniciativa reside en el acreedor, y de un potencial ahorro de costes si el tratamiento de estos es informático.

Aunque los recibos son una opción adecuada para el cobro, no lo son tanto para el pago.

En el caso de que la empresa opte por los recibos domiciliados como medio de pago, deberá comprobar si son correctos o no cuando hayan sido cargados en su cuenta, con los consiguientes costes de gestión que esto genera.

2.5. Tarjetas de crédito

Las tarjetas de crédito, cuya importancia a título personal es innegable, son cada vez más relevantes para las empresas.

Como medio de cobro, su principal inconveniente son los costes que asume el establecimiento.

Desde el punto de vista del pago, una de sus ventajas fundamentales consiste en que las empresas evitan anticipar efectivo a su personal (para viajes, hoteles, peajes), y los emisores de tarjetas envían la información a la empresa sobre el uso de cada titular.

ACTIVIDADES

6 > Busca en internet una plantilla de un cheque bancario.

A partir de todo lo aprendido hasta ahora, cumplimenta todos los datos necesarios para que dicho cheque sea válido.

7 > En el siguiente enlace encontrarás un artículo sobre fraudes que se pueden cometer con cheques: <http://bit.ly/1vZ7C26>. Indica cuáles son los principales tipos de fraude y en qué consisten.

8 > En el enlace <https://bit.ly/2RPBy7l> encontrarás las claves para saber cómo actuar ante un fraude con tu tarjeta de crédito.

Resume las pautas que debes seguir.

9 > Lee el artículo «La mejor opción para hacer transferencias internacionales» (<https://bit.ly/2SZLf0C>) y responde a las siguientes cuestiones:

- Define las dos opciones que se señalan para realizar transferencias internacionales.
- En caso de transferencias «gratuitas», ¿de dónde obtiene el banco el beneficio?

3 El archivo

Las empresas generan infinidad de documentos que deben archivar correctamente. Solo así será posible localizar la información de manera rápida y eficaz, y evitar demoras innecesarias.

Entre los documentos que se deben archivar se encuentran facturas, sistemas de fabricación, documentación del personal de la empresa, informes, registros, etc. La empresa puede necesitar dicha información tanto para uso interno como externo, por ejemplo, para su clientela, empresas proveedoras, Administraciones públicas (Hacienda), etc.

Tipos de archivos

Organización

Archivo activo
Documentos actuales y de uso frecuente.

Archivo central
Conformado por todos los documentos de la empresa.
- **Grandes empresas:** suele coincidir con el archivo inactivo.
- **Pequeñas empresas:** suele incluir los tres tipos de archivos.

Archivos descentralizados
Se ubican en cada departamento o unidad de la empresa.

Archivo semiactivo
Documentos de uso poco frecuente; en tránsito hacia el archivo inactivo.

Archivo inactivo
Documentos que no se utilizan pero que la empresa debe conservar.

Archivo informático
Las empresas optan por este siempre que no sea obligatorio por la normativa el archivo físico de documentos originales.

Para archivar la documentación de la empresa es preciso clasificarla según unas características comunes. También es necesario codificar la información asignando símbolos diferentes (números, letras u otros símbolos) para identificar a qué categoría pertenece cada documento.

Clasificación documental

Clasificación

Alfabética
Los documentos se ordenan por orden alfabético. Por ejemplo, por nombre de empresas.

Cronológica
La documentación se agrupa en función de fechas (de envío, emisión, vencimiento, etc.).

Numérica
La clasificación se lleva a cabo utilizando números. Por ejemplo, por números de factura. En el interior de la carpeta, la clasificación puede ser alfabética.

Geográfica
La documentación se organiza según su origen geográfico.

Temática
Los documentos se clasifican en función del tema a que se refieren.

Decimal
Toda la información se agrupa en diez categorías. Por ejemplo, el sistema empleado en las bibliotecas.

✱ VOCABULARIO

archivo: según la RAE es el...
- Conjunto ordenado de documentos que una persona, una sociedad, una institución, etc., producen en el ejercicio de sus funciones o actividades.
- Lugar donde se custodian uno o varios archivos.

CONSULTA EN INTERNET

Ley de Protección de Datos

La Agencia Española de Protección de Datos es la autoridad estatal que vela por el cumplimiento de la normativa sobre protección de datos.

En el siguiente enlace <https://bit.ly/2xl9r71> encontrarás una infografía titulada «Los derechos que tienes para proteger tus datos personales».

✱ VOCABULARIO

codificar: es registrar algo siguiendo una combinación de letras, números u otros caracteres.

clasificar: es ordenar o disponer algo por clases.

1 A tu familia le gustaría ir a Valencia el próximo fin de semana. ¿Qué tipo de información consultáis antes de buscar alojamiento? ¿Por qué? ¿Tiene alguna relación vuestra búsqueda con la información contable? Expón otros dos ejemplos en los que busques información antes de tomar una decisión.

2 A lo largo de la unidad has estudiado que la información contable debe reunir unas condiciones con el objetivo de que sea efectiva para tomar decisiones. ¿Cuáles son esos requisitos?

3 Lee la información que encontrarás en el enlace <https://bit.ly/2stSIct> sobre Azucarera y explica a qué se deben sus pérdidas.

4 Lee en el Portal del Cliente Bancario del Banco de España (<https://bit.ly/2ANvP8u>) en qué consiste la comisión por orden de transferencia e indica por quién pueden ser pagados los gastos de la transferencia.

¿En qué consiste la comisión por transferencia con datos incorrectos o incompletos?

5 En la página web del Banco de España se encuentra el «Portal del Cliente Bancario». Dentro de este descubrirás cuáles son las comisiones de las transferencias internacionales. Lee la información proporcionada y elabora un esquema.

6 En el siguiente enlace encontrarás un vídeo sobre medios de pago en comercio electrónico: <http://bit.ly/21OTg5d>. Responde a las siguientes cuestiones:

a) ¿Cuáles son los principales métodos de pago en el comercio electrónico? Resume brevemente en qué consisten.

b) Resume las recomendaciones de uso de cada uno de los métodos de pago citados.

7 Indica en qué masa del Balance situarías las siguientes cuentas:

- Clientes.
- Proveedores.
- Maquinaria.
- Capital social.
- Existencias.
- Elementos de transporte.

8 Explica quiénes son los principales usuarios de la información contable y los motivos por los que pueden estar interesados en dicha información.

9 Visita el siguiente enlace y encuentra ejemplos sobre varios tipos de cheques: <http://bit.ly/1TeOvTS>. Analízalos y responde a las siguientes preguntas:

a) ¿Qué diferencias gráficas existen entre un cheque nominativo, a la orden o al portador?

b) ¿Qué elemento gráfico incorpora un cheque cruzado?

10 Busca en esta sopa de letras las cinco características que ha de reunir la información contable y escribe las palabras en tu cuaderno.

G	K	B	E	L	B	I	S	N	E	R	P	M	O	C
C	O	M	P	A	R	A	B	L	E	K	P	U	T	H
J	B	O	V	U	E	G	T	I	K	F	L	A	J	U
A	C	T	Y	I	L	O	K	J	G	T	Q	W	R	Ñ
R	S	C	E	X	E	G	Y	I	J	L	P	L	E	O
G	B	N	C	Z	V	A	Q	W	E	R	T	L	A	G
E	O	U	I	Y	A	N	B	V	C	X	B	Z	G	U
T	N	U	J	G	N	H	T	Y	U	A	I	T	G	C
N	A	Z	C	V	T	M	N	H	I	T	U	J	G	D
I	R	U	I	R	E	M	A	F	O	R	U	I	B	S

CUADERNO

11 Accede al siguiente reportaje de Juan del Busto Méndez sobre «Lecciones contables del caso Lehman»: <http://bit.ly/22TN6TD>. Lee solo las conclusiones e indica cuáles de los requisitos de la información contable no se reunían en Lehman Brothers, así como tu razonamiento al respecto.

12 Enumera y define los tipos de archivo según su uso.

13 Piensa en la empresa que te gustaría constituir en el futuro y, en función de su objeto social, decide el tipo de archivo que llevarías a cabo.

14 Lee las definiciones del crucigrama sobre los principales métodos de clasificación documental y anota las palabras en tu cuaderno.

DEFINICIONES:

1. Los documentos se clasifican en función del tema.
2. Los documentos se ordenan por orden alfabético.
3. Toda la información se agrupa en diez categorías.
4. La documentación se organiza según su origen geográfico.
5. La clasificación se lleva a cabo mediante números.
6. La documentación se agrupa en función de fechas.

15 En el siguiente enlace encontrarás el archivo de portadas de un periódico de tirada nacional: <https://elpais.com/hemeroteca/elpais/portadas/2018/>. Elige la que más te llama la atención y resume la principal noticia que se incluye en ella.

16 En el archivo de la Biblioteca Nacional de España se custodian dos fondos: el archivo de la Biblioteca Nacional de España y el archivo de la Junta Facultativa de Archivos, Bibliotecas y Museos. Investiga sobre cada uno de ellos y resume tus principales hallazgos al respecto.

17 Pregunta a uno de tus abuelos por su programa televisivo favorito en su juventud; búscalo en el siguiente enlace y visualízalo de nuevo junto a él o ella: <http://www.rtve.es/alacarta/tve/archivo/>. Comparte con tus compañeros y compañeras tu experiencia.

18 Lee en el enlace <https://bit.ly/2QS7FyE> un artículo sobre la contabilidad de los equipos de fútbol. A continuación, explica en qué se basa la diferencia entre sus ingresos y sus gastos.

19 En el siguiente enlace podrás leer el artículo titulado «La contabilidad del Recreativo de Huelva delata a Villar»: <http://bit.ly/1XWeyg1>. Explica el contenido del artículo a tus compañeros.

CONTASOL. Aprende a utilizar una aplicación informática para la gestión contable

En el mercado existen numerosos programas para la gestión contable de la empresa. En este apartado vamos a analizar de manera resumida el funcionamiento de **CONTASOL 2019,** que actualmente es una de las aplicaciones más utilizadas en el ámbito nacional por pymes, gestorías y consultorías contables y fiscales.

CONTASOL es un **programa gratuito,** por lo que puedes descargar la versión completa en la página web <http://www.sdelsol.com/>.

Una vez descargado, el proceso de instalación es muy sencillo; solo tendrás que seguir los pasos que te indique el asistente de instalación (imagen 1).

Imagen 1.

Al acceder a CONTASOL, en la primera pantalla podrás seleccionar el usuario con el que quieres trabajar. La primera vez que accedas solo aparecerá el usuario «Supervisor», pero podrás crear todos los usuarios que necesites en tu gestión.

El programa CONTASOL incluye una empresa de demostración. Puedes abrir esta empresa desde la solapa **Archivo > Abrir empresa.** Selecciona en la ventana que se muestra la empresa XD1 – Empresa de demostración y pulsa el botón **Aceptar.**

Una vez que se ha abierto esta empresa, podremos ver activas todas las opciones de **CONTASOL** (imagen 2).

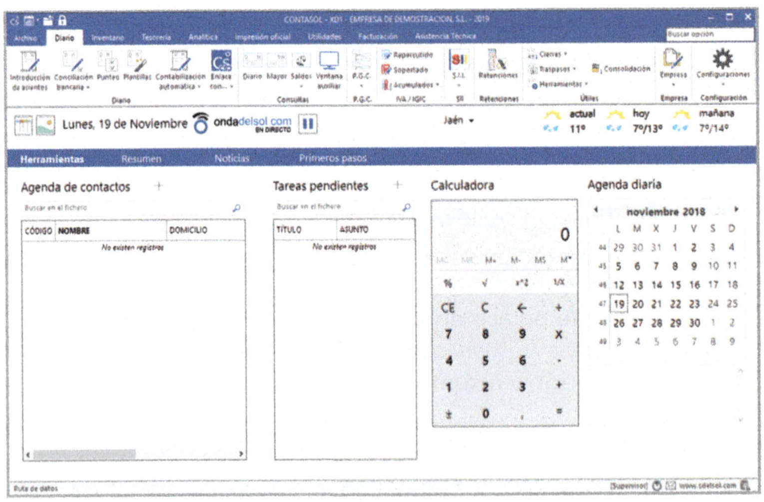

Imagen 2.

Solapa **Diario:** en esta se encuentra, entre otras, la opción **Introducción de asientos.** Es una de las opciones más importantes del programa, porque da acceso a la pantalla donde se introducen todos los movimientos contables (compras, ventas, pagos, cobros...).

Solapa **Inventario:** las opciones de esta pantalla permiten llevar el control de los bienes de la empresa, desde edificios hasta mobiliario de oficina, ordenadores, etc.

Solapa **Tesorería:** incluye las opciones que permiten controlar los pagos y los cobros pendientes.

Solapa **Analítica:** desde esta solapa puedes calcular distintas ratios contables y levantar estadísticas gráficas que permiten analizar el estado actual de la empresa (imagen 3).

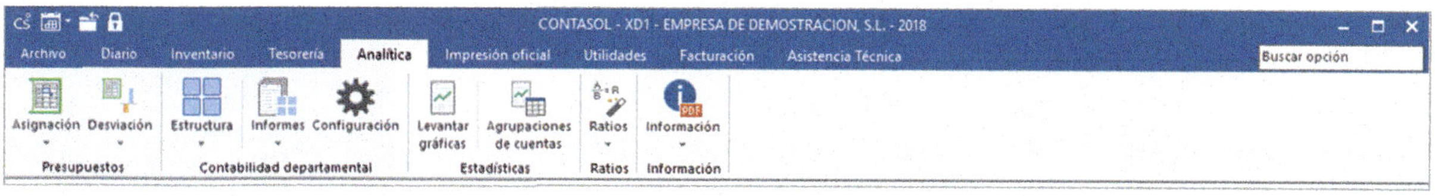

Imagen 3.

Solapa **Impresión oficial:** esta incluye las opciones para la impresión de las Cuentas anuales, así como los distintos libros contables (imagen 4). Más adelante veremos un ejemplo.

Imagen 4.

Solapa **Utilidades:** incluye, entre otras, varias herramientas como calculadora, agenda, calendario...

Solapa **Facturación:** en ella, CONTASOL integra un módulo con el que podrás hacer tus propias facturas e incluso personalizar el documento final (logotipo, textos adicionales...).

Solapa **Asistencia Técnica:** desde ella accederás a diversos documentos, vídeos y enlaces que pueden servirte de ayuda con el programa.

¿Cómo ver y emitir las Cuentas anuales de una empresa?

Como hemos visto anteriormente, desde la solapa **Impresión oficial** tenemos acceso a las opciones que nos permiten ver y emitir las Cuentas anuales de una empresa. Por ejemplo, vamos a emitir el Balance de situación de la empresa XD1 – Empresa de demostración SL.

Accederemos a la solapa **Impresión oficial > grupo Cuentas Anuales >** menú desplegable del icono **Balance de Situación >** opción **Modelo simple** (imagen 5).

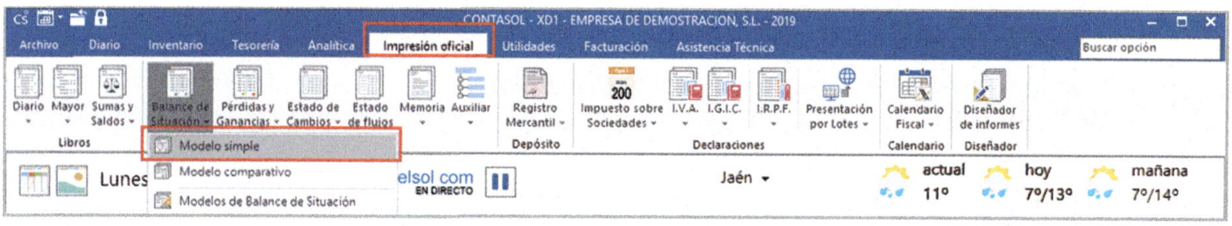

Imagen 5.

En la pantalla que se muestra, puedes elegir entre emitir el informe por impresora o crear un archivo Excel® o Calc® para poder editarlo. Pulsando el botón **Vista previa,** CONTASOL mostrará la siguiente pantalla (imagen 6).

Desde esta podrás imprimir el Balance de situación, convertirlo a fichero con formato PDF y enviarlo por correo electrónico.

En el caso de la Cuenta de pérdidas y ganancias, el proceso será el mismo. No obstante, en el caso de la Memoria y el estado de cambios en el Patrimonio neto, cuando CONTASOL lo haya calculado habrá datos que el contable deberá revisar y ajustar manualmente.

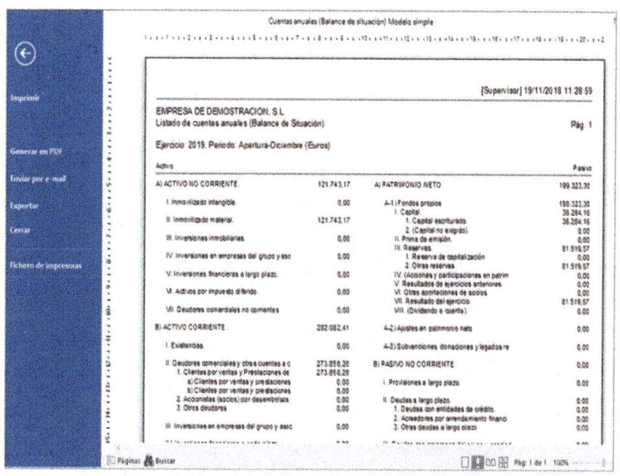

Imagen 6.

El capital

FICHA TÉCNICA

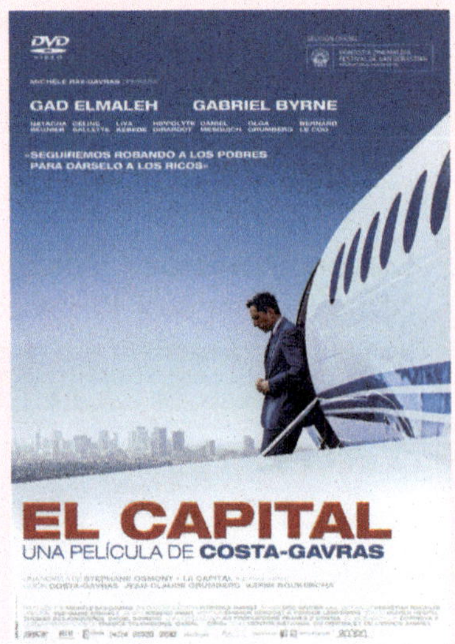

- **Título original:** *Le Capital.*
- **Dirección:** Constantin Costa-Gavras.
- **Guion:** Constantin Costa-Gavras, Karim Boukercha, Jean-Claude Grumberg (Novela Stéphane Osmont).
- **Duración:** 114 minutos.
- **Nacionalidad:** Francia.
- **Año de producción:** 2012.
- **Reparto:** Gad Elmaleh, Liya Kebede, Gabriel Byrne, Natacha Régnier, Hippolyte Girardot, Dittmar Rigule.
- **Fotografía:** Eric Gautier.
- **Música:** Armand Amar.
- **Género:** drama.

Sinopsis

Marc Tourneuil es un joven trabajador de banca cargado de ambición y carente de escrúpulos. Esa mezcla lo convierte en un auténtico héroe de los negocios. La enfermedad del presidente de Phenix Bank pone el punto inicial en un recién estrenado presidente Marc Tourneuil.

Es la mezcla de su visión para los negocios y su carencia absoluta de ética lo que le lleva a realizar varias operaciones que lo convertirán en un héroe para sus accionistas. Pero sus decisiones tienen graves implicaciones para su entorno laboral y personal.

Claves de trabajo

La película nos hace reflexionar sobre la ética de determinados comportamientos empresariales y personales.

El director nos permite adentrarnos en un mundo en el que la rentabilidad empresarial es el fin último, aunque ello vulnere los derechos de otras personas. ¿Hasta dónde es admisible el incremento de la rentabilidad en detrimento de los derechos y del bienestar del personal y de la ciudadanía? ¿Quién se encuentra detrás de las grandes decisiones empresariales: los accionistas, la dirección de la empresa?

ACTIVIDADES

1 > Describe con tus palabras el argumento de la película.

2 > En tu opinión, ¿cuál es el objetivo y la motivación última de Marc Tourneuil?

3 > ¿Cuál es la actitud de Marc cuando negocia sus condiciones laborales al sustituir al presidente? ¿Cómo justifica dicho comportamiento ante su mujer?

4 > ¿Cómo se refiere Marc a las agencias de calificación? Busca en internet qué es una agencia de calificación y explícalo con tus palabras.

5 > ¿Por qué se lleva a cabo un despido masivo?

6 > En un encuentro familiar, el tío de Marc hace una reflexión sobre el modo en que el banco perjudica a la gente. Explica las tres formas a las que se refiere.

7 > Al final de la película, Marc Tourneuil es ovacionado al pronunciar la siguiente frase: «Soy su Robin Hood moderno. Seguiremos robando a los pobres para dárselo a los ricos». A continuación, añade a espaldas de su ovación: «Son unos niños, unos niños grandes. Se divierten y continuarán divirtiéndose, divirtiéndose hasta que todo reviente». ¿Cuál crees que es el trasfondo de esta última frase de la película?

La función contable

La función contable
- Contabilidad
- Requisitos de la información contable
- Colectivos interesados en la información contable
- Cuentas anuales

Documentos de cobro y pago
- La transferencia
- El cheque
- Documentos negociables emitidos por el deudor
- Recibos emitidos por el acreedor
- Tarjetas de crédito

El archivo
- El archivo en la empresa
- Tipos de archivos
- Métodos de clasificación documental

TEST DE EVALUACIÓN

Resuelve en tu cuaderno o bloc de notas

1 > La información contable debe ser:

a) Relevante y fiable.

b) Íntegra y comparable.

c) Comprensible y clara.

d) Todas son correctas.

2 > Los principales sectores interesados en la información contable son:

a) Solo los accionistas.

b) El sector público, los trabajadores y los inversores, entre otros.

c) Solo los trabajadores.

d) El departamento de contabilidad de la empresa.

3 > ¿Cuál es el sector interesado en la información contable, dado que de ello depende la solvencia de la empresa para pagar?

a) Proveedores.

b) Trabajadores.

c) Proveedores y trabajadores.

d) Ninguna es correcta.

4 > El Balance de situación:

a) Amplía información del resto de Cuentas anuales.

b) Muestra la situación económico financiera de la empresa en un momento concreto.

c) Muestra el resultado del ejercicio, así como el origen de este.

d) Recoge las variaciones en el Patrimonio neto de la empresa de un ejercicio a otro.

5 > Los bienes inmuebles que son propiedad de la empresa pero que no se utilizan en su proceso productivo forman parte de:

a) Inversiones financieras a largo plazo.

b) Inmovilizado material.

c) Inversiones inmobiliarias.

d) Inmovilizado intangible.

6 > ¿Qué elemento está constituido por los beneficios empresariales no distribuidos entre los socios?

a) Las reservas.

b) Las inversiones financieras a largo plazo.

c) El beneficio.

d) El resultado del ejercicio.

7 > Una operación a través de la cual se envía una cantidad de dinero de una cuenta bancaria a otra es:

a) Un depósito.

b) Un cheque.

c) Una transferencia.

d) Una tarjeta de crédito.

8 > La Cuenta de pérdidas y ganancias:

a) Amplía la información del resto de Cuentas anuales.

b) Expone las variaciones en el Patrimonio neto de la empresa de un ejercicio a otro.

c) Muestra el resultado del ejercicio así como el origen de este.

d) Todas son correctas.

10) Forma jurídica y trámites de constitución

Vamos a aprender

1. La forma jurídica de la empresa
2. Las sociedades
3. El trabajador autónomo
4. Trámites de constitución

La creación y expansión de una compañía

En 1920 se abrió un taller de relojería en Manresa que pronto llegó a convertirse en joyería. A partir de los años 60, el negocio familiar pasó a manos de la segunda generación, Salvador Tous y Rosa Oriol. Rosa empezó a diseñar piezas únicas para su clientela. Esto condujo, a partir de los años 80, a un proceso continuado de expansión nacional. A finales de la década, se incorporaron a la compañía las cuatro hijas del matrimonio, después de haber pasado por un periodo de formación en distintas disciplinas. En el año 2000 comenzó la expansión internacional.

En 1985, Rosa Oriol creó el osito TOUS, inspirándose en un peluche de un escaparate de Milán. Es una pieza de estilo contemporáneo que se ha convertido en el símbolo de la compañía y que es sinónimo de ternura.

¿QUÉ SABEMOS DE?

1 > ¿Crees que los inicios de los emprendedores son fáciles?

2 > ¿Cuántos años o cuántas generaciones Oriol han sido necesarios para que esta joyería adquiriera fama y proyección nacional e internacional?

3 > No solo es importante hacerse un hueco en el mercado; existen además una serie de trámites formales que hay que saber gestionar. ¿Conoces alguno?

1 La forma jurídica de la empresa

Cuando una persona decide trabajar por cuenta propia, existen dos posibilidades:

- Constituir una sociedad con personalidad jurídica propia (sociedad anónima, limitada, cooperativa, etc.).

Una **persona jurídica** es una asociación de personas físicas a quienes la ley concede una personalidad propia, distinta e independiente de la personalidad de cada persona que la conforma. La persona jurídica está sujeta a derechos y obligaciones y puede tener propiedades.

- Como trabajador autónomo (persona física), en cuyo caso hay dos figuras diferenciadas: el autónomo y el autónomo económicamente dependiente.

Una **persona física** es alguien que tiene derechos y obligaciones (todos nosotros somos personas físicas).

Definición legal de emprendedores

La Ley 14/2013, de 27 de septiembre, de apoyo a los emprendedores y su internacionalización recoge en su artículo 3 una definición de los emprendedores: «Aquellas personas, independientemente de su condición de persona física o jurídica, que desarrollen una actividad económica empresarial o profesional, en los términos establecidos en la Ley».

1.1. ¿Qué debo tener en cuenta?

Lo primero que debes considerar al escoger una forma jurídica para tu empresa es cómo se regulan los siguientes aspectos en cada una de ellas:

- La **responsabilidad** de los socios y socias, que puede ser:

Responsabilidad ilimitada → Los socios y las socias responden con sus propios bienes frente a las deudas de la empresa. Esto significa que podrían embargar sus bienes para pagar las deudas contraídas por la sociedad.

Responsabilidad limitada → Las socias y los socios solo responden de las deudas de la empresa por el importe del capital que aportaron para crear la compañía. De esta forma, sus bienes permanecen al margen.

- El **número mínimo y máximo de socios** que debe componer la empresa.
- El **capital mínimo** necesario para constituir la empresa.
- El **pago de impuestos:**
  - Los **autónomos** pagan el impuesto sobre la renta de las personas físicas (IRPF), cuyo porcentaje varía en función de los ingresos obtenidos.
  - Las **sociedades** pagan el impuesto sobre sociedades (IS), que grava los beneficios de la empresa con un tipo fijo del 25 %. Hay que tener en cuenta que algunas sociedades tienen reducciones e incentivos fiscales, como las entidades de nueva creación (que tributarán al 15 %) y las cooperativas fiscalmente protegidas (20 %).

ACTIVIDADES

1 > ¿Qué diferencias hay entre una persona física y una persona jurídica?

2 > ¿Qué diferencia existe entre la responsabilidad limitada y la ilimitada?

2 Las sociedades

Las sociedades se constituyen como personas jurídicas y pueden adoptar distintas formas. Cada forma jurídica presenta unas características que hay que valorar al escoger una u otra para constituir una empresa.

A continuación, te presentamos un cuadro con los primeros elementos que se deben valorar.

Forma jurídica	Responsabilidad	Capital social (constituido por las aportaciones de socias y socios)	N.º de socias y socios
Sociedad limitada	Limitada	Mínimo: 3 000 euros (salvo la sociedad limitada de formación sucesiva, que puede constituirse con menos capital)	Mínimo: 1
Sociedad limitada nueva empresa	Limitada	Mínimo: 3 012,00 euros Máximo: 120 202,00 euros	Mínimo: 1 Máximo: 5 en el momento de la constitución. Solo pueden ser socios las personas físicas.
Sociedad anónima	Limitada	Mínimo: 60 000 euros Se permite desembolsar solo un 25 % (15 000 euros) hasta un plazo máximo de 5 años.	Mínimo: 1
Sociedad laboral a) Sociedad limitada laboral	Limitada	Mínimo: 3 000 euros	En el momento de la constitución, y durante 3 años, podrán ser 2 socias o socios trabajadores, con contrato indefinido y con un reparto del capital al 50 %. Después, ninguno será titular de más de un tercio del capital social.
b) Sociedad anónima laboral	Limitada	Mínimo: 60 000 euros Se puede aportar solo un 25 % (15 000 euros) hasta un plazo máximo de 5 años.	
SLL / SAL	Entre todos los socios y socias trabajadores deben poseer más del 50 % del capital social. Ningún socio o socia debe poseer más de un tercio del capital social.		
Sociedad colectiva	Socios colectivos: ilimitada Socios industriales: no tienen responsabilidad	No se exige un capital mínimo para iniciar la actividad empresarial.	2 socios.
Sociedad comanditaria	Socios colectivos: ilimitada Socios comanditarios: limitada	No se exige capital mínimo, salvo en la comanditaria por acciones que se piden, al menos, 60 000 euros (el desembolso inicial puede ser del 25 %).	2 socios. 3 socios en la comanditaria por acciones.
Cooperativa	Limitada	Cada socia o socio no debe poseer más de un tercio del capital social.	3 (las de primer grado) y 2 (las de segundo grado).

Al constituir una sociedad es obligatorio redactar sus **estatutos.**

En los estatutos figura el nombre de la sociedad, el objeto social (actividad a la que se dedica), el domicilio, el capital social y cómo está repartido este entre los socios, la forma de organizar la administración de la sociedad, las normas que regirán la vida de la empresa en general y el modo de adoptarlas.

Podemos agrupar las sociedades del cuadro anterior en:

- **Sociedades personalistas** (sociedad colectiva y comanditaria): se caracterizan por la importancia de las personas de los socios y su especial relación de confianza. La identidad de los socios es tan importante que el nombre de la compañía debe incluir el nombre y apellidos de, al menos, uno de los socios colectivos.
- **Sociedades capitalistas** (sociedad anónima y sociedad limitada): las sociedades personalistas presentan un importante inconveniente, y es que los socios responden de forma ilimitada ante las deudas de la empresa, poniendo en peligro su propio patrimonio. Las sociedades capitalistas evitan este problema, dado que en ellas la responsabilidad de los socios es limitada: solo responden por el importe del capital que aportan al inicio para crear la compañía.

  Las aportaciones de los socios a la empresa constituyen el **capital social.** Estas aportaciones pueden ser monetarias o en especie, siempre que tengan un valor económico.

  Es importante destacar la siguiente distinción:
  - En la sociedad de responsabilidad limitada, el capital social se divide en **participaciones**.
  - En la sociedad anónima, el capital social se divide en **acciones.**

  A cada socio se le entrega un número de acciones o de participaciones en función del capital aportado. Por lo tanto, **poseer acciones de una sociedad anónima o tener participaciones de una sociedad limitada supone participar de su propiedad en una parte proporcional;** por ello, otorgan:
  - Derecho a participar en el reparto de beneficios de la empresa en proporción al número de acciones o participaciones que se tengan. Es el denominado «reparto de dividendos».
  - Derecho a asistir y votar en las juntas generales. De este modo, se puede participar en la dirección de la sociedad; normalmente una acción o una participación supone un voto, por tanto, cuantas más acciones se posean, mayor control se tiene sobre la sociedad.
  - Derecho de adquisición preferente cuando se emitan nuevas acciones o participaciones.
  - Derecho a participar en el reparto del patrimonio de la empresa en caso de disolución de la sociedad.
  - Derecho de información.
- **Sociedades laborales y cooperativas:** se caracterizan por la participación de los trabajadores en la propiedad de la empresa, es decir, la mayoría de los socios trabajan en la compañía con una relación laboral indefinida (aportan capital y trabajo). Para contribuir a su promoción y desarrollo se conceden bonificaciones fiscales a este tipo de sociedades.

SL y SA

La sociedad limitada (SL) había superado el problema de la responsabilidad ilimitada de los socios, pero ponía restricciones para vender las participaciones y les exigía registrarse, lo cual dificultaba reunir gran número de socios y, por tanto, acumular grandes sumas de dinero.

La sociedad anónima (SA) resolvió este problema permitiendo la libre transmisión de las acciones y eliminando la necesidad de un libro de registro de socios. Esto permitió emprender proyectos que necesitaban acumular grandes sumas de dinero.

Las primeras sociedades anónimas surgieron en la época de las colonias; la Compañía de las Indias Orientales fue una de las primeras.

VOCABULARIO

acción: es propia de las sociedades anónimas, mientras que la participación es propia de las sociedades de responsabilidad limitada; ambas son partes alícuotas (iguales y proporcionales), indivisibles y acumulables del capital social.

ACTIVIDADES

3 > Ana estudia 4.º de ESO y tiene acciones de una importante empresa. Javier es uno de los directores generales de esta compañía. ¿Quién de los dos es propietario de la empresa?

3 El trabajador autónomo

Existen dos figuras diferenciadas de trabajador autónomo:

- El **autónomo o trabajador por cuenta propia:** es la persona física que realiza una actividad económica o profesional, a cambio de una remuneración, de forma habitual y directa. Él es su propio jefe y, si lo desea, puede contratar personal.
- El **autónomo económicamente dependiente:** es aquel que trabaja de forma habitual, personal, directa y predominante para un cliente, del que depende económicamente porque recibe de él, al menos, el 75 % de sus ingresos.

  La remuneración se percibe en función de los resultados de su trabajo, según lo pactado con el cliente. Él mismo organiza su actividad (teniendo en cuenta las indicaciones técnicas que le den sus clientes) y tiene que aportar las herramientas y el material necesario para realizar su trabajo.

  No puede contratar personal ni contratar o subcontratar total o parcialmente la actividad que realiza.

Seguridad Social en el RETA

Los autónomos pueden disfrutar, entre otras, de las siguientes prestaciones:

- Permisos remunerados para la conciliación de la vida familiar y laboral (maternidad, paternidad, adopción, etc.).
- Prestaciones en caso de baja por enfermedad o accidente (con sus particularidades).
- Jubilación (con sus particularidades).
- Prestación por cese de actividad o desempleo.

3.1. Características comunes de los trabajadores autónomos

Responsabilidad

Responsabilidad ilimitada, excepto si se da de alta como «emprendedor de responsabilidad limitada» (ERL).
El emprendedor (persona física) podrá limitar su responsabilidad por las deudas que contraiga con motivo de su actividad empresarial o profesional mediante la asunción de la condición de «emprendedor de responsabilidad limitada».
Esta responsabilidad limitada tiene unas características especiales:

- La limitación solo afecta a la vivienda habitual del deudor siempre que su valor no supere los 300 000 euros (en el caso de viviendas situadas en una población de más de un millón de habitantes se aplicará un coeficiente corrector).
- El emprendedor inscrito deberá hacer constar en toda su documentación su condición de «emprendedor de responsabilidad limitada».

Capital inicial

No se exige al autónomo un capital mínimo para empezar.

Seguridad Social

- Los autónomos deben darse de alta en el régimen especial de trabajadores autónomos (RETA) y pagar cada mes las cuotas correspondientes a la Seguridad Social.
- En la actualidad, pueden disfrutar de bonificaciones en las cuotas que pagan a la Seguridad Social en determinados casos.

Trámites en Hacienda

- IRPF: impuesto sobre la renta de las personas físicas, cuyo porcentaje varía en función de los ingresos que se obtienen, es decir, pagan más impuestos quienes ingresan más dinero.
- IVA: impuesto sobre el valor añadido, se lo repercute al cliente y traslada el dinero a Hacienda.
- IAE: impuesto sobre actividades económicas. Los empresarios individuales están exentos de su pago; no obstante, es obligatorio darse de alta en este impuesto.
- Declaración censal: trámite que se realiza en una delegación de Hacienda. Consiste en cumplimentar un impreso para comunicar el inicio de la actividad empresarial.

ACTIVIDADES

A 4 > ¿Qué diferencias hay entre el autónomo y el autónomo económicamente dependiente?

4 Trámites de constitución

Para poner en marcha una sociedad deben realizarse diversos trámites:

1. Presentar la certificación negativa de nombre

Finalidad	Obtener un nombre para la sociedad que no coincida con el de otra ni dé lugar a confusión.
Dónde se tramita	• Las sociedades mercantiles, en el Registro Mercantil Central, por correo, por mensajería o por vía telemática (en este caso, previa solicitud de un certificado digital en <www.rmc.es>). • Las cooperativas que se rigen por la normativa estatal, en el Ministerio de Trabajo, Migraciones y Seguridad Social.
Documentación	Se cumplimenta un impreso oficial en el que hay que indicar cinco posibles nombres para la sociedad, por orden de preferencia.
Plazos	La certificación se emite en un plazo de 24 horas hábiles. Una vez expedida, empiezan a correr los siguientes plazos: • 6 meses (desde la fecha de expedición) para inscribir el nombre en el Registro Mercantil de la provincia donde la empresa tenga su sede social. Si no, la reserva de nombre caduca y habrá que solicitarla de nuevo. • 3 meses para realizar la escritura pública de constitución.
Coste	13,52 euros + IVA.

Registros mercantiles

Son organismos públicos que dependen del Ministerio de Justicia:

- El Registro Mercantil Central, que tiene sede en Madrid.
- Los registros mercantiles provinciales, que están localizados en todas las capitales de provincia.

Nombres para la sociedad

El **nombre social** no tiene por qué coincidir con el **nombre comercial.**

2. Redactar y elevar a pública la escritura de constitución de la sociedad

La escritura de constitución	Es un documento en el que los socios declaran su voluntad de constituir una sociedad.
Contenido mínimo	• La identidad de los socios y administradores. • Las aportaciones de capital de cada socio. • La voluntad de constituir una sociedad de capital, indicando de qué tipo. • Los estatutos de la sociedad: son el conjunto de normas que regirán la vida de la sociedad. Han de ser aprobados previamente por todos los socios. Como mínimo, en los estatutos se especificarán, entre otros puntos, la denominación de la sociedad, el objeto social o actividad que realizará la empresa, el domicilio social, el capital social, las participaciones o las acciones en que se divida, su valor nominal y su numeración correlativa. En el caso de crear una sociedad laboral es necesario presentar los estatutos en el Registro de Sociedades Laborales para su calificación, para valorar si los estatutos se ajustan a la Ley de Sociedades Laborales (este trámite es potestativo para las cooperativas).

3. ¿Cómo se convierte en pública la escritura de constitución?

Se presenta ante un notario, quien da fe pública de las escrituras (concede fuerza probatoria de las fechas, de los hechos y de las declaraciones que contiene). La firma ante notario de la escritura por parte de todos los socios tiene efectos inmediatos.

Documentación que se debe presentar el día de la firma ante el notario: cuando se acude a la notaría para firmar la escritura de constitución, además de esta y de los estatutos de la sociedad, se deben presentar:

- La certificación negativa de nombre.
- El resguardo bancario de haber ingresado, a nombre de la sociedad en proceso de creación, el dinero que constituirá el capital social de la empresa (salvo en el caso de la constitución de sociedades de responsabilidad limitada de formación sucesiva).

La escritura de constitución se convierte en pública mediante la firma ante notario.

4. Inscripción en el Registro Mercantil

Finalidad

Que la sociedad adquiera personalidad jurídica propia y plena capacidad jurídica. La inscripción de la sociedad se publicará en el Boletín Oficial del Registro Mercantil, lo cual dará publicidad legal de la sociedad.

Cualquier persona puede acudir al Registro Mercantil y confirmar que existe dicha sociedad.

Dónde se tramita

En el Registro Mercantil de la provincia donde la sociedad tenga su domicilio, salvo las cooperativas, que lo harán en el Registro de Sociedades Cooperativas.

Documentación y trámites previos

- Las sociedades mercantiles deben presentar en el Registro la escritura de constitución. Además, es necesario que hayan solicitado previamente la declaración censal y el NIF en Hacienda.
- Las sociedades laborales deben solicitar la calificación de «sociedad laboral» al Ministerio de Trabajo, Migraciones y Seguridad Social o a los organismos competentes de las comunidades autónomas. Una vez concedido, deben presentar en el Registro Mercantil el certificado de esta calificación.
- Las cooperativas añadirán la declaración de la actividad que van a desarrollar.

Plazos

En general, la inscripción debe hacerse en un plazo de 2 meses desde el otorgamiento de la escritura pública de constitución.

La tramitación de la inscripción se solventa en el acto.

Recuerda que el trabajador autónomo se mantiene como persona física, por lo que no tiene que realizar ninguno de los trámites anteriores.

Trámites de constitución

Certificación negativa de nombre

↓

Ingreso del capital social de la empresa en una cuenta bancaria

↓

Escritura pública de constitución

↓

Declaración censal y solicitud del NIF en Hacienda

↓

Inscripción en el Registro Mercantil

4.1. Trámites en Hacienda

Antes de iniciar la actividad, tanto las sociedades como los profesionales autónomos deben realizar los siguientes trámites en Hacienda:

Trámites en las delegaciones estatales de Hacienda antes del inicio de la actividad		Impreso
Declaración censal **Solicitud del NIF** (los autónomos no tienen que solicitar el NIF, pues actúan con el suyo personal)	La **declaración censal** sirve para comunicar el inicio, la modificación o el cese de la actividad de la empresa. El **número de identificación fiscal** identifica a la sociedad a efectos de sus relaciones con Hacienda. Está compuesto por 9 caracteres: una letra que indica la forma jurídica y si la sociedad es española o extranjera, 7 números y un carácter de control. **Plazo:** debe tramitarse en 30 días hábiles desde el otorgamiento de la escritura pública de constitución.	Modelos 036 y 037 (tramitación conjunta).
Alta en el impuesto sobre actividades económicas (IAE)	El IAE grava el ejercicio de actividades empresariales. Deben darse de alta, aunque se encuentran exentos del IAE, entre otras: • Las sociedades cuyo importe neto de la cifra de negocios sea inferior a un millón de euros. • Las personas físicas (autónomos). • Los sujetos pasivos que inicien el ejercicio de su actividad en territorio español, durante los dos primeros periodos impositivos de este impuesto. **Plazo:** 10 días antes del inicio de la actividad.	Modelos 840 y 848. Si se está exento del pago: modelo 036.

4.2. Trámites laborales

Todas las empresas que abran un centro de trabajo deben tramitar la **comunicación de apertura de centro de trabajo** en la Dirección Provincial de Trabajo o en la Delegación de Trabajo, en el caso de que la comunidad autónoma tenga transferidas las competencias. El plazo es de 30 días, contados a partir de la fecha de apertura del centro.

MINISTERIO DE TRABAJO, MIGRACIONES Y SEGURIDAD SOCIAL

TESORERÍA GENERAL DE LA SEGURIDAD SOCIAL

TA.0521/1

SOLICITUD SIMPLIFICADA DE: ALTA, BAJA O VARIACIÓN DE DATOS EN EL RÉGIMEN ESPECIAL DE AUTÓNOMOS

4.2.1. El régimen de la Seguridad Social

Existen dos regímenes diferenciados en la Seguridad Social:

- El régimen general de la Seguridad Social.
- El régimen especial de trabajadores autónomos (RETA).

El autónomo tiene la obligación de darse de alta en el RETA a través del modelo TA.0521 (que proporciona la Tesorería General de la Seguridad Social) y cotizar personalmente todos los meses.

Si se constituye una sociedad, según su modalidad jurídica y el tipo de funciones o de la actividad del socio, se incluirán en el régimen general o en el régimen especial de autónomos (RETA).

ACTIVIDADES

5 > Busca los modelos que aparecen en este epígrafe en las páginas web de Hacienda (<https://(www.agenciatributaria.gob.es/>) y de la Seguridad Social (<http://www.seg-social.es/>).

4.2.2. Régimen de la Seguridad Social según la forma jurídica de la sociedad

Forma jurídica	Régimen
Sociedad limitada, sociedad anónima y sociedad laboral	Los socios que trabajan en la empresa pueden elegir entre el régimen general de la Seguridad Social o el RETA, (salvo el administrador, que tendrá que consultar su caso particular para saber si está obligado o no a darse de alta en el RETA).
Sociedad colectiva	Todos los socios deben darse de alta en el RETA.
Sociedad comanditaria	• Socios colectivos: alta en el RETA. • Socios comanditarios: al no trabajar en la empresa, no tienen que darse de alta en un régimen concreto.
Cooperativa	Los socios cooperativistas pueden elegir entre el régimen general y el régimen de autónomos.

4.3. Simplificación de los trámites

Para agilizar los trámites necesarios de constitución de una empresa se ha creado el documento único electrónico (DUE):

El documento único electrónico (DUE)

El DUE se tramita a través de internet para:

- La **constitución telemática de sociedades de responsabilidad limitada** (mediante escritura pública y con unos estatutos tipo en formato estandarizado) y el alta del **trabajador autónomo.**
- La **inscripción de los emprendedores de responsabilidad limitada en el Registro Mercantil.**
- El cumplimiento de las **obligaciones en materia tributaria y de Seguridad Social,** asociadas al inicio de la actividad (declaración censal en Hacienda, alta en la TGSS).
- La realización de cualquier otro trámite ante autoridades estatales, autonómicas y locales asociadas al inicio, cese o ejercicio de la actividad.

Además, para facilitar la tramitación del DUE y la creación de nuevas empresas, se han creado los **puntos de atención al emprendedor** (PAE), que se encargan de informar y asesorar a los emprendedores, tramitar documentación e impartir formación.

Otros trámites

Las Administraciones locales (como los ayuntamientos) y autonómicas pueden exigir otras autorizaciones y licencias en función del tipo de actividad de la empresa o de su lugar de ubicación.

Plazos de la tramitación *online*

La tramitación telemática en los PAE se realizará en plazos muy breves. En 6 horas hábiles, el Registro Mercantil Central ha de emitir el certificado negativo de denominación social y la fecha para otorgar escritura de constitución ante notario, que no será superior a 12 horas hábiles desde el inicio de la tramitación telemática.

Además, los fundadores pueden atribuir al notario la facultad de subsanar los defectos que haya advertido el registrador.

ACTIVIDADES

6 > ¿En qué régimen de la Seguridad Social se deben dar de alta los socios de una sociedad colectiva, de una cooperativa o de una sociedad limitada?

7 > Localiza el PAE más cercano a tu domicilio.

1 Tres estudiantes de un ciclo formativo de FP de Marketing y publicidad quieren crear una empresa dedicada al marketing digital. Cada uno aportará 1000 euros. Sabemos que no quieren poner en peligro sus bienes personales. ¿Qué forma jurídica les aconsejas: una sociedad limitada, una sociedad anónima o una sociedad colectiva? Razona la respuesta.

2 María y Amaya cuentan con 15 000 euros para montar una empresa. Quieren abrir un restaurante en una zona de la costa, pero no desean correr el riesgo de perder más que su aportación al negocio.

¿Podrían crear una sociedad anónima? ¿Y una cooperativa? Justifica tu respuesta.

3 ¿Cuántos socios son necesarios para formar una sociedad colectiva? ¿Y una sociedad comanditaria?

4 María realiza diseños gráficos para una empresa de nueva implantación, y es tal el volumen de trabajo que le encargan que, prácticamente, solo diseña para ellos de forma habitual, ya que este cliente supone un 90 % de sus ingresos.

Aunque la compra del material necesario para trabajar le costó cara, María está muy contenta con su profesión, ya que ella misma organiza su actividad y percibe una remuneración en función de los resultados de su trabajo, lo cual le motiva a superarse.

Si sabemos que no le exigieron una aportación mínima inicial, ¿bajo qué forma jurídica actúa María?

5 Encuentra en esta sopa de letras siete posibles formas jurídicas para una empresa y anota las palabras en tu cuaderno.

O	S	L	I	N	O	P	E	R	N	O	I	V
M	O	C	O	O	P	E	R	A	T	I	V	A
O	C	T	H	N	I	E	W	B	O	F	S	Y
N	V	A	T	N	D	Z	C	M	J	K	A	L
O	N	L	C	L	A	R	O	B	A	L	O	P
T	I	N	A	N	O	N	I	M	A	P	G	F
U	O	S	E	C	O	L	E	C	T	I	V	A
A	I	R	A	T	I	D	N	A	M	O	C	A
E	S	C	U	O	L	E	C	T	D	N	A	E
R	I	A	D	A	T	I	M	I	L	L	E	J

6 Indica todos los trámites que se deben realizar en cada organismo para constituir y poner en marcha una sociedad.

- Registro Mercantil Central.
- Registro Mercantil provincial.
- Notaría.
- Delegaciones estatales de Hacienda.
- Entidades de carácter laboral.

7 Eva, Arantxa e Isabel quieren crear una sociedad limitada laboral. Eva aportará 2 000 euros, Ana 500 e Isabel otros 500 euros. ¿Es posible?

8 Luis y Jimena quieren crear una cooperativa de primer grado. ¿Es posible?

9 ¿Cuántos socios son necesarios para crear una sociedad anónima?

10 A continuación te mostramos el modelo de certificación negativa de nombre. Búscalo en la página web del Registro Mercantil Central (<http://www.rmc.es>) y rellénalo como si fuera para tu futura empresa:

REGISTRO MERCANTIL CENTRAL
SECCIÓN DE DENOMINACIONES

ADVERTENCIAS
1° ES ACONSEJABLE SOLICITAR AL MENOS 3 DENOMINACIONES DISTINTAS
2° NO SE CURSARÁN PETICIONES QUE NO SEAN CLARAMENTE LEGIBLES

C/ PRINCIPE DE VERGARA, Nº 94
Tfno.- 902.88.44.42 Fax.- 91.563.69.26
28006 - MADRID

SOLICITUD DE CERTIFICACIÓN (VER NOTAS AL DORSO)

BENEFICIARIO DE LA DENOMINACION SOCIAL

A) En caso de CONSTITUCIÓN DE SOCIEDAD, indíquese el nombre y apellidos o denominación social, de uno de los socios fundadores.

____

B) En caso de CAMBIO DE DENOMINACIÓN o ADAPTACIÓN DE SOCIEDADES YA CONSTITUIDAS, indíquese el nombre actual de la sociedad.

____

DENOMINACIONES SOLICITADAS (1):

PRIMERA DENOMINACIÓN (2)

____

SEGUNDA DENOMINACIÓN

____

TERCERA DENOMINACIÓN

____

CUARTA DENOMINACIÓN

____

QUINTA DENOMINACIÓN

____

FORMA SOCIAL: ____________________ **(3)**

PRESENTANTE DE LA SOLICITUD: ....

MADRID, a .... de .... de .... **Firma del presentante**

HE SIDO INFORMADO DE LA POLITICA DE PRIVACIDAD ☐ (5)

FACTURA A NOMBRE DE { BENEFICIARIO ☐ / PRESENTANTE ☐ } N.I.F.: __________ **FACTURA CON RETENCION** ☐ (4)

C/ ____________________

POBLACIÓN ____________________ C.P.: __________

PROVINCIA: ____________________ PAIS: __________

TELEFONO .: __________ **LA CERTIFICACION SERÁ EMITIDA EN SOPORTE PAPEL**

DIRECCION PARA EL ENVIO

DESTINATARIO: ____________________

C/ ____________________

POBLACIÓN ____________________ C.P.: __________

PROVINCIA: ____________________ PAIS: __________

Forma jurídica y trámites de constitución

Objetivos

- Identificar la forma jurídica más adecuada para un proyecto de empresa concreto, relacionándolo con las exigencias de capital y el tipo de responsabilidad.
- Aprender a cumplimentar los trámites más sencillos de constitución de una empresa.
- Saber localizar en páginas web oficiales los documentos necesarios para crear una empresa.

Desarrollo

1 Forma jurídica

- Elige la forma jurídica de tu empresa y justifica tu elección. Indica las ventajas y los inconvenientes de la forma que has elegido y explica cómo se pueden minimizar las desventajas.
- Detalla el número de socios que componen la empresa e indica sus nombres y apellidos y las aportaciones de cada uno al capital social.
- Redacta los estatutos de tu sociedad. Recuerda que son importantes porque reúnen las normas que regirán tu empresa. Te proponemos un modelo básico, que puede servirte de guía:

Artículo 1.º *Denominación social.*
La denominación de la sociedad es *(indicar el nombre de la empresa)*. Se constituye una sociedad *(indicar la forma jurídica escogida para la empresa)* que se regirá por las normas legales y por los presentes estatutos.
Artículo 2.º *Objeto social.*
La sociedad tiene por objeto el desarrollo de las actividades correspondientes a:
Actividad principal: *(explicar la actividad que realiza la empresa)*.
[Otras actividades: *(explicar si la empresa realiza otras actividades secundarias)*]*
Artículo 3.º *Duración.*
La duración de la sociedad será *(indicar la duración, lo normal es que sea indefinida)* [y dará comienzo a sus operaciones el día *(fecha de inicio de la actividad)*].
El ejercicio social termina, cada año, el día *(fecha de cierre del ejercicio, habitualmente 31 de diciembre)*.
Artículo 4.º *Domicilio social y web corporativa.*
El domicilio social se fija en *(indicar el domicilio social)* y la página web de la sociedad será *(indicar la página web de la sociedad)*.
Artículo 5.º *Capital social.*
El capital de la sociedad es de *(indicar el capital social)* euros, dividido en *(número de participaciones o acciones)* participaciones sociales/acciones de *(indicar el valor en euros de cada una)* euros de valor nominal cada una, numeradas correlativamente a partir del uno.

EJEMPLO

Beatriz y Rocío van a crear una sociedad limitada aportando cada una 1500 euros. El capital social inicial de la empresa será de 3000 euros, dividido en 100 acciones, cuyo valor nominal será de 30 euros por acción: 100 acciones x 30 euros = 3000 euros.

Cada socia poseerá 15 acciones: 15 acciones x 100 euros = 1500 euros (su aportación inicial).

* Lo indicado entre corchetes es opcional.

Artículo 6.º *Organización de la administración de la sociedad.*

La Junta General podrá optar por cualquiera de los siguientes modos de organizar la administración de la sociedad, sin necesidad de modificación estatutaria: un administrador único, de dos a cinco administradores solidarios o dos administradores mancomunados.

Artículo 7.º *Nombramiento, duración y prohibición de competencia.*

Solo las personas físicas podrán ser nombradas administradores. El desempeño del cargo de administrador será por tiempo indefinido.

Respecto de los demás requisitos de nombramiento, incompatibilidades y prohibiciones para ser administrador, se aplicará lo dispuesto en la Ley de Sociedades de Capital.

El cargo de administrador será *(indicar la retribución del administrador).*

Artículo 8.º *Modo de deliberar y adoptar acuerdos los órganos colegiados.*

La sociedad se regirá por lo dispuesto al efecto para la sociedad de responsabilidad limitada en la Ley de Sociedades de Capital.

La Junta General será dirigida por su presidente, que concederá el uso de la palabra, determinará el tiempo y el final de las intervenciones y someterá a votación los proyectos de acuerdos.

La Junta General será convocada mediante anuncio publicado en la página web de la sociedad si esta hubiera sido creada, inscrita y publicada en los términos previstos en la ley. Mientras la sociedad no cuente con tal página web, la convocatoria se realizará por cualquier procedimiento de comunicación individual y escrita, que asegure la recepción del anuncio por todos los socios en el domicilio designado al efecto o en el que conste en la documentación de la sociedad.

[Artículo 9.º *Sociedad de responsabilidad limitada unipersonal.*

A la sociedad de responsabilidad limitada unipersonal se le aplicarán las especialidades de régimen previstas en la Ley de Sociedades de Capital aprobada por el Real Decreto Legislativo 1/2010, de 2 de julio.] (La SRL unipersonal es aquella que está constituida por un único socio).

Texto extraído de los estatutos-tipo en formato estandarizado para sociedades de responsabilidad limitada con capital social no inferior a 3000 euros o de formación sucesiva (SLFS)

2 Trámites para iniciar tu empresa

En la actualidad, acudir a un PAE puede ser de gran ayuda para el emprendedor, pero lo habitual, antes de iniciar un proyecto, es trazar un plan organizado de trabajo:

- Puedes comenzar haciendo una relación de todos los trámites que debe realizar tu empresa para iniciar su actividad. Después, ordénalos de forma cronológica.
- Por último, analiza dónde se debe realizar cada trámite, localiza la dirección exacta y la página web desde la que te puedes descargar los documentos.

  Recuerda que en la mayoría de las grandes ciudades suele haber un punto de atención al emprendedor, una delegación de Hacienda y una de la Seguridad Social por distrito. Busca los más cercanos a tu domicilio.

  Elabora una tabla como la siguiente, que pueda servirte de guía para organizar tu trabajo.

Orden	Trámites	Órgano en el que se tramita	Dirección postal	Dirección web
1				
2				
3				
4				
5				

CUADERNO

«Conocemos muy bien al cliente porque tenemos alma de tenderos»

La firma nació en 1920 en una pequeña joyería de Manresa (Barcelona), y de la mano de Salvador Tous y Rosa Oriol ha llegado a ser una de las grandes firmas de joyería y moda de nuestro país. ¿Cómo lo han conseguido?

En 2011, la consultora Interbrand la situaba como una de las 30 mejores marcas españolas. Con cerca de 400 tiendas en 45 países, la firma que ha hecho de un osito su emblema ha sabido posicionarse como una marca de estilo de vida, con líneas no solo de joyería (que representa el 80 % de sus ventas) sino también de bolsos, complementos, relojes y fragancias.

Los dos artífices, Salvador y Rosa, se conocieron cuando trabajaban en la misma calle, ella en la zapatería de sus padres y él en la joyería de los suyos. Se casaron en 1965. Dicen que de sus orígenes conservan el espíritu de atención al cliente que han querido imprimir a sus tiendas. Son abiertos, afables y conocen al dedillo cualquier detalle de su compañía. Su imagen es conocida y ha servido para potenciar la marca. Se entienden perfectamente, como pareja y como empresarios, y tienen unas funciones muy bien definidas: él es el responsable de la gestión y ella se encarga del diseño y la producción.

EMPRENDEDORES: Lo lejos que han llegado ustedes con un osito.

SALVADOR TOUS: Una de nuestras claves de éxito es no olvidar que en el fondo somos unos tenderos y de pueblo, lo que implica una concepción muy clara de lo que debe ser la atención al cliente. Si estás acostumbrado a estar detrás del mostrador, conoces mejor la sensibilidad de la gente. El mérito del oso es de mi mujer.

ROSA ORIOL: Se me ocurrió hace 27 años tras ver un oso de peluche en un escaparate. Todos hemos tenido un osito de este tipo y lo diseñé junto al joyero que teníamos. Transmite ternura, un sentimiento que siempre hemos querido que aporte nuestra marca.

EMP.: La expansión de Tous arranca en 1985. ¿Cómo han conseguido crear una marca?

R.O.: Al principio, observando mucho. En aquellos años había una joyería muy importante, cara, con piedras preciosas, a la que no todo el mundo tenía acceso. Y había otra más sencilla, en la que podía comprar todo el mundo, pero a la que le faltaba diseño. Ibas a una joyería y veías cosas muy parecidas. Yo pensaba hacer una joyería con diseño a mejor precio. Estaba segura de que allí había un nicho de mercado. Piense que la gente se arreglaba para ir a la joyería. Yo quería democratizar aquello.

EMP.: Y crearon un *prêt a porter* de joyería, algo que ya había hecho la moda.

S.T.: Existe el concepto de lujo accesible. Nuestra publicidad de hace 20 años ya hablaba de ello. Fuimos los primeros en utilizarlo. Hacemos joyería fácil de llevar y de comprar. Una joya debe ser cómoda y adaptable a la moda. Por otra parte, con un nuevo concepto de embalaje le dábamos más valor. Siempre fuimos fuertes en artículos de plata. Antes se envolvía con un simple papel. Nosotros empezamos a incrementar su valor y el de la ilusión con el envoltorio. Vendemos unos tres millones de piezas de joyería al año. Cada una tiene cinco componentes de *packaging:* etiqueta, bolsa, papel, cinta, otra bolsa. Por cada pieza, el *packaging* puede costar 7,8 euros.

EMP.: ¿Qué define su marca?

R.O.: Quiere transmitir ternura, amor, sensibilidad, dulzura. Nuestro producto es muy emocional.

S.T.: Es aspiracional y de calidad, porque solo usamos metales y piedras preciosas: procuramos no irnos por las ramas en los precios. Intentamos que sea digerible. Nuestro cliente es de clase media, o de clase alta con muchos regalos por hacer.

Fuente: <www.emprendedores.es>

ACTIVIDADES

1 > ¿Cuáles son las claves del éxito de Tous?

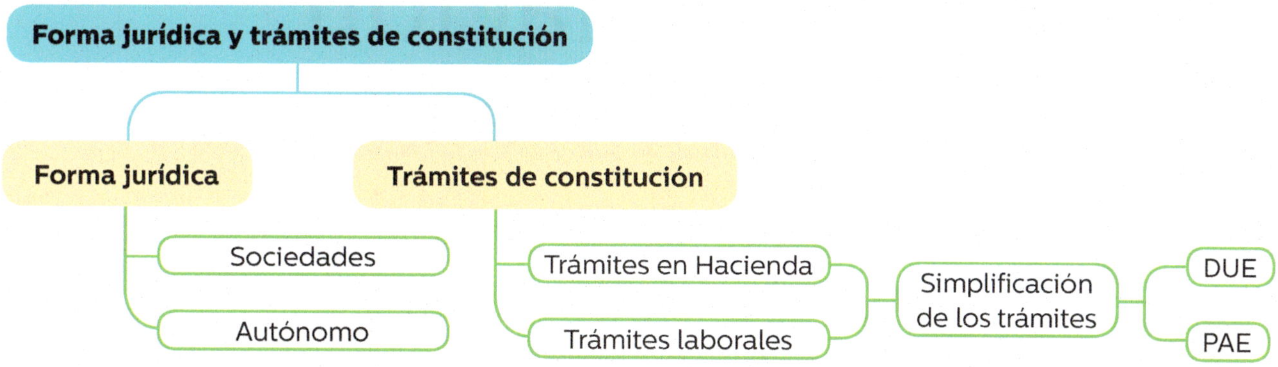

TEST DE EVALUACIÓN

Resuelve en tu cuaderno o bloc de notas

1 > El autónomo:

a) Debe pagar el impuesto de sociedades.

b) Es una persona física, con derechos y obligaciones.

c) Tiene una responsabilidad limitada sobre el capital aportado.

d) Todas son correctas.

2 > Señala la respuesta correcta:

a) Para crear una sociedad anónima se requiere como mínimo un socio.

b) Los socios colectivos e industriales deben darse de alta en el régimen de autónomos.

c) «Responsabilidad ilimitada» significa que los socios deben responder con sus bienes presentes y futuros.

d) Todas son correctas.

3 > No necesitan un capital mínimo para su constitución:

a) El autónomo, la sociedad colectiva y la comanditaria.

b) El autónomo, la sociedad limitada y la colectiva.

c) La sociedad anónima, la colectiva y la comanditaria.

d) La cooperativa y el autónomo.

4 > La sociedad anónima necesita para su constitución:

a) Un mínimo de 60 000 euros desde el primer año de su puesta en funcionamiento.

b) Al menos dos socios.

c) Un mínimo de 15 000 euros totalmente desembolsados hasta un plazo máximo de 5 años.

d) Un mínimo de 25 000 euros totalmente desembolsados hasta un plazo máximo de 5 años.

5 > La sociedad limitada necesita para su constitución:

a) Un mínimo de 3 000 euros.

b) Un mínimo de 15 000 euros.

c) Al menos dos socios.

d) Un mínimo de 6 000 euros.

6 > Tienen responsabilidad ilimitada:

a) Los socios colectivos, comanditarios e industriales.

b) Los socios de una cooperativa.

c) Los socios de una sociedad laboral.

d) Los socios colectivos y el autónomo.

7 > Señala la respuesta correcta:

a) En la sociedad limitada, el capital social se divide en acciones.

b) En la sociedad anónima, el capital social se divide en participaciones.

c) El autónomo económicamente dependiente recibe de un cliente, al menos, el 90 % de sus ingresos.

d) Ninguna es correcta.

8 > Señala la respuesta correcta:

a) La declaración censal sirve para comunicar el inicio de la actividad de la empresa.

b) La inscripción de la sociedad en el Registro Mercantil da publicidad a la sociedad.

c) Los PAE informan y asesoran a los emprendedores, tramitan documentación e imparten formación.

d) Todas son correctas.

11) La financiación en la empresa

Vamos a aprender

1. Análisis de costes e ingresos
2. El plan de inversiones
3. El plan de financiación
4. Análisis de la viabilidad económico financiera

Empresas que empezaron con poco dinero

Apple empezó a funcionar en el garaje de Steve Jobs. El primer ordenador que vendieron, el Apple I, era de características limitadas por el poco dinero del que disponían sus creadores, Stephen Wozniak (1950) y Steve Jobs (1955-2011). Cobraron 666,66 dólares por cada uno y llegaron a vender 175 unidades. Apple es en la actualidad una empresa multinacional de prestigio, que diseña, produce y vende equipos electrónicos y *software* en todo el mundo.

Charles Lewis Tiffany (1812-1902), fundador de la joyería Tiffany's, comenzó su aventura empresarial en 1837, en Nueva York. Allí, abrió una tienda con su amigo John Young y la ayuda de un préstamo de tan solo 1000 dólares. El primer día, las ventas fueron de 4,98 dólares.

Se dedicaron a la venta de joyería y artículos de lujo e introdujeron una política de ventas revolucionaria en su momento: el precio marcado era fijo y no negociable. Una de las claves del éxito fue el tono azul pálido que eligieron para simbolizar la calidad de sus productos y la reputación de la compañía.

Con el tiempo, se especializaron en el comercio de objetos de oro, plata y piedras preciosas, por lo que sus clientes pasaron a ser los millonarios más famosos del país. Cuando murió, Charles Tiffany dejó en herencia un negocio de 35 millones de dólares y de prestigio mundial.

Steve Jobs y Charles Tiffany no empezaron con un capital elevado, pero la perseverancia y su ingenio les llevaron a triunfar.

¿QUÉ SABEMOS DE?

1 > ¿Crees que en la actualidad se puede crear una empresa con poco dinero?

2 > ¿Has elaborado alguna vez un presupuesto de tus ingresos y gastos personales? Enumera en una columna tus ingresos mensuales y en otra columna paralela tus gastos mensuales. ¿Consigues ahorrar?

3 > ¿Conoces los ingresos y gastos de tu casa? Enumera en una columna los ingresos mensuales y en otra columna paralela los gastos mensuales de una casa. ¿Qué ocurriría si un mes los gastos superaran los ingresos?

1 Análisis de costes e ingresos

Antes de iniciar su negocio, la emprendedora o el emprendedor ha de estimar cuánto dinero debe invertir para ponerlo en marcha y analizar si le compensarán los futuros ingresos.

En primer lugar, tendrá que elaborar una relación de todo aquello que necesita para iniciar su actividad empresarial y calcular cuánto le costará. Además, deberá tener en cuenta que una vez iniciado el negocio tendrá unos gastos periódicos.

EJEMPLO

Mónica es una joven bailarina que ha decidido abrir una escuela de danza oriental. Según sus cálculos, para empezar necesita:

- Un local. Ha encontrado uno pequeño en una zona céntrica que también se utilizaba como academia de baile, por lo que apenas tiene que realizar obras para dejarlo en perfectas condiciones. El alquiler le cuesta 1 500 euros al mes y la reforma, alrededor de 6 000 euros.
- Una persona en recepción que atienda a los clientes y a los potenciales clientes. Calcula que el sueldo y las cotizaciones mensuales a la Seguridad Social rondarán los 1 400 euros.
- Publicidad. Estima que gastará 900 euros.
- Seguro del local (500 euros al año).
- Un ordenador y una impresora (1 500 euros).
- Un datáfono (130 euros).
- Material de oficina (200 euros).

Además, deberá pagar los gastos de electricidad, agua, limpieza del local, cuotas de la Seguridad Social, IVA, IRPF, etc.

El siguiente paso es calcular los futuros ingresos y compararlos con los gastos iniciales y mensuales, para saber si el negocio será rentable y a partir de cuándo.

En ocasiones, desde el primer mes los ingresos superan los costes, pero en otros muchos casos hasta que no pasa un tiempo no se empieza a recuperar la inversión inicial, por lo que hay que tener paciencia y constancia.

Hay rentabilidad cuando: ingresos > costes.

1.1. El concepto empresarial de coste

El **coste** es el valor monetario de los bienes y servicios que la empresa consume en el desarrollo de su actividad.

El coste es un factor determinante a la hora de fijar el precio de venta del producto, ya que el precio nunca debe ser inferior a los costes si se quiere recuperar el dinero invertido.

Por otra parte, si la empresa logra incurrir en menos costes que la competencia y mantener la misma calidad puede bajar el precio del producto, de manera que la reducción de costes se convierte así en un arma competitiva.

VOCABULARIO

coste ≠ gasto: son dos enfoques distintos de un mismo hecho.

El **coste** no se produce hasta que tiene lugar el consumo.

El **gasto**, en principio, es previo al consumo.

Por ejemplo, cuando se compran materias primas, el precio que se paga por ellas se contabiliza como un gasto. Cuando las materias primas entran en el proceso de producción (se consumen), se registra como un coste necesario para obtener el producto de la empresa.

1.2. El precio de venta en función de los costes

Una vez valorado el coste del producto, el emprendedor podrá fijar con mayor acierto su precio. Por eso es muy importante que la estimación de los costes sea correcta y aproximada a la realidad.

Al fijar el precio es recomendable tener en cuenta:

- El **coste del producto,** al que la empresa añade un margen de beneficio:

> Precio del producto = coste total + margen de beneficio

- La **percepción de la persona que compra** sobre el precio del producto. Es interesante conocer si le parece caro o barato, y cómo varía la demanda en función de las variaciones en el precio; por ejemplo, ¿aumentan considerablemente las ventas cuando hay una oferta?
- Los **precios** de la **competencia.**

EJEMPLO

IKEA rediseñó la fabricación y comercialización de muebles para que la mayoría de sus productos fueran desmontables y pudieran almacenarse y transportarse en embalajes planos y uniformes. La clave fue diseñar un paquete fácil de transportar por sus clientes y fácil de embalar para la empresa, y que, además, ocupara poco espacio en las furgonetas y en el almacén.

Esto abarataba la distribución y el almacenamiento de sus productos de forma considerable, lo que les permitió ofrecer productos más baratos que los de la competencia.

1.3. Análisis básico de ingresos

Si el emprendedor conoce el precio del producto podrá hacer un cálculo de los posibles ingresos que tendrá en el futuro, mediante una estimación del número de unidades que pueda vender:

> Ingresos = precio × número de unidades vendidas

EJEMPLO

Cristina vende zapatillas deportivas por internet y ha estimado el precio de su producto en función del coste:

Precio de la zapatilla = coste de adquisición + margen de 30 euros.

Durante los primeros seis meses, hasta que se dé a conocer, estima que venderá alrededor de 200 zapatillas al mes.

Prevé que el coste medio de adquisición de cada zapatilla sea de 80 euros. Algunas serán más caras y otras más baratas, pero considera que 80 euros será el precio medio del proveedor.

Por lo tanto:

Precio de la zapatilla (110 euros) = coste de adquisición (80 euros) + margen (30 euros).

Sus futuros ingresos mensuales serán: 110 euros × 200 zapatillas = 22 000 euros al mes.

2 El plan de inversiones

Como decíamos al inicio de esta unidad, el emprendedor debe estimar cuánto dinero ha de invertir para poner en marcha un negocio antes de iniciarlo, y analizar si le compensarán los futuros ingresos.

Para ello, elaborará un plan de inversiones y un plan de financiación.

El **plan de inversiones** incluye todos los elementos que necesita la empresa para realizar su actividad; por lo tanto, refleja en qué se va a emplear el dinero del que se dispone al inicio.

Generalmente, se suele invertir en:

- Locales, almacenes o naves.
- Mobiliario.
- Maquinaria y herramientas.
- Vehículos (automóviles, furgonetas o camiones).
- Equipos informáticos y *software* (programas informáticos, antivirus, etc.).
- Página web.
- Materias primas.
- Envases, embalajes.
- Patentes.

VOCABULARIO

patente: es el derecho a explotar en exclusiva un invento susceptible de aplicación industrial o un procedimiento de fabricación, aun cuando utilice o esté compuesto de materia biológica.

La patente se solicita ante el Registro de Patentes y su duración es de veinte años improrrogables.

El registro de una patente confiere a su titular el derecho exclusivo de utilización y, en caso de que otra persona o empresa la use, podrá pedir una indemnización por daños y perjuicios.

ACTIVIDADES

1 > Recuerda los conocimientos básicos de contabilidad que estudiaste en la unidad 9. En el Balance había varias masas patrimoniales: el Activo, el Pasivo y el Neto patrimonial:

- El **Activo** indica el valor de los bienes y derechos que son propiedad de la empresa, es decir, aquello en lo que ha invertido el empresario o empresaria.
- El **Pasivo** y el **Neto patrimonial** reflejan cómo se han financiado esos bienes y derechos, es decir, de dónde proceden los fondos con los que se han pagado los bienes y derechos que conforman el Activo.

Puede resultar muy útil elaborar el plan de inversiones relacionándolo con el Activo del Balance.

Completa los apartados correspondientes del Balance con la lista anterior de elementos en los que suelen invertir las empresas:

Plan de inversiones (cuantía en euros)	
Activo no corriente	
INMOVILIZADO INTANGIBLE (Patentes)	...
INMOVILIZADO MATERIAL	...
Activo corriente	
EXISTENCIAS	...
INVERSIONES FINANCIERAS A CORTO PLAZO	...
EFECTIVO	...

3 El plan de financiación

Antes de empezar su aventura empresarial, es conveniente que la persona emprendedora elabore un plan de financiación.

El **plan de financiación** analiza y determina las fuentes de financiación de la empresa, es decir, de dónde van a obtener los socios el dinero para realizar sus inversiones.

Las distintas vías para adquirir ese dinero se conocen por el nombre de «fuentes de financiación», que se reflejan en el Pasivo y el Neto patrimonial del Balance.

Las **fuentes de financiación** indican de dónde van a obtener los socios el dinero para realizar sus inversiones.

Según su permanencia en la empresa

- **A corto plazo:** recursos cuyo plazo de devolución es inferior a un año.
- **A largo plazo:** recursos cuyo plazo de devolución es superior a un año.

Corto plazo: los proveedores permiten posponer el pago, normalmente, durante 30, 60 o 90 días.
Largo plazo: los bancos pueden conceder créditos por periodos largos (a 2, 5 o 10 años vista).

Por su titularidad

- **Recursos propios:** los que la empresa no tiene que devolver.
- **Recursos ajenos:** los que la empresa tiene que devolver.

Ejemplo: la empresa no devuelve a los socios el capital inicial aportado (lo compensa repartiendo entre ellos su beneficio anual). En cambio, debe devolver puntualmente el dinero que le presta el banco.

Según su procedencia

- **Recursos externos:** los que no se generan en el proceso productivo.
- **Recursos internos:** los generados por la propia empresa, a través de su proceso productivo (y que son reinvertidos en ella).

Ejemplo: cuando una máquina se ha comprado con el beneficio obtenido de la venta de los productos de la empresa, decimos que su financiación ha sido interna; por el contrario, si se ha pagado con el dinero obtenido de la emisión de nuevas acciones, su financiación ha sido externa.

ACTIVIDADES

2 > Clasifica las siguientes fuentes de financiación conforme a los tres criterios descritos. Trabaja en tu cuaderno.

Fuentes de financiación	Permanencia	Titularidad	Procedencia
Crédito a 90 días de los proveedores.	•	•	•
Crédito a 5 años concedido por un banco.	•	•	•
Aportaciones de los socios al capital social de la empresa.	•	•	•
Parte del beneficio obtenido por la empresa en el ejercicio económico se retiene para comprar nueva maquinaria.	•	•	•

3.1. Fuentes de financiación propias

Las **fuentes de financiación propias** son aquellas que la empresa no tiene que devolver.

Las principales son:

Las **aportaciones de los socios al capital de la empresa,** ya sea en el momento de constituirse la sociedad o a lo largo de la vida de la entidad. Las aportaciones pueden tener valor monetario o en especie.

Valor en especie

Son bienes o derechos que aportan los socios y que tienen un valor económico distinto al monetario.

Por ejemplo, un socio que posee una furgoneta y la aporta al capital de la empresa.

Con el beneficio obtenido, la empresa tiene dos opciones:

- Repartirlo entre los socios (recibe el nombre de «dividendos»).
- Utilizar ese dinero para financiar la actividad empresarial (se denomina «autofinanciación»).

La **autofinanciación** consiste en retener los fondos monetarios que genera la actividad productiva de la empresa para reinvertirlos en la propia empresa (compra de material, nueva maquinaria, etc.).

3.1.1. La capitalización por desempleo

Otra opción interesante para los socios es solicitar la **capitalización de la prestación por desempleo,** que consiste en pedir el importe íntegro de esta prestación de una sola vez y de forma adelantada.

Para poder hacerlo, se exigen unos requisitos:

- Destinar el dinero a una empresa recién creada o constituida en los doce meses anteriores.
- Tener, al menos, tres meses de prestación pendiente de percibir.

El importe se podrá destinar a pagar gastos de constitución y puesta en funcionamiento de la entidad, tasas, servicios de asesoramiento o cursos de formación relacionados con la actividad.

3.1.2. *Business angels*

Son personas físicas que quieren invertir su dinero en proyectos empresariales de otras personas en los que se vislumbra un alto potencial de éxito.

Los *business angels* se integran como socios, ya que aportan capital y, en ocasiones, también sus conocimientos y experiencia en la gestión de empresas, aunque no suelen llegar a involucrarse en el día a día.

3.2. Fuentes de financiación ajenas

Las **fuentes de financiación ajenas** son aquellas que la empresa debe devolver, normalmente, mediante el pago de un precio.

3.2.1. Préstamos y créditos

Mediante un **préstamo,** una entidad financiera concede al cliente una cantidad de dinero que le entrega de forma simultánea a la firma del contrato. Durante un periodo de tiempo prefijado, la empresa irá devolviendo, en pagos periódicos, la cuantía del préstamo más los intereses correspondientes a la totalidad del importe.

EJEMPLO

Un banco concede un préstamo de 50 000 euros a Cristina, que terminará de devolver en un plazo de cinco años. Todos los meses, Cristina devolverá una cantidad, compuesta por el capital que tiene que devolver más los intereses.

Otra posibilidad es la que se ofrece a través de una **línea de crédito,** mediante la cual una entidad financiera concede la posibilidad de disponer de dinero, hasta una cantidad límite y durante un plazo prefijado.

La empresa devolverá el dinero retirado y pagará intereses, periódicamente, solo por el capital dispuesto, no por la totalidad del importe del crédito concedido.

El interés de los préstamos y créditos depende de diversas variables, entre las cuales se encuentran:

a) La **duración del préstamo:** cuanto mayor sea su duración, mayor será el tipo de interés que se deberá pagar.

b) El **riesgo de impago del cliente:** si la fiabilidad del cliente es baja, la entidad financiera podría aplicar un tipo de interés más alto.

c) El **pago de comisiones** de apertura, de cancelación, de gestión, de estudio...

3.2.2. Sociedades de garantía recíproca

El problema con el que se encuentran la mayoría de los emprendedores al pedir un préstamo o un crédito es que los bancos suelen pedir un aval.

En estos casos, se puede recurrir a las sociedades de garantía recíproca (SGR), que se dedican a avalar a las pequeñas y medianas empresas (pymes), para facilitar que el banco les conceda un préstamo.

Antes de avalar a una pyme, la SGR estudia la viabilidad del proyecto empresarial. Si pasa el análisis con éxito, la empresa podrá integrarse como socia de la SGR y, de este modo, será avalada por ella. Además, esta sociedad le proporcionará asesoramiento y le ayudará a negociar con los bancos mejores condiciones crediticias que las que conseguiría la pyme por sí misma.

Aval

Mediante un aval, una persona o entidad se compromete a pagar al banco la cantidad que el tomador del préstamo o crédito no ha abonado.

3.2.3. Créditos de los proveedores

Los proveedores suelen conceder a las empresas aplazamientos de pago de 30, 60, 90 o 120 días. Esto supone una financiación gratuita, puesto que durante ese plazo la empresa dispone de un dinero que puede invertir para obtener una rentabilidad adicional.

EJEMPLO

Los grandes supermercados compran a sus proveedores un volumen inmenso de los productos que venden (muy superior al del pequeño comercio), por lo que pueden negociar ventajosos descuentos y mayores aplazamientos en el pago.

Estos supermercados pueden permitirse aplicar grandes descuentos a sus productos y reducir así su margen de beneficios (o incluso perdiendo dinero, en ocasiones) porque:

- Lo compensan invirtiendo el dinero que aún no han pagado a los proveedores (lo que les permite obtener una rentabilidad adicional).
- O bien porque consiguen vender la mercancía antes de haber abonado su importe a los proveedores, de modo que pagan su precio con los ingresos obtenidos de la venta.

3.2.4. El *crowdfunding*

«*Crowdfunding*» es la denominación que se utiliza para referirse a la financiación colectiva, normalmente *online*. Permite conseguir los recursos económicos necesarios para sacar un proyecto adelante y, además, involucrar a los consumidores desde el origen hasta el resultado final del producto o la causa que se defienda.

En el *crowdfunding* existen tres sujetos o partes diferenciadas:

- Los que buscan la financiación para su proyecto (emprendedores y creativos).
- Las personas que aportan fondos (financiadores).
- La plataforma tecnológica que facilita el contacto entre los dos sujetos anteriores. En la mayoría de los casos, las tareas de selección de los proyectos se llevan a cabo a través de la misma plataforma, que también puede ofrecer un servicio de asesoramiento, por el que puede cobrar una comisión.

EJEMPLO

Algunas plataformas de *crowdfunding* establecen un objetivo de financiación, por ejemplo, conseguir 60 000 euros. Si este se cumple, el emprendedor puede retirar el dinero obtenido, dejando un porcentaje en concepto de comisión de remuneración para la plataforma. En caso de no cumplirse el objetivo, el dinero se devuelve a quienes hayan participado y el emprendedor no percibe nada.

En otras plataformas, todas las contribuciones, salvo la comisión correspondiente, se entregan al emprendedor aunque no se haya logrado el objetivo.

3.2.5. Contratos y servicios financieros

Estos contratos ayudan a las empresas a cubrir sus necesidades financieras:

Leasing	Es un contrato por el que una empresa alquila a otra un bien, con la opción de comprarlo al finalizar el periodo pactado; la empresa arrendataria podrá adquirirlo mediante el pago de un valor residual que se establece en el contrato.
Renting	Consiste en alquilar un equipo por un periodo de tiempo determinado, a cambio de una renta periódica. El pago de la renta incluye el derecho de uso del bien, su mantenimiento y un seguro que cubre posibles siniestros. Al vencimiento de la operación no suele ofrecerse la opción de compra, sino la renovación del contrato o la firma de otro contrato de *renting* sobre un bien más moderno.

EJEMPLO

En la actualidad, la mayoría de las empresas adquieren los automóviles que ponen a disposición de sus directivos mediante un contrato de *renting* en lugar de comprarlos.

La razón es que los coches se deprecian enseguida y en pocos años quedan obsoletos, tanto en diseño como en prestaciones.

ACTIVIDADES

A D S **3 >** Averigua qué proyectos se han financiado mediante *crowdfunding*.

3.2.6. Ayudas y subvenciones

Las ayudas y subvenciones forman parte de las políticas de apoyo al tejido empresarial y de fomento de las iniciativas innovadoras. La mayor parte de los fondos provienen de las Administraciones públicas (de la Unión Europea, de la Administración central, de las comunidades autónomas o de entidades locales como ayuntamientos o diputaciones provinciales).

Los requisitos y el plazo para solicitarlas se publican en el boletín oficial correspondiente, que puede ser el Boletín Oficial del Estado (BOE), el boletín oficial de una comunidad autónoma o un boletín provincial. Es preciso leer detenidamente cada convocatoria para informarse bien acerca de las condiciones. Podemos distinguir entre:

Ayudas: se conceden créditos a las empresas a un tipo de interés más barato.

Subvenciones: no hay que devolver el importe prestado (son más bien fuentes propias).

Hay que documentarse e informarse bien para encontrar las ayudas y subvenciones que mejor encajan en nuestro proyecto de empresa; si se encuentran varias, se debe analizar si son compatibles o seleccionar la más beneficiosa.

Una vez localizadas las subvenciones que nos interesan, hay que cumplir todos los trámites formales que exigen y tener en cuenta que tardan tiempo en hacerse efectivas. Posteriormente, la entidad que la ha concedido suele realizar un seguimiento de la empresa y del uso de la ayuda durante unos años.

Ayudas y subvenciones

Se concretan en:

- Ayuda directa a la contratación de personal.
- Bonificación de las cuotas empresariales a la Seguridad Social.
- Incentivos fiscales.
- Ayudas financieras.
- Asesoría empresarial.
- Ayudas para incorporar nuevas tecnologías.
- Ayudas para formación.
- Ayudas a la innovación, a la investigación y al desarrollo, etc.

Algunas entidades financieras o sus fundaciones también conceden ayudas y subvenciones a las empresas.

ACTIVIDADES

4 > ¿Qué diferencia hay entre un préstamo y una línea crediticia?

5 > Busca en internet alguna ayuda o subvención para empresas que esté vigente en la actualidad. Puedes encontrar información en las siguientes páginas web:

- Ventanilla Única Empresarial: <https://bit.ly/2zCqvET>.
- Instituto de Crédito Oficial: <www.ico.es>.
- Instituto de la Mujer: <www.inmujer.gob.es>.
- <www.expansion.com> (escribir «subvenciones» en el buscador).
- Asociación de Jóvenes Empresarios de la Comunidad de Madrid: <www.ajemad.es>.

6 > Clasifica las siguientes fuentes de financiación en propias y ajenas:

- Crédito a ocho meses concedido por un banco.
- Parte del beneficio obtenido por la empresa en el ejercicio económico que se retiene para comprar nueva maquinaria.
- Subvención estatal.
- Aportación por parte de José Antonio, a su empresa, del importe íntegro de la prestación por desempleo que tenía pendiente de cobro y que ha solicitado al inicio para percibirla de una sola vez.

4 Análisis de la viabilidad económico financiera

Ahora que ya sabes cómo obtener dinero para financiar tu proyecto, debes aprender a utilizar las fuentes de financiación de forma que tu empresa se mantenga en una situación de equilibrio financiero.

Para ello, hay que realizar un análisis del Balance, que estudiaste en la unidad 9. Recuerda que el Activo y el Pasivo, junto con el Neto patrimonial, son clasificaciones diferentes de una misma cantidad:

El **Activo** indica el valor de los bienes y los derechos que son propiedad de la empresa.

El **Pasivo** y el **Neto patrimonial** reflejan cómo se han financiado esos bienes y derechos que conforman el Activo, es decir, de dónde proceden los fondos con los que se han pagado.

Activo total = Pasivo + Patrimonio neto

Por lo tanto, la inversión se corresponde con el Activo del Balance; y la financiación, con el Neto patrimonial y el Pasivo.

Activo

No corriente

Corriente

Inversiones
Bienes y derechos propiedad de la empresa.

Patrimonio neto y Pasivo

Patrimonio neto

Pasivo no corriente

Pasivo corriente

Fuentes de financiación
Indica la procedencia de los fondos utilizados para adquirir los bienes y derechos de la empresa.

En líneas generales, podría decirse que es conveniente que:

El Pasivo no corriente y el Neto → Financien las inversiones permanentes (es decir, el Activo no corriente, como maquinaria, vehículos, mobiliario, etc.) y parte del Activo corriente.

El Pasivo corriente (deudas a corto plazo) → Solo se destine a financiar una parte del Activo corriente (como deudas a corto plazo, existencias y compras a proveedores).

Activo	Pasivo y Neto
Activo no corriente (150 000 euros)	Neto (60 000 euros)
	Pasivo no corriente (100 000 euros)
Activo corriente (50 000 euros)	Pasivo corriente (40 000 euros)

Es conveniente que parte del Activo corriente esté también financiado por Pasivo no corriente, ya que, en caso contrario, la empresa podría tener dificultades para afrontar sus pagos inmediatos si hubiera un imprevisto.

Por eso, se dice que una empresa está en situación de equilibrio financiero cuando su Activo corriente es superior a su Pasivo corriente. Esta ecuación recibe el nombre de **«fondo de maniobra»**.

Fondo de maniobra = Activo corriente – Pasivo corriente

Si AC > PC **FM > 0**	La empresa se halla en situación de **equilibrio financiero.** No tendrá problemas a la hora de pagar sus deudas a corto plazo, ya que en el mismo periodo de tiempo puede obtener recursos financieros suficientes con cargo al Activo corriente (con la venta de su producto, dinero en caja o en cuentas a la vista...).
Si AC < PC **FM < 0**	Si el Activo corriente es inferior al Pasivo corriente, la empresa debe más dinero a corto plazo del que puede conseguir a partir del Activo corriente. Esta situación se conoce con el nombre de **«suspensión de pagos»:** la empresa no puede hacer frente a sus deudas a corto plazo en ese momento. Puede ser solo un problema temporal y llegar a recuperarse.
Si AC = PC **FM = 0**	La empresa no se halla en situación de equilibrio financiero; habrá que estudiar otras variables para saber si se encuentra en suspensión de pagos o podría llegar a estarlo.

Quiebra ≠ Suspensión de pagos

La quiebra implica que la empresa no puede hacer frente a sus deudas, ni a corto ni a largo plazo, ni siquiera vendiendo todos los elementos que integran el Activo:

Activo < Pasivo

La situación es irreversible.

EJEMPLO

El Balance de una empresa es el siguiente:

Activo no corriente (120 000 euros)	Neto (65 000 euros)
	Pasivo no corriente (70 000 euros)
Activo corriente (40 000 euros)	Pasivo corriente (25 000 euros)

FM = AC – PC = 40 000 – 25 000 = 15 000 euros

Con 40 000 euros de AC, la empresa puede hacer frente a 25 000 euros de deudas a corto plazo.

Este mes, la empresa se encuentra con un imprevisto: uno de sus clientes falla y no puede pagar 10 000 euros que le debía; aplazan el pago 90 días. Gracias al fondo de maniobra de 15 000 euros con el que contaba la empresa, puede hacer frente a todas las deudas que vencían ese mes, a pesar de este impago temporal.

Otra empresa tiene este Balance:

Activo no corriente (200 000 euros)	Neto (80 000 euros)
	Pasivo no corriente (100 000 euros)
Activo corriente (60 000 euros)	Pasivo corriente (80 000 euros)

FM = AC – PC = 60 000 – 80 000 = – 20 000 euros

Con 60 000 euros de AC, la empresa no puede hacer frente a 80 000 euros de deudas a corto plazo. Sin embargo, si vendiera algún elemento de su Activo no corriente, por ejemplo, algún vehículo del que pudiera prescindir, podría pagar la deuda pendiente.

Una tercera empresa presenta un Balance en el que el Activo es menor que el Pasivo:

Activo no corriente (80 000 euros)	Neto (5 000 euros)
	Pasivo no corriente (100 000 euros)
Activo corriente (15 000 euros)	Pasivo corriente (20 000 euros)

La empresa está en situación de quiebra; ni siquiera vendiendo todo su Activo (valorado en 95 000 euros) podría hacer frente a sus obligaciones financieras (a corto y largo plazo), cuyo valor asciende a 120 000 euros.

4.1. Instrumentos de análisis

El estudio de cada una de las masas patrimoniales del Balance y su proporción o peso frente a las demás permite analizar la situación financiera de la empresa. Por ejemplo, podemos estudiar si hay un equilibrio adecuado entre los recursos ajenos y los recursos propios o si el grado de endeudamiento es el adecuado. Los instrumentos para realizar este análisis son las ratios.

Las **ratios** son fórmulas matemáticas (divisiones) que, a través de un cociente, relacionan dos magnitudes económico financieras y muestran si la proporción entre ellas es correcta.

Las ratios ofrecen datos relativos; permiten comparar periodos y estudiar su evolución.

A continuación proponemos algunas ratios. No son las únicas, ni existe unanimidad sobre los valores adecuados para cada ratio, porque es difícil definir un índice óptimo aplicable a todas las empresas.

Además, el análisis financiero debe realizarse con el conjunto de datos disponibles, sin valorar nunca cada ratio de forma aislada.

Recuerda

Disponible y Realizable

Antes de realizar el análisis de ratios, recuerda los siguientes conceptos contables, que estudiaste en la unidad 9:

- Realizable: se compone de los deudores comerciales de la empresa y las cuentas a cobrar.
- Disponible: es el dinero en efectivo y otros líquidos equivalentes.

Ratios de análisis económico financieras

Ratio	Fórmula	Interpretación y valor adecuado aproximado
Tesorería	$\frac{\text{Realizable + Disponible}}{\text{Pasivo corriente}}$	0,7 < Ratio de liquidez < 1 Analiza la capacidad de la empresa para generar efectivo que le permita pagar las deudas a corto plazo sin hacer uso de las existencias. Si el resultado es inferior a 0,7, la liquidez de la empresa es baja (podría tener problemas para pagar alguna deuda a corto plazo); y si es superior a 1, es excesiva (está desperdiciando recursos monetarios que podrían estar invertidos y generando rentabilidad).
Tesorería inmediata o liquidez inmediata	$\frac{\text{Disponible}}{\text{Pasivo corriente}}$	0,1 < Ratio de tesorería < 0,3 Analiza la capacidad de la empresa para generar liquidez o tesorería con la que hacer frente a sus compromisos de pago inmediatos. Si el resultado es inferior a 0,1, la liquidez de la empresa es baja (podría tener problemas para pagar alguna deuda a corto plazo); y si es superior a 0,3, tiene demasiada liquidez (dinero inactivo). Existe diversidad de criterios en cuanto a los límites de esta ratio; algunos autores estiman que basta con que sea inferior a 0,75.
Garantía o solvencia a largo plazo	$\frac{\text{Activo}}{\text{Pasivo no corriente + Pasivo corriente}}$	1,5 < Ratio de garantía > 2,5 Mide la capacidad del Activo para hacer frente a todas las deudas de la empresa, es decir, la distancia a la que se encuentra la empresa respecto a la situación de quiebra. Cuanto mayor sea el Activo, mayor será la distancia. Si la ratio de garantía es igual a 1, la empresa está en quiebra. Significa que el Activo vale lo mismo que la totalidad de las deudas de la empresa.
Autonomía financiera	$\frac{\text{Fondos propios (o Patrimonio neto)}}{\text{Pasivo no corriente + Pasivo corriente}}$	Mide la capacidad de la empresa para autofinanciarse y su independencia con respecto a la financiación externa. Se recomienda que el valor de esta ratio se sitúe en torno a 1 para que el equilibrio entre los recursos propios y los ajenos sea el adecuado, si bien la autonomía óptima es particular para cada empresa.
Endeudamiento	$\frac{\text{Pasivo no corriente + Pasivo corriente}}{\text{Pasivo + Patrimonio neto}}$	Indica la proporción de la financiación externa frente al total de las fuentes de financiación de la empresa. Si la ratio de endeudamiento es inferior a 0,5, podemos decir que el grado de endeudamiento de la empresa no es peligroso.
Calidad de la deuda	$\frac{\text{Pasivo corriente}}{\text{Pasivo no corriente + Pasivo corriente}}$	Indica la relación de las deudas a corto plazo con respecto a la deuda total de la empresa. Cuanto más cercano se encuentre a 1, la deuda será «de peor calidad». Al aproximarse a 1, crece el peso de la deuda a corto plazo frente a la deuda a largo plazo.

Estas ratios pueden calcularse de forma automática al introducir las fórmulas en una hoja de cálculo.

Recuerda que lo más importante es saber interpretar los resultados obtenidos y extraer un análisis de la situación financiera de la empresa.

EJEMPLO

Una empresa ha realizado un análisis financiero de su situación y ha obtenido los siguientes resultados:

Ratios de análisis económico financieras		
Ratio	**Fórmula**	**Interpretación y valor adecuado aproximado**
Tesorería	$\frac{40\,000 + 5\,000}{60\,000} = 0{,}75$	0,7 < Ratio de liquidez < 1 Analiza la capacidad de la empresa para generar efectivo que le permita pagar las deudas a corto plazo sin hacer uso de las existencias. Si el resultado es inferior a 0,7, la liquidez de la empresa es baja (podría tener problemas para pagar alguna deuda a corto plazo); y si es superior a 1, es excesiva (está desperdiciando recursos monetarios que podrían estar invertidos y generando rentabilidad).
Tesorería inmediata o liquidez inmediata	$\frac{5\,000}{60\,000} = 0{,}083$	0,1 < Ratio de tesorería < 0,3 Analiza la capacidad de la empresa para generar liquidez o tesorería con la que hacer frente a sus compromisos de pago inmediatos. Si el resultado es inferior a 0,1, la liquidez de la empresa es baja (podría tener problemas para pagar alguna deuda a corto plazo); y si es superior a 0,3, tiene demasiada liquidez (dinero inactivo). Existe diversidad de criterios en cuanto a los límites de esta ratio; algunos autores estiman que basta con que sea inferior a 0,75.
Garantía o solvencia a largo plazo	$\frac{300\,000}{200\,000} = 1{,}5$	1,5 < Ratio de garantía > 2,5 Mide la capacidad del Activo para hacer frente a todas las deudas de la empresa, es decir, la distancia a la que se encuentra la empresa respecto a la situación de quiebra. Cuanto mayor sea el Activo, mayor será la distancia. Si la ratio de garantía es igual a 1, la empresa está en quiebra. Significa que el Activo vale lo mismo que la totalidad de las deudas de la empresa.
Autonomía financiera	$\frac{100\,000}{300\,000} = 0{,}33$	Mide la capacidad de la empresa para autofinanciarse y su independencia con respecto a la financiación externa. Se recomienda que el valor de esta ratio se sitúe en torno a 1, para que el equilibrio entre los recursos propios y los ajenos sea el adecuado, si bien la autonomía óptima es particular para cada empresa.
Endeudamiento	$\frac{200\,000}{300\,000} = 0{,}67$	Indica la proporción de la financiación externa frente al total de las fuentes de financiación de la empresa. Si la ratio de endeudamiento es inferior a 0,5, podemos decir que el grado de endeudamiento de la empresa no es peligroso.
Calidad de la deuda	$\frac{60\,000}{200\,000} = 0{,}3$	Indica la relación de las deudas a corto plazo con respecto a la deuda total de la empresa. Cuanto más cercano se encuentre a 1, la deuda será «de peor calidad». Al aproximarse a 1, crece el peso de la deuda a corto plazo frente a la deuda a largo plazo.

El plan de inversiones

Objetivos

- Reflexionar y elaborar el plan de inversión de una empresa.
- Detallar todo lo que necesita la empresa para comenzar a funcionar.
- Conocer el precio de las inversiones.
- Aprender a localizar precios y realizar comparaciones.

Desarrollo

En el plan de inversiones se incluyen todos los recursos que necesita tu empresa para realizar su actividad; refleja en qué se va a emplear el dinero que tienes al inicio.

En primer lugar, deberás elaborar una relación de todo aquello que necesitas para iniciar tu actividad empresarial. Después, tendrás que averiguar el precio de todos los componentes de la lista; puedes encontrarlos en internet, preguntando en alguna tienda, a tus padres, profesoras y profesores, etc. Relaciona la información conseguida con el Balance, que has estudiado en la unidad 9. Puedes utilizar la siguiente guía como ayuda:

Plan de inversiones	Cuantía (euros)
Activo no corriente	
INMOVILIZADO INTANGIBLE • Patentes, licencias, marcas y similares. • Aplicaciones informáticas. • Desarrollo de una página web y su mantenimiento. • Otro inmovilizado intangible.	CUADERNO
INMOVILIZADO MATERIAL • Locales, almacenes o naves. • Mobiliario. • Maquinaria. • Herramientas. • Vehículos (automóviles, furgonetas o camiones). • Equipos informáticos y *software* (programas informáticos, antivirus, etc.).	
Activo corriente	
EXISTENCIAS • Materias primas. • Envases, embalajes. • Material de oficina.	CUADERNO
INVERSIONES FINANCIERAS A CORTO PLAZO	
EFECTIVO • Dinero en caja. • Dinero en bancos.	
TOTAL INVERSIONES	

* Recuerda que esto es solo una guía; quizá necesites algo más que no se recoge aquí, así que puedes añadir lo que estimes necesario.

El plan de financiación

Objetivos

- Reflexionar y elaborar el plan de financiación de una empresa.
- Valorar de forma realista la aportación inicial de las socias y los socios y las posibilidades de recibir un crédito bancario.
- Conocer las ayudas y subvenciones para la creación de pymes.

Desarrollo

En el plan de financiación incluirás las posibles fuentes de financiación de tu empresa, es decir, de dónde van a obtener los socios el dinero para realizar sus inversiones, e indicarás cuáles serán más convenientes y factibles.

El plan de inversiones que acabas de elaborar indica cuánto capital necesitas para iniciar tu negocio. Ahora es el momento de analizar cómo obtener ese dinero:

1. ¿Qué capital pueden aportar los socios?
2. Busca ayudas y subvenciones que podríais solicitar. Puedes encontrar información en las páginas web citadas en esta unidad.
3. ¿Qué préstamos y créditos tendréis que solicitar?

Entra en las páginas web de varios bancos y del Instituto de Crédito Oficial (ICO) (<www.ico.es>) y localiza los préstamos que conceden a los emprendedores y bajo qué condiciones.

Para terminar, reflexiona y ordena toda la información en una tabla como esta:

Fuentes de financiación	Cuantía (euros)
NETO PATRIMONIAL (RECURSOS PROPIOS) • Capital social (aportaciones de los socios). • Ayudas y subvenciones que podríais solicitar.	
PASIVO NO CORRIENTE (RECURSOS AJENOS) • Préstamos que podríais pedir al banco a largo plazo.	
PASIVO CORRIENTE (RECURSOS AJENOS) • Préstamos que podríais pedir al banco a corto plazo.	
TOTAL	

* Esto es solo una guía, y es posible que necesites algo más que no se encuentre en esta tabla; añade cuanto estimes necesario.

La cifra resultante en el total de la tabla sobre fuentes de financiación debería coincidir, como mínimo, con la cifra total obtenida en la tabla de inversiones.

Además, no deberías olvidarte de los gastos de constitución y primer establecimiento, en los que se incurre al crear cualquier empresa.

- **Gastos de constitución:** tienen carácter obligatorio y naturaleza jurídica. Por ejemplo, escrituras notariales, registros mercantiles, impuestos, etc.
- **Gastos de primer establecimiento:** son necesarios para iniciar la actividad de la empresa recién creada. Por ejemplo:
  - Publicidad de lanzamiento.
  - Gastos de estudio e investigación de mercados.
  - Gastos de selección y formación de personal.
  - Gastos de puesta en marcha.

El modelo Canvas

Objetivos

- Reflexionar sobre el proyecto de empresa que has elaborado.
- Conocer y trabajar el modelo Canvas.
- Realizar un análisis crítico y correcto sobre el proyecto de empresa.
- Mejorar y pulir todos aquellos puntos del proyecto de empresa que sean necesarios.
- Aprender a exponer ante un grupo el trabajo elaborado, atraer la atención del auditorio y resolver las preguntas que puedan plantear.

Desarrollo

The Business Model Canvas, creado por Alexander Osterwalder (<http://alexosterwalder.com>), muestra gráficamente y de un solo golpe de vista tu proyecto de empresa. Hay muchas formas de explicar cómo diseñar un modelo de negocio; esta es una de las más sencillas y visuales.

En el modelo Canvas se divide el modelo de negocio en nueve módulos básicos, que reflejan la lógica que sigue una empresa para conseguir ingresos:

- Relación y comunicación con clientes.
- Segmento de clientes, usuarios y *stakeholders*.
- Canales.
- Recursos clave.
- Aliados clave.
- Estructura de costes.
- Actividades clave.
- Flujo de ingresos.
- Personas.

VOCABULARIO

***stakeholders* o grupos de interés:** son cualquier grupo o persona que puede afectar o verse afectada por las actividades de la empresa.

Se trata de una lista muy amplia, ya que las actividades empresariales afectan al accionariado, grupos inversores, dirección de la empresa, personal, clientela y empresas proveedoras, Administraciones públicas, competencia, sindicatos, etc.

Estos nueve módulos cubren las cuatro áreas principales de un negocio: clientela, oferta, infraestructuras y viabilidad económica.

En la página siguiente puedes ver la plantilla del modelo Canvas. Como puedes observar, este modelo pone el énfasis en **la propuesta de valor,** por eso se coloca **en el centro** del mural. Es aquello que te diferencia de la competencia y por lo que la clientela está dispuesta a pagar.

En la **parte derecha** de la plantilla se muestran **las relaciones de la empresa con el exterior.** La propuesta de valor de tu empresa se traslada a una serie de clientes, con los que tendrás que establecer ciertas relaciones y buscar los canales más adecuados para llegar hasta ellos (comerciales, internet, tiendas *offline,* etc.).

A la izquierda del lienzo encontrarás **las relaciones internas** (lo que ocurre de puertas hacia dentro de la empresa): las actividades y los recursos clave, es decir, lo que debes hacer y lo que necesitas para conseguirlo. Esto es fundamental dentro de tu modelo de negocio, junto con las personas clave con las que vas a trabajar (socias y socios, personal, etc.).

Por último, se analizan la estructura de costes y las líneas de ingresos.

Utiliza la plantilla del modelo Canvas que te presentamos como base para elaborar un mural y presentar tu proyecto de empresa a compañeras y compañeros de clase.

Introduce en cada apartado de la plantilla uno o varios pósits con los puntos clave de tu proyecto; puedes escribir texto e incorporar imágenes que hagan más atractivo y visual tu negocio.

¿Con qué?

Aliados clave

¿Quiénes son nuestros socios y socias clave?

¿Quiénes son nuestros proveedores clave?

¿El aprovisionamiento de nuestros socios proveedores es responsable?

Actividades clave

¿Qué actividades clave requiere nuestra propuesta de valor?

¿Cuáles son nuestros canales?

¿Cuáles son nuestras fuentes de ingresos clave?

¿La producción es responsable?

¿Qué impacto medioambiental tenemos?

Personas

¿Qué conciliación personal se aplica?

¿Se tiene en cuenta la integración de la diversidad en el proyecto?

¿Qué impacto tiene el proyecto sobre las personas?

Recursos clave

¿Qué recursos clave requiere nuestra propuesta de valor?

¿El aprovisionamiento de recursos es responsable?

¿Qué impacto medioambiental producen los recursos clave?

¿Qué?

Propuesta de valor

¿Qué valor estamos entregando a nuestra clientela?

¿Qué problemas estamos ayudando a resolver?

¿Qué necesidad estamos satisfaciendo?

¿Qué tipos de productos ofrecemos a cada uno de nuestros segmentos de clientes?

¿Para qué?

Relación y comunicación con clientes

¿Qué relación tenemos con cada segmento de clientes?

¿Qué tipo de relación esperan?

¿Qué coste tiene?

¿Qué reputación corporativa tendremos?

¿Qué código de valores corporativos vamos a comunicar?

¿Qué compromiso social tenemos y comunicamos?

Canales

¿Con qué canales estamos llegando a nuestros segmentos de clientes?

¿Qué canales funcionan mejor?

¿Cuáles de estos canales son los más rentables?

Segmento de clientes, usuarios y *stakeholders*

¿Para quién estamos creando valor?

¿Quién es nuestra clientela más importante?

¿Cuánto?

Estructura de costes

¿Cuáles son los costes más importantes dentro de nuestro modelo de negocio?

¿Qué recursos clave son los más costosos?

¿Qué actividades clave son las más costosas?

Flujo de ingresos

¿Cuál es nuestra principal línea de ingresos?

¿Cómo está pagando nuestra clientela?

¿Por qué está dispuesta a pagar nuestra clientela?

Banca ética: dinero para un mundo mejor

La banca ética garantiza la inversión sostenible de tus ahorros, para que el dinero se convierta en un «agente de cambio» social, económico y ambiental.

Cada vez más ciudadanos se preocupan de que **su capital se alinee con sus valores** y un estilo de vida respetuoso, e ingresan su dinero en las alternativas éticas existentes.

En España existen dos entidades éticas con estatus bancario: **Triodos Bank,** que opera desde 2004, con más de 240 000 clientes (1 870 millones de euros), y **Fiare,** que lo hace desde 2005, con 2 184 clientes (2,5 millones de euros). En ambas entidades **el dinero no se destina a actividades especulativas** o nocivas.

La banca ética opera solo en la economía real y promueve el **desarrollo sostenible,** explica Mikel García-Prieto, director general de Triodos Bank España: «Nosotros financiamos a empresas, instituciones, proyectos y actividades en ámbitos ambientales, sociales y culturales que repercuten directamente en el bienestar de las personas y del medio ambiente».

«Entidades de energías renovables, construcción sostenible, agricultura ecológica, atención a personas con discapacidad, en riesgo de exclusión social, para mayores, en educación, industria cultural... Somos 100 % transparentes y se puede conocer cada proyecto en la web».

«Cuando analizamos las solicitudes –prosigue García-Prieto– vemos si la actividad cumple unos criterios que permiten saber si los productos, servicios o procesos de los solicitantes de financiación ponen en riesgo la **sostenibilidad del planeta y el bienestar social.** Además valoramos la experiencia, las personas que lo llevan a cabo y su viabilidad».

Algo parecido señala Peru Sasia, consejero de Banca Popolare Etica-Fiare, de tipo cooperativo, y presidente de la Federación Europea de Bancos Éticos y Alternativos (FEBEA). «Damos crédito a personas que orientan su actividad hacia el **desarrollo sostenible humano, social, ambiental y económico».**

«Nuestros ámbitos de financiación son: el bienestar social, la eficiencia energética, las renovables, el medio ambiente (gestión de residuos, reciclaje...), la producción y comercialización de productos ecológicos, la cooperación internacional, la animación sociocultural, el comercio justo o solidario, y las empresas sociales y responsables».

Los consumidores que optan por estas entidades hacen llegar su dinero «a quienes desean hacer un uso responsable de él», como dice García-Prieto, de Triodos.

La **oferta para particulares y empresas** de Triodos abarca desde cuentas de ahorro, depósitos y cuentas corrientes hasta tarjetas de débito y crédito, TPV, gestión de cobros o pagos, productos de financiación para organizaciones con impacto social, hipotecas verdes y planes de pensiones sostenibles.

Las **grandes diferencias** de estas entidades éticas con respecto a las entidades bancarias convencionales son su **transparencia radical** sobre cada céntimo ingresado en las cuentas y saber, como indica García-Prieto, que el dinero posee un impacto favorable mientras esté depositado, o a través de los intereses que se pagan por el préstamo o servicio.

«Nos comprometemos con una **economía al servicio de la gente y del planeta** –explica el responsable de Triodos–, un desafío que compartimos con los clientes y que da sentido a nuestra actividad».

«Como **agente social,** buscamos facilitar productos y servicios que permitan a las personas y organizaciones comprometidas usar el dinero como una herramienta de transformación social. Cada vez más esperan que lo usemos adecuadamente y se suman a nuestro objetivo de cambiar las finanzas para apoyar un cambio».

En esta idea coincide con Sasia: «La ventaja principal de las entidades éticas es que son una **herramienta potente de transformación social** y permiten a la ciudadanía opciones de consumo responsable. El dinero que se nos confía contribuye a un mundo mejor. Lo digo con humildad y modestia, pero con el fuerte convencimiento de que es realmente así».

Fuente: Brenda Chávez, revista *Cuerpo Mente*
<https://bit.ly/2FnrjRd>.

ACTIVIDADES

1 > ¿Habías oído hablar de la banca ética? Busca más información en las siguientes páginas web: <www.fiarebancaetica.coop/>; <www.triodos.es>. ¿Qué te parece esta iniciativa?

2 > ¿Qué imagen tenías de la ética en el mundo financiero? ¿Ha cambiado tu visión después de descubrir la existencia de una banca ética?

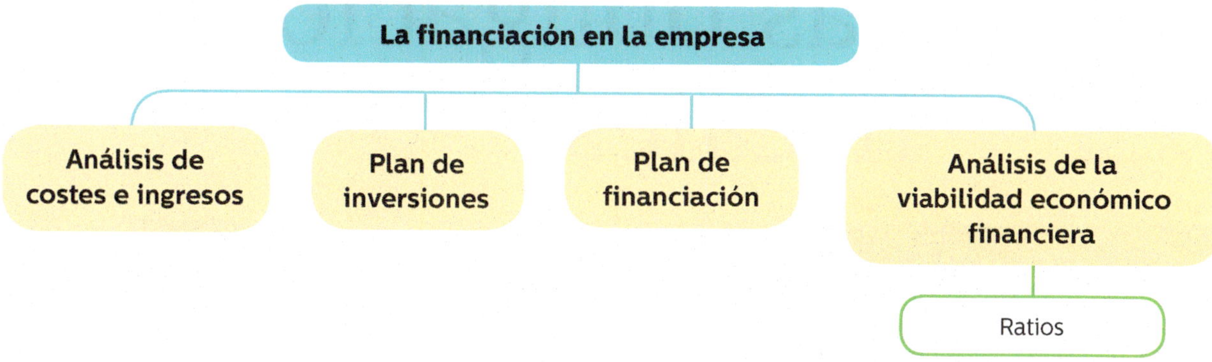

TEST DE EVALUACIÓN

Resuelve en tu cuaderno o bloc de notas

1 > Señala la respuesta correcta:

a) Al fijar el precio es recomendable tener en cuenta el coste del producto, la percepción del cliente sobre el precio y los precios de la competencia.

b) El precio del producto es la suma del coste total y el margen de beneficio.

c) Los ingresos son iguales al precio por el número de unidades vendidas.

d) Todas son correctas.

2 > Señala la respuesta correcta:

a) El plan de inversiones incluye todos los elementos que necesita la empresa para realizar su actividad.

b) Las fuentes de financiación indican de dónde van a obtener los socios el dinero para realizar sus inversiones.

c) Los recursos internos son los que genera la propia empresa, a través de su proceso productivo (y que son reinvertidos en ella).

d) Todas son correctas.

3 > Señala la respuesta correcta:

a) El *crowdfunding* incluye el derecho al uso del bien, su mantenimiento y un seguro que cubre posibles siniestros.

b) En el *leasing* se ofrece la posibilidad de comprar el bien al final de su vida útil.

c) El *renting* es la financiación colectiva, normalmente *online*.

d) Todas son correctas.

4 > Señala la respuesta correcta:

a) Las sociedades de garantía recíproca financian temporalmente a pymes con dinero, apoyo en la gestión y contactos.

b) Las aportaciones de los socios al capital de la empresa forman parte de las fuentes de financiación propias.

c) Las sociedades de capital riesgo conceden avales a empresas.

d) Todas son correctas.

5 > Señala la respuesta correcta:

a) El Realizable son las deudas de la empresa a corto plazo.

b) El dinero depositado en la caja de la empresa se incluye en el Activo no corriente.

c) La maquinaria es inmovilizado material.

d) La patente forma parte del Activo corriente.

6 > Señala la respuesta correcta:

a) El Activo indica el valor de los bienes y derechos que son propiedad de la empresa.

b) El Neto patrimonial refleja cómo se han financiado los bienes y derechos que conforman el Activo.

c) Es conveniente que el Pasivo financie las inversiones permanentes y parte del Activo no corriente.

d) Ninguna es correcta.

7 > Señala la respuesta correcta:

a) La quiebra implica que la empresa no puede hacer frente a sus deudas, ni a corto ni a largo plazo.

b) Existe suspensión de pagos si el Activo corriente es inferior al Pasivo corriente.

c) Si el Activo corriente es igual al Pasivo corriente, la empresa se halla en situación de equilibrio financiero.

d) Todas son correctas.

8 > La ratio que mide la capacidad de la empresa para autofinanciarse y su independencia con respecto a la financiación externa es:

a) Calidad de la deuda.

b) Ratio de autonomía financiera.

c) Endeudamiento.

d) Garantía.

12) Las obligaciones fiscales

Vamos a aprender

1. Los ingresos públicos
2. Los impuestos que afectan a las empresas
3. El calendario fiscal
4. Control y evaluación del proyecto

La historia de los impuestos

Las primeras normas que regulan el pago de tributos aparecen en la Edad Antigua en lugares como Egipto, Roma, China o Mesopotamia. En el Imperio romano, los tributos se utilizaban para mantener el Estado y financiar las guerras. Se pagaban impuestos por derechos de aduana, sobre la herencia, sobre las ventas o sobre los bienes muebles, entre otros.

Durante la Edad Media, vasallos y siervos de la gleba abonaban las rentas medievales, por lo general en especie, combatiendo en las guerras o mediante trabajos gratuitos, como contrapartida por la protección del señor o por el uso de la tierra.

Durante las monarquías absolutas, los reyes se esforzaban por construir Estados fuertes y gobernaban con mano firme en nombre del bien común. Con este fin trataron de lograr una Hacienda pública con más medios, mejor organización y un principio de autocontrol.

En España, se ha pasado de un sistema preconstitucional, en el que los impuestos eran muy bajos y la evasión fiscal era casi un estilo de vida, a una situación en la que toda la población contribuye al sostenimiento de los gastos públicos en función de su capacidad económica. Las aportaciones de la ciudadanía para contribuir al pago de los gastos públicos son mayores para quienes tienen más dinero y, gracias a la concienciación ciudadana, a la actuación de la justicia y a las medidas de control, se ha puesto freno a la evasión fiscal.

¿QUÉ SABEMOS DE?

1 > Indica para qué se utilizaban los impuestos durante la Edad Antigua. ¿Hay algún impuesto, que actualmente se pague, que se utilice para los mismos fines?

2 > ¿Cómo abonaban los siervos de la gleba los tributos a los señores feudales?

3 > Compara el pago de impuestos en España antes y después de la Constitución de 1978.

1 Los ingresos públicos

El Estado presta servicios y realiza obras destinadas a la ciudadanía (educación, sanidad, carreteras...) que suponen un gasto público.

Para hacer frente a estos gastos, la Administración recauda tributos con el fin de conseguir ingresos o fondos públicos.

1.1. Los tributos

El sector público cobra tributos tanto a las personas físicas como a las empresas, que pueden ser de distinto tipo:

Tipos de tributos

Tasas

Importe económico por recibir un servicio concreto (ejemplo: matrícula escolar).

Contribuciones especiales

Tributo por un beneficio o aumento de valor de un bien (ejemplo: por obras públicas).

Impuestos

No hay contraprestación por parte del Estado, sino que se cobra por un hecho imponible determinado.

Los impuestos se pueden clasificar en:

- **Impuestos directos:** gravan la capacidad económica del contribuyente (a mayor cantidad de ingresos, más se paga). Son impuestos directos el impuesto sobre la renta de las personas físicas (IRPF) y el impuesto sobre sociedades.
- **Impuestos indirectos:** no tienen en cuenta la capacidad económica del contribuyente, sino que gravan un hecho concreto. El impuesto sobre el valor añadido (IVA) es un impuesto indirecto.

Los gastos e ingresos públicos se recogen en los **Presupuestos Generales del Estado.**

1.2. La Administración tributaria

El Estado es responsable de fijar y recaudar impuestos, aunque también lo hacen las comunidades autónomas y las entidades locales.

La Agencia Tributaria es el organismo responsable del sistema tributario estatal y aduanero. Recauda los impuestos del Estado, aunque cede parte de lo recaudado en su territorio a las comunidades autónomas.

*** VOCABULARIO**

persona física: sujeto con derechos y obligaciones (todas las personas lo somos).

persona jurídica: asociación de persona/s física/s con personalidad propia, distinta e independiente de la de sus miembros. Es el caso de las sociedades (limitada, anónima, cooperativa...).

hecho imponible: situación que origina una obligación tributaria.

sujeto pasivo o contribuyente: persona física o jurídica obligada a pagar un impuesto.

base imponible: cantidad o concepto que se toma al calcular el importe de un tributo.

base liquidable: resultado que se obtiene al aplicar a la base imponible las reducciones que la ley permita.

tipo de gravamen: porcentaje aplicado a la base liquidable para calcular la cuota de un impuesto.

ACTIVIDADES

1 > Determina las diferencias entre una tasa, una contribución especial y un impuesto. Expón ejemplos de cada uno de ellos.

A D 2 > En la siguiente dirección de internet, <http://www.agenciatributaria.es/>, se puede ver la actividad de la Agencia Tributaria. Indica al menos dos impuestos que tengan carácter directo y dos que sean indirectos.

2 Los impuestos que afectan a las empresas

Los **impuestos** son los principales instrumentos que utiliza la Administración pública para obtener recursos económicos.

En esta unidad estudiaremos los impuestos que afectan a la actividad empresarial, que se pueden clasificar así:

Para constituir las sociedades	• Impuesto sobre transmisiones patrimoniales y actos jurídicos documentados (ITP/AJD).
Para los autónomos	• Impuesto sobre actividades económicas (IAE). • Impuesto sobre la renta de las personas físicas (IRPF). • Impuesto sobre el valor añadido (IVA).
Para las sociedades	• Impuesto sobre actividades económicas (IAE). • Impuesto de sociedades (IS). • Impuesto sobre el valor añadido (IVA).

2.1. Impuesto sobre transmisiones patrimoniales y actos jurídicos documentados

El **impuesto sobre transmisiones patrimoniales y actos jurídicos documentados (ITP/AJD)** afecta a las sociedades en:

- Las operaciones societarias tales como constitución, aumento y disminución de capital, fusión, escisión y disolución de sociedades.
- Los actos jurídicos documentados como escrituras, actas y testimonios notariales, etc.

Cuota tributaria

La cuota tributaria se obtiene aplicando el 1% del capital.

2.2. Impuesto sobre actividades económicas

Antes de comenzar su actividad, las empresas deben darse de alta en el censo de empresarios y profesionales del **impuesto sobre actividades económicas (IAE).**

Posteriormente, hay que pagar el IAE cada año, aunque se exime de su pago a los empresarios y empresarias individuales, las sociedades que presenten un importe neto de la cifra de negocios inferior a un millón de euros y las empresas de nueva creación durante los dos primeros años de funcionamiento.

ACTIVIDADES

3 > Indica cuáles son los impuestos comunes a todos los empresarios y empresarias, al margen de su forma jurídica, cuáles son propios de los profesionales autónomos y cuáles son específicos de las sociedades.

4 > Señala las responsabilidades que tiene un autónomo en relación con el impuesto de actividades económicas.

2.3. Impuesto sobre la renta de las personas físicas

El **impuesto sobre la renta de las personas físicas (IRPF)** es un tributo de carácter personal y directo que grava las rentas obtenidas por el contribuyente según su situación personal y familiar.

Los autónomos deben pagar el IRPF porque son personas físicas.

El porcentaje que se paga de IRPF es de naturaleza progresiva, es decir, es mayor cuanto más altos sean los ingresos del contribuyente.

El modo en que se determinan los rendimientos de actividades económicas en el IRPF se lleva a cabo a través de los siguientes regímenes:

Régimen	Requisitos	Rendimiento neto
Estimación directa normal	• **Requisitos:** – El volumen de operaciones debe ser superior a 600 000 euros anuales. – No estar en otras estimaciones.	• **Rendimiento neto:** – Ingresos computables. – Gastos deducibles. Beneficios fiscales por creación de empleo o insolvencias, entre otros.
Estimación directa simplificada	• **Requisitos:** – El importe neto de la cifra de negocio del año anterior no debe superar los 600 000 euros anuales. – No estar incluidos en otras estimaciones.	• **Rendimiento neto:** – Ingresos computables. – Gastos deducibles. – Provisiones y gastos de difícil justificación (5 % del rendimiento neto positivo). – Amortización simplificada lineal del inmovilizado material.
Estimación objetiva	• **Requisitos:** – Actividades económicas incluidas en la orden ministerial que cada año publica el Ministerio de Hacienda y que no rebasen los límites establecidos para cada actividad. – Para el autónomo es la forma más sencilla de tributar.	• **Rendimiento neto:** – Suma de las cantidades de los signos y módulos en cada actividad. – Se minora el importe del empleo y la inversión. – Con beneficios altos es ventajoso fiscalmente, pero no con pérdidas, al tener que pagar una cantidad fija.

ACTIVIDADES

A D S **5 >** A continuación indicamos diferentes situaciones de personas trabajadoras autónomas. Señala su régimen de IRPF:

- Una panadera.
- Una asesora fiscal y contable.
- Un peluquero.
- Una fontanera.
- La dueña de un restaurante con un volumen de facturación de 1 200 000 euros.
- Un albañil.
- Un farmacéutico.

Puedes consultar la página de la Agencia Tributaria para realizar el ejercicio: <http://www.agenciatributaria.es/>.

2.4. Impuesto sobre el valor añadido

El **impuesto sobre el valor añadido (IVA)** es de carácter indirecto, pues grava el consumo de bienes y servicios.

Las actividades exentas de IVA son los servicios de docencia, deportivos y culturales; servicios sanitarios y financieros y de seguros; el arrendamiento de vivienda y venta de segunda mano de edificaciones; y sellos de correos y efectos timbrados.

Regímenes del impuesto sobre el valor añadido

	Sujetos pasivos	Forma de tributar
Régimen general	Sociedades y personas físicas, empresarios y profesionales, no acogidos a un régimen especial.	**IVA repercutido** a los clientes. – **IVA soportado** en las compras a proveedores. **Tipos de IVA** General 21 % Reducido 10 % Superreducido 4 %
Régimen simplificado	Personas físicas o entidades expresamente incluidas en estimación objetiva en el IRPF y que no rebasen los límites legales.	**Cuotas fijas** prefijadas por Hacienda según unos módulos en cada actividad. – **Cuotas soportadas** por adquirir bienes o servicios para la actividad más el 1 % de la cuota devengada.
Recargo de equivalencia	Régimen obligatorio para personas físicas que sean minoristas y que comercialicen artículos o productos al por menor.	Los **proveedores liquidan el impuesto y aplican** en las facturas de los minoristas **un recargo** según el tipo de IVA: Tipo de IVA / Recargo 21 % / 5,2 % 10 % / 1,4 % 4 % / 0,5 %
Criterio de caja doble	Sujetos pasivos con operaciones que no superen los 2 000 000 de euros en el año natural anterior. Se excluyen aquellos cuyos cobros en efectivo a un mismo destinatario superen los 100 000 euros.	Permite el devengo y la declaración e ingreso del IVA repercutido al cobrar a los clientes, aunque se retarde. La deducción del IVA soportado se hará al pagar a los proveedores. La fecha límite es el 31 de diciembre del año inmediatamente posterior a cuando se efectuaran las operaciones.

Las empresas tienen la obligación de exigir y emitir facturas (por duplicado) en todas las operaciones de compra y venta en las que intervengan, que se conservarán numeradas por orden de fecha y trimestres.

El **modelo de factura es libre,** aunque legalmente debe indicar:

- Número y, en su caso, serie.
- Fecha de expedición y, si es diferente, también fecha de realización del trabajo o del pago anticipado.
- Número de identificación fiscal, nombre, apellido o razón social y domicilio del emisor y del destinatario.
- Cuantía de la operación y datos para el cálculo de la base imponible.
- Identificación del tipo de bienes entregados o de los servicios prestados.
- Tipo de IVA, importe total que se debe pagar y cuota.

Se emite una factura simplificada si el importe no supera los 400 euros (IVA incluido), en operaciones de no más de 3000 euros o para facturas rectificativas. En algunos regímenes, los empresarios deben llevar libros de registros de facturas emitidas y recibidas.

ACTIVIDADES

6 > Señala tres bienes de cada uno de los tipos impositivos del régimen general del IVA.

2.5. Impuesto de sociedades

El **impuesto de sociedades** es un tributo de carácter directo y naturaleza personal, que grava la renta de las sociedades y entidades jurídicas sujetas a él.

Se considera «renta» todos los rendimientos netos e incrementos o disminuciones patrimoniales de las sociedades. Dicha renta coincide con el saldo de la Cuenta de pérdidas y ganancias, que informa de los beneficios o pérdidas obtenidos durante el ejercicio económico (el cual no podrá exceder de doce meses y coincide con el año natural en la mayoría de las empresas).

El impuesto sobre sociedades se exige en todo el territorio español, sin perjuicio de los regímenes tributarios forales de concierto y convenio económico en vigor (País Vasco y Comunidad Foral de Navarra).

El importe que la sociedad tiene que ingresar en Hacienda se obtiene aplicando a la base imponible los tipos de gravamen que se recogen en la tabla de la derecha.

A esta cantidad (cuota íntegra) se le restan **deducciones o bonificaciones** tales como:

- Actividades de I+D+i.
- Deducción por creación de empleo si incrementa la plantilla con trabajadores discapacitados (6 000 euros por cada uno).
- Deducción por reinversión de beneficios extraordinarios.
- Deducción por actividades exportadoras.

Situación	Tipo de gravamen
Tipo general.	25 %
Entidades de nueva creación, en el primer periodo impositivo que la base imponible sea positiva y en el siguiente.	15 %
Cooperativas fiscalmente protegidas.	20 %

ACTIVIDADES

T A S **7 >** Calcula el importe total que se debe pagar en la siguiente factura:

FACTURA						
Factura número: X / 20XX			Lugar y fecha de la factura			
Logotipo, empresa Dirección Código de identificación fiscal Teléfono, correo electrónico, página web, etc.			**Nombre del cliente** Dirección del cliente CIF Teléfono; correo electrónico			
Cantidad	**Producto**	**Precio**	**Base imponible**	**Tipo IVA**	**Cuota**	**Total**
6	Botellas de leche	0,70 €		4 %		
1	Jamón serrano	95,00 €		10 %		
2	Servilletas	1,00 €		21 %		
30	Barras de pan	0,40 €		4 %		
2	Café molido	1,80 €		10 %		
15	Botellas de agua	0,50 €		10 %		

Tipo IVA	21 %	10 %	4 %
Base imponible			
Cuota			

Importe total factura	

8 > ¿Qué cuantía de impuesto sobre sociedades pagará una sociedad anónima durante el primer año en el que la empresa obtenga beneficios?

3 El calendario fiscal

Impuesto sobre transmisiones patrimoniales y actos jurídicos documentados (ITP/AJD)	El plazo de presentación es de 30 días hábiles (incluidos los sábados) a contar desde el momento en que se formalice el acto o contrato gravado.
Impuesto sobre actividades económicas (IAE)	Con carácter general, el impuesto se devenga el primer día del periodo impositivo, que normalmente es el 1 de enero, o bien el primer día de comienzo de la actividad si se ha iniciado después de dicha fecha.
Impuesto sobre la renta de las personas físicas (IRPF)	El IRPF se liquidará a cuenta por trimestres entre el día 1 y el 20 de los meses de abril, julio y octubre, respectivamente. El cuarto trimestre se liquidará en enero del año siguiente (modelo 130 para estimación directa y modelo 131 para estimación objetiva). En el mes de diciembre, los autónomos pueden renunciar a la estimación directa simplificada y estimación objetiva (módulos) para el año siguiente y sucesivos (tres años) (modelos 036 o 037). Las retenciones practicadas a trabajadores, profesionales o empresarios se realizarán en el modelo 111 en los meses de abril, junio y octubre. El resumen anual (modelo 190) se realiza el primer mes del año siguiente.
Impuesto sobre el valor añadido (IVA)	En las declaraciones-liquidaciones trimestrales, que se realizan entre el día 1 y el 20 de los meses de abril, julio y octubre (modelo 303), el sujeto pasivo realizará un ingreso a cuenta del resultado final. En enero del año siguiente al ejercicio se presentará la liquidación del IVA del 4.° trimestre y el resumen anual del año anterior (modelo 390). En el mes de diciembre, los autónomos pueden renunciar al régimen simplificado para el año siguiente y sucesivos.
Impuesto de sociedades (IS)	Dentro de los 20 primeros días naturales de los meses de abril, octubre y diciembre, se debe efectuar un pago fraccionado a cuenta de la liquidación del impuesto del ejercicio en curso (modelo 202). La declaración anual del ejercicio del año anterior se realiza en el mes de julio (modelo 200).

4 Control y evaluación del proyecto

Ahora que estás terminando tu proyecto de empresa, sería bueno que hicieras una última reflexión o evaluación final de todo lo realizado hasta este momento.

Para ello es importante tener claros los objetivos y establecer unos indicadores con los que se puedan hacer comparaciones respecto a la realidad conseguida. Esto se conoce con el nombre de «evaluación o control por objetivos».

Gracias a estas evaluaciones se puede detectar y analizar aquello que no se ha conseguido para tomar medidas correctoras en el momento adecuado.

Una actuación en el momento preciso puede ser clave para que una empresa perviva a lo largo del tiempo.

1 Elabora un mapa mental que recoja todos los tipos de ingresos públicos que has estudiado a lo largo de la unidad. Cuando hayas terminado, utilízalo de apoyo para explicárselos a un alumno de 2.º de ESO.

Recuerda las principales características de un mapa mental: idea principal en el centro con una imagen, a partir de la cual salen ramificaciones de lo general a lo particular (las imágenes, las líneas de diferente grosor y color, etc.). Debes evitar frases completas y utilizar palabras clave muy concretas y claras.

2 Indica si los siguientes tipos de empresas son persona física o persona jurídica y si pagan el IRPF o el impuesto de sociedades.

- Autónomo.
- Sociedad laboral anónima.
- Autónomo económicamente dependiente.
- Sociedad limitada.
- Cooperativa de trabajo asociado.

3 Explica en qué se diferencian los impuestos indirectos de los impuestos directos.

4 ¿Qué es una base imponible?

5 Indica qué impuestos están cedidos a las comunidades autónomas y en qué proporción:

- Impuesto sobre la renta de las personas físicas.
- Impuesto de transmisiones patrimoniales y actos jurídicos documentados.
- Impuesto sobre el valor añadido.
- Impuesto de sociedades.

6 ¿Cuáles son los regímenes en el impuesto para la renta de las personas físicas? Indica los requisitos que se piden a profesionales autónomos.

7 Busca en la sopa de letras las respuestas a las definiciones y anota las palabras en tu cuaderno.

O	C	R	T	A	S	A	A	S	R	O	R	S	I
B	O	V	R	S	V	Ñ	E	X	C	G	O	O	E
J	N	C	I	N	D	I	R	E	C	T	O	C	A
E	T	W	B	R	C	M	U	I	A	R	Y	I	K
T	R	T	U	S	U	P	B	V	E	I	A	E	N
I	I	R	T	F	A	O	Q	J	O	B	O	D	E
V	B	F	O	O	C	S	L	E	N	U	E	A	S
A	U	G	S	E	I	I	O	B	I	T	R	D	A
J	Y	M	O	D	O	T	E	O	J	A	R	E	G
K	E	Z	C	K	N	I	R	N	O	R	A	S	L
A	N	L	S	L	A	V	K	Z	C	I	R	P	F
A	T	T	R	P	R	O	L	O	D	A	I	O	N
D	E	Y	N	U	R	T	I	C	K	E	T	R	I

- Ingresos públicos.
- Tipo de impuesto. El IVA lo es.
- Agencia... (completa el nombre).
- Abreviatura del impuesto de actividades económicas.
- La estimación que toma como referencia unos módulos o signos.
- Tipo que se aplica a una base imponible.
- Impuesto que pagan las personas jurídicas.
- Se entrega en sustitución de la factura.
- Impuesto propio de los autónomos, que no pagan las sociedades.
- Se paga por recibir un servicio público.

8 ¿Cómo se calcula el importe del IVA que debe ingresar una empresa que se encuadra en el régimen general?

9 Explica los beneficios que supone para una empresa estar acogida al criterio de caja doble para el IVA.

10 ¿Quién liquida el IVA en el régimen del recargo de equivalencia?

11 ¿Qué impuestos se devengan en las siguientes situaciones?

- Un trabajador cobra un salario de una empresa.
- Una médica obtuvo en el año anterior unos rendimientos netos de 60 000 euros en su consulta privada.
- Un banco satisface 1 000 euros de intereses (importe íntegro) a uno de sus clientes.
- Joaquín Pérez, peluquero autónomo, va a reformar su local.
- Una sociedad vende por 25 000 euros un paquete de acciones que había adquirido de otra empresa tres años antes por 15 000 euros.
- Un comerciante autónomo vende a otro el mobiliario de la tienda, que piensa renovar.
- Una electricista presta un servicio a un ayuntamiento por importe de 780 euros.
- Una sociedad anónima acuerda su disolución.

12 En la página web de la AEAT hay un PDF con los tipos impositivos de IVA (<http://bit.ly/1MxkgnK>). A partir de la información que contiene el documento, indica en tu cuaderno el tipo impositivo que corresponde a cada producto o servicio.

- Pan
- Tabaco
- Bebidas alcohólicas
- Ganado
- Transporte de viajeros
- Menú del día en un restaurante
- Entrada a una discoteca
- Pollo fresco envasado
- Leche
- Entrada a un parque de atracciones
- Visita a un museo
- Dentista
- Material escolar
- Libros en papel
- Medicamentos
- Peluquería
- Agua mineral
- Cosméticos

13 Completa la información del texto con las palabras o cifras de la caja.

simplificada	incluido
3 000	400

Se emite una factura ... si el importe no supera los ... euros (IVA ...), en operaciones de no más de ... euros o para facturas rectificativas.

14 Calcula el importe del impuesto de sociedades de una cooperativa que ha obtenido 80 000 euros de beneficios en el presente ejercicio económico.

15 ¿En qué fechas hay que liquidar los siguientes impuestos?

- Impuesto sobre la renta de las personas físicas para una profesional autónoma que no dispone de personal.
- Impuesto de sociedades.
- Impuesto de transmisiones patrimoniales y actos jurídicos documentados cuando se crea una sociedad.
- Impuesto de actividades económicas para una empresa que lleva un año funcionando.

Fiscalidad en la empresa

Objetivos

- Ser conscientes de la obligación de cumplir nuestras obligaciones fiscales (impuestos), para que el Estado pueda ofrecer todos los servicios públicos.
- Hacer la declaración del IVA.

Desarrollo

La economía sumergida y el fraude fiscal en España suponen una gran disminución de los ingresos públicos.

Cuando un empresario no declara sus actividades provoca una disminución en la capacidad del Estado de generar ingresos públicos, fomenta peores condiciones laborales y la competencia desleal. Por otro parte, muchos desempleados y trabajadores que realizan algún trabajo «extra», por el que no cotizan ni pagan impuestos (IVA, Sociedades), contribuyen a la economía sumergida. Los sectores que concentran más economía sumergida son servicios domésticos, hostelería, reformas y alquileres.

1 Modelo 303 del IVA

Todos los empresarios que realicen una actividad sujeta a IVA están obligados a declarar el IVA que soportan (que han pagado a los proveedores al realizar las compras) y el que repercuten (que han cobrado a través de las facturas al realizar sus ventas a los clientes).

La empresa PaperIVA ha comprado los siguientes productos:

Producto	Precio compra	Cantidad
Cuadernos espiral	0,25 euros	750
Carpetas anillas	2 euros	500
Mochilas ruedas	18 euros	25
Agendas escolares	5 euros	250

Valor para calcular el IVA soportado:

Producto	Precio de compra	Cantidad	Base imponible	Tipo de IVA	IVA soportado
Cuadernos espiral	0,25	750	187,5	21%	39,37
Carpetas anillas	2	500	1000	21%	210
Mochilas ruedas	18	25	450	21%	94,5
Agendas escolares	5	250	1250	21%	262,5
TOTAL			2887,5		606,37

ACTIVIDADES

1 > Calcula el IVA repercutido si sabemos que la empresa ha vendido todos sus cuadernos, agendas y carpetas al triple de su precio de compra, y las mochilas al doble.

2 > Realiza la liquidación trimestral del IVA.

3 > ¿Piensas que es positivo para la empresa el resultado anterior?

Evaluación del proyecto

Objetivos

- Reflexionar sobre el proyecto de empresa que has elaborado.
- Realizar un análisis crítico y correcto sobre la viabilidad del proyecto de empresa.
- Mejorar y pulir todos aquellos puntos del proyecto de empresa que sean necesarios.

Desarrollo

Te presentamos una serie de preguntas que pueden ayudarte a evaluar y mejorar el proyecto de empresa.

Contéstalas en tu cuaderno y analiza si tienes que realizar algún cambio en el plan de empresa que has elaborado hasta ahora.

Evaluación del proyecto de empresa

La idea de negocio

- ¿Puedes describir con claridad y precisión la misión de tu empresa?
- ¿Qué tiene de innovadora tu idea?
- ¿Es este el momento adecuado para lanzar este producto al mercado?
- ¿Por qué crees que otros emprendedores y emprendedoras no lo han hecho ya?
- ¿Es suficiente esta idea para crear una empresa?

El bien o servicio

- ¿Puedes describir con precisión tu producto?
- ¿Qué ventajas aporta frente a productos similares?
- ¿Es fácil de copiar?

El plan de recursos humanos

- ¿Cuentas con los recursos humanos necesarios?
- ¿Están los socios, las socias y el personal bien preparados?
- ¿Están claras las funciones de cada profesional? ¿Y sus responsabilidades?

El plan de marketing

- ¿Sabes cómo dar a conocer tu producto a la clientela?
- ¿Conoces a la competencia? ¿Qué ventajas e inconvenientes presenta tu empresa frente a la competencia?
- ¿Eres consciente de la evolución del mercado y de que los gustos de la gente cambian?

El plan económico financiero

- ¿Conoces los costes de fabricación de tu bien o servicio?
- ¿Has realizado una estimación de ventas?
- ¿Tienes la financiación necesaria para tu proyecto?

El propio proyecto

- ¿Está bien redactado?
- ¿Es buena la presentación? ¿Tiene portada e índice paginado?
- ¿El plan de negocio es realista y convincente?
- ¿Cuáles son los puntos fuertes del proyecto? ¿Y los débiles?
- Si el proyecto fuera de otra persona, ¿invertirías en él después de leerlo?

Robin Hood: príncipe de los ladrones

Sinopsis

Sir Robin de Locksley es un noble inglés que participa en la Tercera Cruzada en Jerusalén con el ejército del rey Ricardo, Corazón de León. En la batalla es atrapado y encarcelado.

En su huida de prisión conoce a otro preso, Azeem, al que le salva la vida. Entablan amistad y juntos vuelven a Inglaterra.

Al regresar a su hogar, Robin descubre que Inglaterra está gobernada de forma tiránica por el *sheriff* de Nottingham, ayudado por su primo Guy de Gisborne y la bruja Morgana.

Los habitantes de Nottingham viven oprimidos debido a los gravosos tributos decretados por sus gobernantes.

Robin Hood descubre también que su padre, lord Locksley, ha sido asesinado por el *sheriff*.

Como venganza, Robin, ayudado por Azeem, empieza a robar a la nobleza y a la Iglesia enriquecida para alimentar a los más necesitados.

Claves de trabajo

La película analiza la finalidad a la que van destinados estos nuevos tributos y los medios que utilizan los nobles para cobrarlos.

Vamos a centrarnos en aquellas escenas en las que se puede observar cómo se cobran de manera abusiva los nuevos tributos al pueblo.

ACTIVIDADES

1 > Localiza los elementos tributarios y señala el conflicto que presenta la película.

2 > Busca información sobre la época histórica en la que está ambientada la película para conocer cómo funcionaban:

- Las relaciones entre señores y vasallos.
- La figura del rey.
- La propiedad de la tierra.
- Las formas de subsistencia.
- El modo en que se cobraban y se pagaban los impuestos.

3 > ¿Funcionaban los impuestos en la Edad Media como lo hacen ahora? Argumenta tu respuesta.

4 > Hoy día los tributos sirven para hacer frente a los gastos públicos que se generan en el Estado, fundamentalmente por los servicios públicos de los que disfruta la población. ¿Es esta la finalidad que tenían los tributos en la Edad Media? Explica a qué se destinaban los ingresos de los señores feudales.

FICHA TÉCNICA

- **Título original:** *Robin Hood: Prince of Thieves.*
- **Dirección:** Kevin Reynolds.
- **Guion:** Pen Densham, John Watson.
- **Duración:** 138 minutos.
- **Nacionalidad:** EE. UU.
- **Año de producción:** 1991.
- **Reparto:** Kevin Costner, Mary Elizabeth Mastrantonio, Morgan Freeman, Alan Rickman, Christian Slater, Michael Wincott, Nick Brimble, Geraldine McEwan, Michael McShane, Walter Sparrow, Imogen Bain, Brian Blessed, Harold Innocent, Liam Halligan, Sean Connery.
- **Fotografía:** Douglas Milsome.
- **Música:** Michael Kamen.
- **Género:** aventuras.

Las obligaciones fiscales

- **Los ingresos públicos**
  - Tributos
  - Administración tributaria
- **Los impuestos que afectan a las empresas**
  - Impuesto sobre transmisiones patrimoniales y actos jurídicos documentados
  - Impuesto sobre actividades económicas
  - Impuesto sobre la renta de las personas físicas
  - Impuesto sobre el valor añadido
  - Impuesto de sociedades
- **El calendario fiscal**
- **Control y evaluación del proyecto**

TEST DE EVALUACIÓN

Resuelve en tu cuaderno o bloc de notas

1 > Los tributos se clasifican en:

a) Tasas.

b) Contribuciones.

c) Impuestos.

d) Todos son tributos.

2 > El impuesto sobre la renta de las personas físicas es un impuesto:

a) Indirecto.

b) Personal.

c) Directo.

d) Colectivo.

3 > ¿Cuándo se presenta el impuesto sobre transmisiones patrimoniales y actos jurídicos documentados?

a) Todos los años en el mes de enero.

b) A los 30 días hábiles desde el hecho causante.

c) Entre el día 1 y el 20 de los meses de abril, julio y octubre, respectivamente.

d) En el mes de julio del año siguiente al ejercicio que corresponde.

4 > El régimen del IRPF que se calcula mediante signos y módulos se denomina:

a) Estimación objetiva.

b) Estimación directa normal.

c) Estimación directa simplificada.

d) Este sistema de cálculo no existe.

5 > La forma de calcular el IVA en la que al IVA repercutido a los clientes se le resta el soportado en las compras a proveedores se conoce como:

a) Régimen simplificado.

b) Recargo de equivalencia.

c) Criterio de caja doble.

d) Régimen general.

6 > El tipo de gravamen del impuesto de sociedades que abona una cooperativa es del:

a) 25 %.

b) 20 %.

c) 15 %.

d) 30 %.

7 > ¿Qué impuestos debe pagar un empresario autónomo?

a) Impuesto de sociedades.

b) Impuesto sobre la renta de las personas físicas.

c) Tasa de matrícula universitaria.

d) Impuesto sobre actividades económicas.

8 > Antonio va a comprar un móvil. ¿Qué impuesto tiene que pagar?

a) Impuesto de sociedades.

b) Impuesto por derechos de autor.

c) Impuesto sobre la renta de las personas físicas.

d) Impuesto sobre el valor añadido.

Este material de **Iniciación a la actividad emprendedora y empresarial** está dirigido al alumnado de **4.º de ESO** y ha sido elaborado atendiendo a las exigencias curriculares establecidas.

Edición: Gloria Rodríguez

Diseño de colección: Estudio Pep Carrió

Maquetación: Elvira López

Fotografías: 123RF Limited, Ben Fisher GAVI Alliance, Getty Images, Kamila Sidiqi© (página oficial) y archivo Editex

Ilustraciones: 123RF Limited y Getty Images

Preimpresión: José Ciria

Dirección de producción: Santiago Agudo

El presente material didáctico ha sido creado por iniciativa y bajo la coordinación de Editorial Editex, S. A., conforme a su propio proyecto editorial.

Vía Dos Castillas, 33. C. E. Ática 7, edificio 3, planta 3ª, oficina B. 28224 Pozuelo de Alarcón. Madrid.

ISBN: 978-84-9161-851-5

Depósito Legal: M-5817-2019

Impreso en España - *Printed in Spain*